W0408562

# MA VIE ET L'INVISIBLE

MAUD KRISTEN

# MA VIE ET L'INVISIBLE

J'AI LU

*Collection dirigée*
*par Ahmed Djouder*

© Presses du Châtelet, 2007

*À toutes celles et ceux qui, jour après jour,*
*m'ont soutenue et aidée dans mon combat*
*en le partageant avec moi.*

# 1

# Tout est normal, rien n'est normal

Je crois que je ne comprendrai jamais ce qui s'est passé dans ma famille. Quand je reviens sur mon enfance, tout est étrange, tout est enveloppé de mystère. Et tout est terrifiant.

Ma mère, avant de me mettre au monde, avait vécu pendant près de vingt ans dans le Tout-Paris intellectuel et littéraire. Elle avait été l'assistante de personnalités comme Jean Duché, auteur et éditorialiste au magazine *Elle,* mais aussi celle de l'homme de théâtre et académicien André Roussin, ou encore du metteur en scène et comédien Louis Ducreux. Elle-même avait cultivé au début des années cinquante l'ambition de devenir comédienne en entrant au célèbre centre d'art dramatique de la rue Blanche, dans la même promotion qu'Annie Girardot. Son milieu professionnel était finalement devenu l'univers de l'édition et de la radio. Par ailleurs, elle avait épousé mon père en 1958 à l'âge de trente et un ans – autrement dit, alors qu'elle pouvait déjà être considérée comme une « vieille fille », selon les critères de l'époque, quand les femmes de vingt-cinq ans toujours célibataires « fêtaient sainte Catherine » en espérant trouver rapidement un conjoint.

Pourquoi, après ce mariage tardif, avoir patienté sept ans pour mettre au monde un enfant unique ? Là encore, mystère... Il semble que des problèmes de stérilité ne soient pas en cause. Elle avait donc trente-sept ans quand je suis née. L'accouchement et ses suites, selon les propres dires de ma mère, auraient été « une tragédie ». Mais surtout l'épisode représentait pour elle une rupture radicale avec son passé récent. Soudain, il ne fut plus du tout question dans sa vie de culture, ni de théâtre ni de radio. En même temps qu'elle me mettait au monde, elle choisissait de faire une croix définitive sur son passé professionnel. L'existence dans laquelle elle entrait était à l'opposé de tout ce qu'elle avait connu. Elle allait devenir une femme au foyer enfermée à plein temps dans l'espace étroit d'un tranquille trois pièces de banlieue ouest, attelée à des journées dépourvues d'intérêt à ses yeux – les courses, le ménage, la « petite » à accompagner à l'école, une vie conjugale sans plaisir ni relief. Jamais elle ne croisa plus – ne fût-ce qu'une fois – un seul visage appartenant à cet univers dans lequel elle avait pourtant vécu tant d'années.

Ma mère ne parlait jamais de son passé. J'apprenais parfois, au détour d'une conversation, que Serge Gainsbourg était timide et fumait dès le matin, ou que Michel Simon adorait les animaux, mais, en dehors de ces rapides incursions dans une histoire qui semblait ne plus lui appartenir, je n'ai jamais rien su des vraies raisons qui la poussèrent à tout quitter. J'ignore si elle avait jamais été heureuse avant ma naissance ; mais je sais que je ne l'ai connue, pour ma part, qu'incapable d'une émotion sincère. Si je voulais évaluer son degré d'accomplissement personnel en employant la méthode utilisée par les éthologues pour juger du bien-être des animaux dans les parcs zoologiques, je conclurais que ma mère devait être une femme infiniment malheureuse. Tel le jaguar fait pour courir et prisonnier d'un enclos, ou encore le chimpanzé, animal social par excellence, reclus dans l'isolement d'un cachot… Car, dans la nouvelle vie qu'elle s'était choisie, que pouvait elle faire de son exquise politesse, de son français soutenu, de son orthographe irréprochable et de sa distinction ?

Plus rien. C'est ainsi que se déroulaient des scènes tragi-comiques comme celle dont je fus témoin le jour où, bigoudis sur la tête, elle ouvrit la porte à des réparateurs d'ascenseur. De minute en minute, leur étonnement ne cessait de croître. Je les voyais s'interroger sur cette dame charmante, mais ô combien bizarre, enveloppée dans une modeste robe de chambre, qui les accueillait comme des ministres, et minaudait en évoluant dans ses chaussons comme s'ils avaient été d'élégants escarpins...

Je me suis longtemps demandé quelle vilaine fée avait pu se pencher sur mon berceau, et me jeter cette malédiction qui consistait à faire de moi un bébé chargé d'une si lourde dette. Comment aurais-je pu rendre heureuse une mère qui avait décidé d'organiser son malheur en sacrifiant *vraiment* tout pour m'éduquer ? Sacrifice que mon père se chargea d'ailleurs, tout au long de mon enfance, de me rappeler à chaque dispute. Puisque ma mère avait abandonné un travail passionnant et rémunérateur pour se consacrer à ma seule éducation, puisqu'elle avait fait son deuil de Paris, du théâtre et des livres, alors je lui *devais* une reconnaissance éternelle – une gratitude qu'il me vint assez tard l'idée d'oser contester. En somme, on me demandait de me montrer à la hauteur d'un choix accompli sans me consulter.

Mais je ne puis m'empêcher de relever ici un fait dont la coloration est pour le moins curieuse, étant donné la destinée qui serait la mienne. En 1963, l'année même où je fus conçue, a été créée à Paris une pièce de théâtre signée André Roussin – auteur dont maman devait encore probablement être la secrétaire particulière, à l'époque. Le titre de cette comédie dramatique n'est autre que *La Voyante*. Et l'œuvre, extrêmement documentée, a pour sujet les efforts déployés par une femme pour tenter de faire reconnaître par la science la réalité des phénomènes paranormaux, combat qui deviendrait le mien une petite trentaine d'années plus tard... De cette pièce de théâtre, je n'ai découvert l'existence qu'il y a un peu plus d'un an.

En 1964, le mariage de mes parents avait déjà six ans, et il présentait un caractère bien mystérieux. Installée depuis peu à Paris, ma mère, qui était issue de la petite bourgeoisie havraise, avait choisi de convoler avec un jeune voisin originaire d'une famille d'immigrés italiens, des artisans bottiers. Ce garçon était venu effectuer des travaux dans la chambre qu'elle partageait avec sa sœur. Ma mère avait un physique assez austère, tandis que sa sœur – ma tante adorée – exerçait une puissante fascination sur les hommes.

— C'est toi qui me plais, dit l'ouvrier à maman.

L'affaire ne tarda pas à être conclue. Les deux familles, dont les maisons n'étaient séparées que par une simple rue, ne devaient jamais se fréquenter ; et mon père lui-même cessa de voir ses parents.

Il disait admirer ma mère. Il avait joué les troubadours pour la séduire.

— Elle m'a épousé alors que je travaillais en usine, répétait-il.

J'ai de lui le souvenir d'un homme désireux d'échapper à sa condition, soucieux également de se cultiver en autodidacte, et surtout de réussir. Au moment de ma naissance, il était devenu représentant dans l'industrie. Il fut ensuite promu directeur commercial dans une PME. Possédait-il de réels mérites, ou avait-il habilement surfé sur la vague des Trente Glorieuses ? Je ne saurais le dire, d'autant qu'il était toujours difficile, avec mon père, de démêler le vrai du faux. Il s'intéressa à la graphologie. Il se mit à écrire des romans dont l'un, publié à compte d'auteur – étrange, quand on vit avec une femme qui a fréquenté l'élite littéraire de la capitale ! –, raconte l'histoire d'un modeste fils d'immigrés italiens qui tombe amoureux d'une jeune châtelaine. Mais je me rappelle aussi combien il était agressif, procédurier, perpétuellement en conflit avec ses employeurs, et tyrannique jusque sous son propre toit.

Je dois dire que la vie à la maison n'était pas des plus facile. Mes parents, qui poursuivaient des rêves de grandeur, et se vivaient comme l'incarnation d'une élite intellectuelle, ne fréquentaient personne au prétexte que la compagnie des autres les ennuyait. Mais ils ne formaient pas non plus un couple harmonieux. Et, quant à la façon dont ils traitaient leur unique enfant, le moins que l'on puisse dire est qu'elle n'était pas exemplaire. Elle ferait aujourd'hui frémir n'importe quel pédopsychiatre. Un seul exemple. Leur jeu favori, lorsque je gazouillais sur ma chaise haute, consistait à me tenir de gentils propos sur un ton méchant ou, inversement, des propos cruels avec une voix douce, enjôleuse. Le but était d'« expérimenter mes réactions ». Des années après, ils m'en parlaient encore. Ils riaient même de bon cœur au souvenir de mes larmes de terreur lorsque j'écoutais leurs gentilles paroles ; et ils imitaient le sourire béat que j'offrais en réponse à leurs injures et menaces... Ils ne se rendaient absolument pas compte de la nature de leur conduite.

La petite fille que j'étais fut donc obligée de s'atteler à une tâche particulièrement rude : essayer de comprendre ceux qui l'avaient mise au monde, et cela dans le seul but de réussir à survivre. Je fus probablement en proie, dès mon plus jeune âge, à un vrai désespoir. Quand j'y repense, mon enfance est marquée par l'ambiguïté cultivée dans les films d'horreur : une hypernormalité cachant un monde de cauchemar. La normalité, c'était le trois pièces impeccable dans un calme immeuble en brique rouge. C'était la pimpante salle à manger en teck. Et les bibelots en Murano rapportés des vacances à Venise. Mais, une fois la porte refermée, les pires scènes de violence morale pouvaient se dérouler à l'abri du regard de voisins d'ailleurs indifférents. Peut-être n'ai-je eu d'autre solution, pour m'en sortir, que de développer mes talents de sorcière. Je n'avais pas d'autre arme à ma disposition pour me protéger. Je me devais d'accéder grâce à eux à une vérité qui n'était jamais dite, et développer un monde intérieur à l'abri des effractions de mes parents.

Parmi les autres coïncidences étranges – et amusantes – qui balisent mes souvenirs, je citerai une anecdote liée à ma tante, la sœur de ma mère, une femme qui incarnait – le mot est tout à fait approprié – la sensualité et le plaisir de vivre. Dotée d'une beauté plantureuse, blonde platine dans la pure tradition des pin-up de l'après-guerre, elle avait exercé le métier de « mannequin maillot de bain » sur les podiums des défilés de quelques couturiers. Je l'ai peu fréquentée, hélas, car mes parents et elle étaient vaguement brouillés. Mais, lors d'une de mes rares visites chez elle – elle habitait une résidence cossue, dans les Yvelines –, je l'entends soudain qui marmonne en sortant de son immeuble après avoir croisé un groupe de dames en manteau de fourrure.

— Ah ! ça recommence ! Encore ce va-et-vient dans la résidence !

— Quel va-et-vient ? dis-je.

— Oh ! je crois qu'une voyante exerce dans le coin. Une voyante ou un médium, je ne sais pas.

Elle ajoute ensuite d'un air rêveur et blasé, hochant la tête et levant les yeux au ciel :

— Quand je pense qu'il y a des gens, à notre époque, pour croire encore à des conneries pareilles…

Je regardais ma tante comme une fée : elle était si féminine et spontanée, même lorsqu'elle disait des gros mots ! Je devais m'apercevoir par la suite que la voisine incriminée était Yaguel Didier – une Yaguel Didier encore inconnue des médias, qui commençait sa carrière à Chatou.

Ce fut la première et la dernière fois que j'entendis parler de voyante dans ma famille. Je ne me demandais même pas à quoi cela pouvait bien ressembler, une voyante… Était-ce une vieille dame un peu ridicule tirant les cartes, une chouette sur l'épaule ? Une belle Gitane ? Sans bien en comprendre la raison, j'avais été fascinée par Marina Vlady dans *La Sorcière*, le film d'André Michel diffusé un soir à la télévision. J'ai longtemps gardé sa photo découpée dans *Télé 7 jours,* que je considérais comme mon plus précieux trésor. Émue par la séquence où elle libère des oiseaux en cage, je m'étais juré de faire la même chose lorsque je serais grande. Je ne savais pas encore l'importance que la nature prendrait dans ma vie, dans le développement de mes capacités extrasensorielles, et plus généralement dans le processus d'élargissement de mon champ de conscience.

Mes parents me considérèrent au départ comme une fillette très douée, mais je pense qu'ils projetaient sur ma personne leur propre folie des grandeurs. Certes, je manifestais de réelles dispositions pour le dessin – mes « œuvres » de l'époque expriment d'ailleurs une étrange maturité –, mais j'avais décidé, après des années d'école primaire prometteuses, de me réfugier dans l'échec scolaire dès la quatrième. Mes parents s'étaient mobilisés pour m'inscrire en primaire dès l'âge de cinq ans.

— En commençant l'école plus tôt, tu finiras tes études plus tôt, et tu gagneras de l'argent un an avant les autres.

Ainsi disait ma mère, avec un sourire entendu…

Ah ! ces autres qu'il fallait battre, avec lesquels la seule relation possible était la rivalité, et dont il aurait toujours fallu se méfier ! Comme ils m'intéressaient pourtant ! La vérité est que j'étais passionnée par la vie des adultes, plus que par la société de l'école. Là encore, on ne peut que songer à une forme de maturité précoce. J'avais déjà une empathie pour les grandes personnes. Est-ce parce que ma mère avait vécu ma naissance comme un « drame » ? Est-ce parce que je cherchais, en observant les adultes, les modèles qui me manquaient à la maison ? Le fait est que je les regardais déjà avec cette curiosité dévorante qui ne devait jamais me quitter. Cette attitude faisait de moi une enfant « à part ». Et une enfant à part, aux yeux de mes parents, ne pouvait être qu'une enfant prodige – ils m'ont d'ailleurs toujours affirmé que j'avais commencé à apprendre à lire à l'âge de trois ans.

Cependant, ils ne devaient jamais détecter mes capacités psychiques, ce qui n'a rien d'étonnant compte tenu du peu de cas qu'ils faisaient de mes émotions et de ma sensibilité. En outre, comme la majorité des cadres vivant dans les grandes villes à la fin des années soixante, mes parents étaient très soucieux de leur image sociale ; ils croyaient dur comme fer à l'idée un peu naïve d'un « progrès » censé libérer l'homme de toutes ses souffrances. Ils n'éprouvaient que mépris pour des pratiques assimilées à des superstitions rurales condamnées à disparaître, alors que des astronautes, devant nos yeux émerveillés, plantaient des drapeaux sur la lune. La voyance, pour eux, n'existait pas davantage que les fantômes. Les charlatans qui exploitaient la crédulité des imbéciles étaient à leurs yeux le seul élément concret du dossier. Quelque chose, toutefois, a surpris ma mère alors que je devais avoir quatre ou cinq ans. C'est elle qui m'a rapporté l'incident par la suite. Elle m'avait, dit-elle, offert une poupée. Elle me demande comment je souhaite l'appeler. Et, dans le temps même où elle me pose la question, elle pense très fort à une femme de son entourage qui vient d'avoir un bébé. Le bébé de cette dame se prénomme Marina. C'est alors que tombe ma réponse :

— Marina.

Ma mère en reste stupéfaite...

Il est un autre événement auquel je songe toujours quand je repense à mon enfance, et c'est une crise d'angoisse qui m'a saisie à mon premier jour d'école. Ma mère – qui m'inspirait une dévotion folle – m'avait accompagnée. Puis elle avait rebroussé chemin, ce qui est naturel. J'avais quatre ans, et sans doute n'avais-je jamais été séparée d'elle bien longtemps. Le choc fut terrible. Je me retrouve soudain frappée de solitude, accablée, persuadée qu'elle ne reviendra jamais me chercher. Brutalement, je suis convaincue que je vais mourir. C'est alors qu'une religieuse s'approche de moi et me demande d'une voix très douce :

— Qu'est-ce que tu as, mon petit chou ? Pourquoi tu pleures ?

— J'ai peur.

— De quoi as-tu peur ?

— J'ai peur que ma maman ne revienne plus.

La religieuse me tend une poupée minuscule.

— Embrasse-la. Je te la donne, elle va te consoler.

J'embrasse la poupée, et dans l'instant ma crise d'angoisse se dissipe. Je cesse de pleurer. La religieuse a déjà tourné les talons, et pourtant la paix persiste. J'éprouve un sentiment de réconfort absolu. La qualité de l'amour que j'ai l'impression de recevoir me surprend, et semble dépasser largement les bonnes intentions de cette sœur. L'événement s'est inscrit dans ma mémoire comme une expérience magique. La poupée, donnée avec une réelle tendresse, est devenue en un quart de seconde le vecteur d'une aide susceptible de m'être apportée par d'autres plans de conscience.

Dès lors, je n'hésite pas à le dire, je suis sauvée. Car ce qui se serait passé si la religieuse ne s'était pas approchée de moi avec sa petite poupée, je préfère ne pas y songer, tant était violente la crise d'angoisse qui venait de s'abattre sur moi. Et il est clair que mon désespoir était fondé. Ma mère, qui s'appliquait à me jouer une comédie empreinte de sollicitude, était au fond une femme peu maternelle – même si elle simulait le contraire. Elle reconnaissait elle-même n'avoir jamais eu de désir d'enfant. Elle disait s'être découvert par la suite une passion pour l'observation de mes apprentissages. Et j'avais beau n'avoir que quatre ans, j'avais très bien perçu qu'elle n'avait aucune envie de revenir me chercher à l'école – comme elle n'avait aucun désir de vivre la vie qu'elle s'était faite.

Pour le reste, j'étais une petite fille maigrichonne, dotée d'une sensibilité artistique exacerbée, solitaire, qui avait parfois un peu peur des autres, surtout de leurs grands gestes expansifs et de leurs bousculades involontaires. Je jouais peu avec mes camarades. Et je nourrissais une passion pour les animaux. C'est bien plus tard, à travers mes premières relations amoureuses, que je découvris les joies des courses poursuites. Mes premiers fiancés s'étonnèrent parfois de mon désir de chahuter ; mais, à dix-sept ans, je ne l'avais encore jamais assouvi.

Aujourd'hui, les animaux continuent de représenter l'amour à mes yeux. J'aime les regarder. J'aime les toucher. Ils m'émerveillent jusque dans leurs manifestations physiques les plus ordinaires. Et je dois dire que mes parents ne m'ont pas aidée à développer cet attachement. Mes tentatives pour avoir un chien devaient toutes se solder par un échec. Un jour pourtant, ils consentirent à se rendre à la SPA dans l'idée de me ramener un petit compagnon. Hélas ! ce serait encore une fois un coup pour rien. Mes parents, au dernier moment, réalisèrent qu'ils ne souhaitaient pas s'encombrer d'un animal. Ils renoncèrent sur place à choisir pour moi un chien en chair et en os, et se contentèrent de m'acheter un chien en peluche que je trouvai posé dans le panier que j'avais choisi. L'anecdote donne une illustration parfaite des cruelles surprises auxquelles je dus faire face au long de mon enfance. Car que pouvait représenter cette peluche, après le supplice qu'ils m'avaient infligé en laissant libre cours à leur hésitation ? Pourquoi avaient-ils éprouvé le besoin sadique de me raconter comment ils avaient observé longtemps un joli petit chien roux pour décider de repartir en le laissant dans sa cage ? Je connais aujourd'hui, pour avoir fréquenté quelques refuges, la frénésie dont font preuve les animaux qui espèrent s'évader de leur condition. À l'époque, l'incident m'avait brisé le cœur. Je crois que c'est à partir de cet épisode que j'ai cherché inconsciemment à *pressentir ce qu'ils allaient faire* ; je voulais désormais mieux maîtriser le « grand huit » émotionnel dans lequel je risquais d'être entraînée à chaque instant. J'eus ensuite un chat que maman accapara très vite sous prétexte que je ne savais pas m'en occuper.

Les années passant, mon principal souci devint de parvenir à quitter mes parents.

*

*   *

Enfant, je n'avais pas conscience de posséder des facultés psychiques. Un jour, cependant, j'entends une camarade me dire que son chat s'est enfui. Je reste un instant incrédule. Car, pour moi, ce chat est mort. En effet, je le vois mort. J'ai une image mentale dans laquelle il est mort. Ma réaction est donc de dire naïvement :

— Enfui ? Il n'est pas plutôt mort ?

Je ne me rends absolument pas compte que je suis en train de procéder à une sorte d'effraction psychique chez sa mère. Car le chat est bien mort ; et la maman de mon amie le sait parfaitement. D'ailleurs, quand ma camarade rentre chez elle, sa mère lui révèle la vérité :

— Ton chat, tu sais, il ne s'est pas enfui. Il est mort.

Le lendemain, inévitablement, mon amie me demande :

— Comment tu savais ?

Je préfère éluder. Moi-même, je ne sais trop que penser. Mais, quelque temps après, des garçons commencent à me traiter de sorcière et à me persécuter, entre moquerie et violence.

C'est alors que je commence à avoir peur…

Je me rappelle également une expérience d'étrange voyage au cœur de la matière. L'épisode se produit au cours d'une période de profond, très profond ennui. Je suis à la maison. Je regarde la coupe de cristal posée sur la table ronde du salon. Et tout à coup je pénètre dans un état de conscience modifié. Je fais le vide. Et je vois, en lieu et place de la coupe de cristal, des millions de particules qui se déplacent comme sous l'effet d'une pulsation. J'appelle mon père :

— Regarde ! Il y a des milliards de tout petits points… Et ça bouge, ça bouge…

— Quoi ? répond-il. Ce sont les atomes, voilà tout.

Mon expérience, manifestement, n'éveillait chez lui qu'un intérêt relatif.

J'avais pour l'Orient une fascination héritée de mes grands-parents maternels, qui avaient beaucoup voyagé, et possédaient à mes yeux de nombreux trésors parmi lesquels ces magnifiques agendas des Chargeurs réunis, compagnie de transport maritime pour laquelle mon grand-père travaillait encore lorsque j'étais enfant. Je feuilletais ces agendas durant les longues heures de solitude dominicale, assise par terre dans la chambre du fond. Tel un écho au chapeau tonkinois accroché au mur, et aux deux petites sculptures africaines qui trônaient dans le salon de ma grand-mère, ils me révélaient un monde merveilleux peuplé de navires, de Papous, de yogis, d'explorateurs, d'Indiennes avec un point sur le front. Tout ce qui touche aux Indes et à l'Orient m'attire alors et me captive. Un jour, mes grands-parents reviennent des Indes – ainsi disait-on encore – et me font cadeau d'un sari. Je mets ce vêtement. Et j'ai immédiatement la certitude que quelque chose va se jouer dans ma destinée, en rapport avec ce sari. Trente ans plus tard, je rencontrerai à Dharamsala l'oracle d'État du Tibet avec qui je tournerai un film documentaire de 52 minutes – privilège auquel n'avait jamais accédé aucun voyant occidental. Si je précise que Dharamsala est le lieu même où ma vie a spirituellement basculé, et où je me suis débarrassée de toute rancœur à l'égard de mon passé familial, on peut considérer que ma précognition était juste.

Autre précognition, autre clin d'œil indien : l'histoire de ma panthère en peluche. Je suis sur le balcon du troisième étage. J'ai dans les bras une panthère en peluche offerte par ma mère, et dont je ne puis absolument pas me séparer – une vraie addiction. Il faut dire que mon père, quand lui prenait un accès de fureur, ne trouvait rien de mieux que d'entrer comme un fou dans ma chambre pour y détruire mes objets, mes livres en particulier – chose étrange, quand on pense qu'il avait lui-même des velléités d'écrivain. Je tenais donc désespérément à mes peluches, tant j'avais peur qu'il ne vienne les mettre en pièces. Ce jour-là, venue sur le balcon avec ma panthère, je regarde fixement la pelouse en bas. Cette pelouse s'agrémente d'un parterre rond, soigneusement planté de fleurs de plusieurs couleurs disposées géométriquement. Involontairement, je me concentre sur ce parterre. J'entre aussitôt dans un état de conscience modifié. Je suis la proie d'une sensation mystique – exactement comme à la vue d'un mandala. Je découvre alors un sentiment de bonheur et de paix, ce même sentiment auquel on parvient par la méditation. Tout ce qui m'entoure me paraît soudain incroyablement beau, parfait et protecteur.

Je précise que ce sentiment mystique spontané ne trouve pas son origine dans une expérience religieuse classique, puisque je fréquente le catéchisme pour des raisons purement conventionnelles, parce que mes parents m'y envoient à des fins d'« instruction », eux qui se considèrent plutôt comme agnostiques, voire comme athée en ce qui concerne ma mère. Je dois dire que le catéchisme de cette époque me semble se limiter à des leçons de civisme, certes fort utiles, mais éloignées de tout merveilleux. Comme pour le reste, mon attitude générale vis-à-vis de la religion se résume alors à une position de résistance. Je me protège. Je ne ressens rien à l'église. Et si je fais ma communion, c'est sans conviction aucune.

Je vivais par ailleurs des expériences de décorporation. J'étais dans mon lit. J'avais soif. Et je me répétais : « Il faut que tu boives ! » J'avais alors l'impression de sortir de mon corps et de gagner la cuisine. Mais, au moment d'ouvrir le placard pour prendre le verre, je me réveillais. Et je me rendais compte que je n'avais pas de main, pas de corps ; je ne pouvais pas agir.

Une autre fois, je visitai en rêve une boutique de chaussures dans laquelle je n'étais jamais entrée ; et six mois après, passage du Havre, je pénétrai pour de bon dans ce magasin dont je reconnus la vendeuse rousse, sans le moindre doute possible.

Je conclurai sur mon enfance en disant que certains rêves m'aidaient peu à peu à comprendre le caractère toxique de ma mère. Le plus parlant se produisit vers mes huit ans. Je vis en songe la vilaine reine de *La Belle au bois dormant*, créée par Walt Disney, avec sa longue figure verdâtre surmontée de cornes. Au visage de cette reine maléfique se superposait celui de ma mère. Cette femme s'approchait de moi alors que j'étais au lit. Elle avait un pic à la main. Et elle m'enfonçait le pic dans le corps en disant :

— Voilà, ma petite chérie, ce que je veux vraiment te faire.

Je me réveillai en sursaut, persuadée que ce rêve m'avait transmis un message vrai. C'est cette nuit-là que j'ai commencé à me détacher affectivement de ma mère. Et de mon père également. Une séparation salutaire venait de se créer entre mes parents et moi.

## 2

# Interdiction absolue de mourir

Comme je l'ai dit, mon père se piquait de graphologie, une discipline qu'il pratiquait en autodidacte. Quant à moi, j'adorais me plonger dans ses bouquins : la direction, la pression, la taille des lettres, la « rose des vents »... J'ai alors douze ans. Bien qu'introvertie, taciturne et solitaire, je ne refuse pas de m'exprimer en public, car je n'ai bizarrement aucune timidité – je suis d'ailleurs douée pour la comédie, et c'est toujours à moi que l'on fait appel quand il y a une pièce de théâtre à monter à l'école. Un jour, je me trouve chez une amie qui me montre une carte postale écrite par son oncle – la photo d'une ville, rien de plus. Je dis aussitôt :

— Ton oncle, il est au bord de la mer, non ? Dans un pays chaud. Il est divorcé. Il a deux filles.

— Comment tu sais tout ça ? s'étonne ma copine.

— Grâce à son écriture, dis-je.

C'était là un curieux détour car ce genre d'informations ne relevait pas du tout de la compétence d'un graphologue ! Autrement dit, j'étais en train de faire une voyance. C'est le moment que choisit la mère de ma copine pour sortir de la cuisine et venir se joindre à nous. La mère est une femme franche, sympathique, fraîchement divorcée.

— Attends, me dit-elle. Ne bouge pas. J'ai mon petit ami qui m'a écrit un truc. Tu ne me dirais pas quelque chose sur lui ?

Ce sera ma première consultation. La mère me met sous les yeux un mot que lui a adressé son amant.

— Il est marié, dis-je aussitôt.

Et j'ajoute :

— Il est marié à une femme qui a un sacré caractère. Et il a un grand fils qui est malade.

— C'est vrai, dit la maman, stupéfaite. Mais sa femme, il me dit qu'il va la quitter.

— Il ne la quittera pas, dis-je encore. Il ne peut pas.

Elle s'exclame alors, émerveillée :

— Comment tu vois tout ça, toi ?

— C'est la graphologie, madame.

— Dis donc, c'est bien, la graphologie ! Tu ne veux pas rester encore un peu ? Des lettres, j'en ai d'autres à te montrer.

À ma copine intriguée je dirai un peu plus tard :

— Ne t'en fais pas, c'était un jeu, une blague. Je ne fais pas du tout de graphologie.

C'était une façon de refermer le couvercle sur quelque chose qui risquait, me semblait-il, de m'isoler de mes camarades, alors que s'approchait l'adolescence, et que ma vie à la maison était devenue un enfer. En effet, mes parents traversaient une crise de couple désormais flagrante. Mon père se montrait de plus en plus agressif à mon égard – il pouvait aller jusqu'aux insultes et aux coups. Résultat, je ruminais des idées de fugue et de suicide.

Cependant quelque chose était là, qui me protégeait et m'empêchait de faire une bêtise. Les rêves prémonitoires de mon enfance se poursuivaient, mais en plus grand nombre peut-être, et peuplés désormais de personnages inconnus qui me mettaient en garde, m'informaient et me guidaient. Parmi ces personnages, je conserve le souvenir d'une femme basanée assez inquiétante, belle et provocante à la fois, vêtue d'un jean à l'occidentale, chaussée de hauts talons, couverte de bijoux, mais dont le front présentait des tatouages rituels semblables à ceux de certains primitifs. Cette femme, que je dessinais partout, devait m'apparaître à plusieurs reprises, souvent au milieu de ruines ou de villes en flammes. Elle m'avertit que mon père rencontrerait de gros problèmes de travail. Et surtout elle semblait tenir absolument à me prévenir que je ne devais pas me suicider.

— Si tu te suicides, me disait-elle, tu iras en enfer.

Je me réveillais transie de peur. La présence de cette femme n'était pas bienveillante, mais plutôt coercitive. Elle semblait me surveiller, et ne vouloir me passer aucune faiblesse. Étrangement, je ne me posais pas la question de savoir s'il s'agissait d'un « esprit » ou d'une simple projection de mon imaginaire. Elle m'informa par avance d'une trahison amicale qui ne manqua pas d'arriver, et de l'agression dont serait victime une de mes amies – ce qui se produisit, hélas, quelques mois plus tard.

Je suis persuadée que cette femme – qui qu'elle puisse être – a joué un rôle dans ma vie, en ce sens qu'elle m'a bel et bien empêchée de me suicider. Curieusement, et sans doute grâce à elle, j'ai toujours été convaincue qu'il m'était interdit de me donner la mort, de me détruire, et même de me droguer, alors que c'était précisément la destinée qui aurait pu m'attendre, étant donné l'environnement psychologique et moral qui était le mien.

Car j'ai eu une adolescence – disons-le – plutôt rock'n'roll. Pendant que mes copains de classe « planaient » sagement en écoutant Genesis et Peter Gabriel, vêtus de longues chemises de grand-père achetées aux puces de Saint-Ouen, je rêvais sur Janis Joplin, Nina Hagen et les Sex Pistols ; et je me colorais les cheveux en roux ou en noir. En termes de fréquentations, j'étais d'ailleurs plus attirée par les jeunes en difficulté sociale et morale que par les sages enfants de mon milieu, futurs médecins et ingénieurs. La raison en est fort simple : comme les « cas sociaux », j'avais vécu dans ma famille des conflits très durs, comme eux, j'avais dû me battre pour survivre et me sauver. Ils m'acceptèrent naturellement, avec curiosité, comme un animal rare mais sympathique qu'ils décidèrent de respecter même s'ils le trouvaient parfois un peu « bizarre ». Ils toléraient mes excentricités vestimentaires et s'amusaient de mon culot, alors que mes camarades, affolés à juste titre par la « pente savonneuse » sur laquelle ils me voyaient glisser, s'inquiétaient de mon attitude et m'en faisaient parfois, à demi-mot, le reproche.

Pourtant, intérieurement, je grandissais. De jour en jour, j'apprenais à faire confiance à ce que je ressentais et développais une vraie résistance morale aux agressions. Je ne dormais pas beaucoup ; ivre de musique, j'écrivais la nuit d'étranges poésies. Il me suffisait de regarder par la fenêtre de ma chambre pour avoir la sensation de ne faire qu'un avec le monde. Le chant des hirondelles me touchait au plus profond. La simple vue des feuilles naissantes sur un arbre aurait pu me tirer des larmes, car j'avais la sensation non pas seulement d'*observer* mais de *devenir* la jolie branche, et de pouvoir me nourrir de sa vigueur. Le monde me paraissait vivant et généreux, traversé d'une énergie invisible et forte où j'avais appris à puiser dans le silence de ma solitude. Une certitude se construisait en moi, que je pourrais résumer par ces mots : « La situation est désespérante, mais je suis en train de la comprendre avec une profondeur pénétrante, et je pourrai bientôt agir sur ma vie ; même si tous les indicateurs sont au rouge, j'ai confiance en l'avenir. » En outre, je me souviens d'avoir été persuadée qu'il *fallait* que j'en passe par là. J'étais très attentive à tout ce que je traversais, comme si chaque expérience était une épreuve inéluctable et précieuse... Je pressentais qu'il existait « autre chose » que les limites de ma réalité physique ; et cette autre chose, parfois, se laissait déjà toucher du doigt.

Ma difficulté était bien sûr de ne connaître aucun adulte avec qui parler de mes expériences – ces expériences que je n'arrivais pas même à comprendre. Quelle femme voulais-je être, rêvais-je d'être ? D'où venaient ces bouffées d'« harmonie » nocturnes qui me réparaient de tout ? C'est ainsi que, après avoir été une enfant introvertie et solitaire, je devins une ado insolente et indisciplinée, en échec scolaire, toujours vêtue de noir ; et, malgré tout, intimement persuadée que je ne devais pas faire n'importe quoi. L'essentiel de mon avenir, pensais-je, me conduirait très loin des préoccupations ordinaires de mes camarades.

Il y eut néanmoins cette exception du trichlo. J'avais décidé de tenter l'expérience sur la proposition d'une amie qui, elle, était déjà accro. Je m'enferme dans ma chambre avec ma bouteille achetée à la quincaillerie. Je sniffe le produit. La pièce autour de moi se déforme aussitôt. Tout commence à vibrer. J'ai des visions rectangulaires, j'aperçois des losanges. J'ai des hallucinations. Pendant les trois ou quatre heures où je reste tétanisée sur mon lit, les fleurs orange qui couvrent le papier peint des années soixante-dix deviennent une jungle peuplée de mains qui m'enserrent. Dans cette forêt, je tombe sur un temple. Près de ce temple brûlent des cercles de feu. Et ma visiteuse se présente à nouveau. Elle s'en prend à moi si violemment que j'ai peur.

— Ce n'est pas de moi qu'il faut avoir peur ! dit-elle. Viens, je vais te montrer quelque chose.

Elle fait apparaître ma mère qui se transforme en un tout petit être vêtu de sa robe verte de tous les jours. Et ma mère me dit :

— Tu sais, ma chérie, je ne t'aime pas. Et il y a un secret que je me dois de te révéler.

Mais la visiteuse brise le charme en faisant disparaître ma mère.

— Tu ne supporterais pas, dit-elle.

Ainsi s'achève mon expérience avec le trichlo. Je reste abominablement frustrée.

Quant au fameux secret, c'est un mystère qui ne devait jamais être levé. Quelques heures plus tard, je trouve ma mère dans la cuisine, vêtue de son éternelle robe verte en Lycra, en train de vider son cabas à provisions. Je lui demande si elle n'a pas un secret à me confier.

— Quel secret ? dit-elle.

— Tu n'as rien à me dire ? Je ne sais pas. Sur toi, sur mon enfance…

— Qu'est-ce qui te prend ? Tu perds la tête ou quoi ?

Et la vie de reprendre son cours ennuyeux et faux.

## 3

## Une amie, une adulte

J'avais quinze ans quand je m'intéressai à d'étranges affichettes collées dans mon quartier, et qui dénonçaient la vivisection. Mon amour des animaux était déjà bien ancré en moi, et la vue de ces images montrant des chiens et des chats abominablement martyrisés me fut une expérience insupportable. Je décidai de fréquenter l'association qui était à l'origine de cette campagne – c'était la Ligue contre la vivisection, dont le siège se trouvait rue Blanche. Bientôt je pris l'initiative de sensibiliser mon lycée au problème, sans réel succès. Je collai des affiches. J'obtins quelques rares adhésions. Je commençai à participer aux réunions de la Ligue. Et je pus voir combien l'amour des animaux est un phénomène qui rapproche et relie les gens.

Au terme d'une de ces réunions, le responsable de la Ligue s'adressa à l'assistance. Ceux qui souhaitaient unir leurs forces pour agir, dit-il, étaient invités à monter sur l'estrade et à échanger librement. Je rassemblai mon courage. Je montai sur l'estrade. Une charmante femme blonde s'y trouvait aussi. Je m'adressai directement à elle et se noua ainsi un premier contact. Je voulais bien faire des photocopies et les distribuer, lui expliquai-je, mais je n'avais pas d'argent.

— Je vais t'aider, me répondit-elle.

Anne-Marie deviendrait bientôt mon modèle, mon ange gardien et ma plus proche amie – alors qu'elle avait trente-sept ans et moi, quinze.

Elle m'avait attirée d'abord par sa décontraction et sa douceur, ensuite pour son calme et sa simplicité. Quant à moi, je la touchais par mon ardeur à distribuer des affichettes, à courir les boutiques de photocopie, à me démener pour la cause des animaux. Au début, nous nous donnions rendez-vous pour aller dans les espaces verts fréquentés par des propriétaires de chiens, et nous collions des affiches sur les arbres. Puis nous nous sommes laissées gagner par une sympathie mutuelle. Peu à peu, s'est créé entre nous un lien qui ne devait pourtant à aucun moment prendre la tournure d'une relation mère-fille. Ce qui s'annonçait était un rapport de complicité réelle – richesse merveilleuse pour la gamine avide de se trouver que j'étais. Et cette relation, sans doute, fut rendue possible par ma propre maturité, et par l'intérêt que j'avais développé depuis toujours pour les adultes, leurs souffrances, leurs chagrins.

Anne-Marie dégageait aussi une fascinante légèreté. Elle vivait à Paris, dans le VII^e^ arrondissement. Elle semblait maîtriser sa vie et ses émotions. Elle était équilibrée. À la maison, j'avais été habituée à entendre hurler pour si peu de chose : une assiette qui se brisait, un plat brûlé. Le drame menaçait à chaque instant. Mes parents n'avaient aucun sens de la hiérarchie qui sépare le sérieux du futile. Chez Anne-Marie, il n'y avait pas de cris, pas d'atmosphère catastrophiste. Elle aimait la vie sans égoïsme, avec une réelle bonté qui dépassait largement la cause animale. J'avais eu raison d'espérer. Il existait donc une planète où il était possible de respirer autre chose que le malheur... Provinciale, issue d'une famille aisée, divorcée d'un homme riche qu'elle n'avait pas aimé, Anne-Marie était de compagnie agréable, et profondément sincère dans ses choix. Elle menait depuis son divorce l'existence d'une femme libre – on était à la fin des années soixante-dix – qui sortait, lisait beaucoup, et assumait une vie amoureuse dépourvue de contraintes. En somme, elle offrait un contraste absolu avec le quotidien de mes parents. Chez elle, il n'y avait pas de place pour la tristesse. Il n'y avait aucune méchanceté. Et jamais d'ennui. Je découvris aussi un être d'une grande générosité qui, bien que menant une vie superficielle en apparence, et n'ayant jamais réfléchi à la spiritualité en tant que telle, se révélait justement être une femme étonnamment *spirituelle* au sens le plus vrai du terme. D'abord parce qu'elle ne nuisait à personne (et j'étais bien placée pour repérer les êtres nuisibles à autrui). Ensuite parce qu'elle était extrêmement positive. Quel bonheur de pouvoir côtoyer une adulte qui ne tenait jamais de propos révoltants, dont la conduite n'était jamais fausse ou aberrante ! Elle fut pour moi un guide plein de bon sens qui m'apprit à affronter l'existence en m'appuyant sur des valeurs qui sont restées les miennes : vivre libre, être autonome, ne pas compter sur les autres, ne pas se raconter d'histoires, aborder la vie amoureuse en sachant que les attachements peuvent être douloureux et parfois dangereux. Grâce à elle je fus capable de supporter mes premiers chagrins d'amour, et d'apprendre à éviter les suivants en adoptant un comportement affectif intelligent. Elle m'a donné les repères, les bases que mes parents étaient incapables de m'apporter. À la maison, la vie n'avait aucun *sens* ; auprès d'Anne-Marie, tout était cohérent. C'est pourquoi il se produisit entre elle et moi un phénomène de transmission. Au point que certaines paroles prononcées par elle à cette époque, certains conseils qu'elle voulut bien me donner, je m'entends aujourd'hui les répéter à mon tour, par exemple lorsque je m'adresse à ma fille.

# 4

# Dans la nature

Si Anne-Marie m'avait tant plu, c'était aussi pour son raffinement et sa profonde absence de matérialisme. J'avais noté à maintes reprises que les biens matériels, chez elle, occupaient leur juste place, non la première – la première était pour les êtres. Et je devais retrouver cette attitude chez les Trocquemé, une famille dont je fis la connaissance à cette même époque.

J'étais lasse de mes parents, je l'ai dit, et eux de moi. Depuis l'âge de treize ans, je refusais de partir en vacances avec eux. Comme je voulais monter à cheval, ils avaient fini par trouver un endroit – le moins cher possible – où je pourrais pratiquer des activités équestres. C'est ainsi que je débarquai en Ardèche, chez Yves et Mireille Trocquemé. Yves était un homme d'origine protestante qui avait failli être pasteur, avant de devenir travailleur social et athée. Sa femme, Mireille, était institutrice. Ils avaient fui la région parisienne pour venir retaper une vieille ferme, organiser des randonnées équestres et, parfois, offrir l'hospitalité à des jeunes en réinsertion. Ils avaient deux filles plus âgées que moi et eu un fils, disparu tragiquement.

Cette famille m'impressionna – et me transforma. Chez les Trocquemé, on se parlait, on s'écoutait. On s'aimait. On se disputait aussi, et c'était vraiment bien. On riait et on pleurait. On partageait les tâches. On chantait après le repas. Une vraie amitié se noua avec une de leurs filles et son compagnon, poète écorché vif et rebelle, que j'admirais. Yves, en homme courageux, travaillait dur à entretenir la maison et à soigner la vingtaine de chevaux de l'écurie, en cette première année d'installation durant laquelle ils avaient fait connaissance avec les rudesses de l'hiver, avant de voir venir le cagnard estival. Mireille cuisinait des plats savoureux avec peu de dépense. Le père se conduisait comme un père et inspirait le respect. Son caractère était parfois farouche. En définitive, j'avais rencontré en vacances une famille presque *normale*, et c'était pour moi une merveilleuse découverte.

Et que la nature était belle ! Ma connaissance de la campagne se résumait alors à deux ou trois visites chez des cousins en Normandie, voyages qui m'avaient laissé en guise de souvenirs des odeurs d'étables et de tristes images, ce qui n'a rien de surprenant pour une petite fille habituée à la ville. En Ardèche, tout était différent. Le pays était austère – aussi austère que l'étaient parfois les Trocquemé dans leur distance prise à l'égard de la consommation –, mais le ciel et la terre avaient l'air d'y être soudés l'un à l'autre. Je me rappelle encore le jour où j'ai osé pour la première fois m'aventurer seule au bout du chemin. Je regardais cette colline de rocs et de buissons suspendue au-dessus de la vallée. Les chevaux couraient en liberté dans le paysage. Je compris subitement que la nature avait le pouvoir de me régénérer. Ce qui se passait allait bien au-delà du simple bonheur ou de l'euphorie. C'était une expérience mystique. La plénitude s'emparait de moi. Je sus que je faisais partie de l'univers, et que cet ensemble si harmonieux existait aussi pour m'accueillir et me ressourcer. Chose étrange, le sentiment qui me traversait reproduisait à l'identique celui que j'avais éprouvé toute petite fille, dans la cour de l'école, quand la religieuse, pour me consoler, m'avait donné sa minuscule poupée en forme d'amulette. Était-ce la même bonté qui m'était transmise par un autre canal ? Je venais de me fondre dans le monde.

J'avais perdu tout sentiment d'individualité. Il me semblait vraiment appartenir à un tout.

Tous les jours je montais à cheval. Le soir, autour de la table, chacun, à tour de rôle, chantait une chanson ou racontait une blague. Les Trocquemé affichaient parfois aux murs mes aquarelles. Ils m'encourageaient à écrire, à m'exprimer ; ils me considéraient avec la simplicité bienveillante d'adultes sincères. Leurs enfants me faisaient découvrir des disques. Cet été-là, je me souviens de l'avoir aussi passé avec John Lennon, dont *Imagine* passait en boucle... Et ce fut le plus bel été de mon adolescence. En trois semaines, j'étais transformée ! Il ne se passait pourtant rien d'extraordinaire, sauf que, pour la première fois de ma vie, j'étais reconnue comme une personne à part entière dont les sentiments, les désirs et les opinions méritaient d'être pris en considération. Je vivais enfin une expérience de partage – une notion qui n'avait pas cours dans ma propre famille.

On imagine le choc que je ressentis à mon retour à la maison. Ma mère se montrait de plus en plus désagréable. Jalouse du respect et de l'affection que je portais à cette famille à laquelle je m'étais si vite attachée, elle s'employa à élaborer un nouveau cocktail « spécial » : un tiers d'hypocrisie, un tiers de récrimination constante, un tiers de chantage affectif. Le tout agrémenté d'un zeste de perversité :

— Qu'est-ce que tu crois ? disait-elle. Pour eux, tu es une cliente, c'est tout. Ne te fais pas d'illusions.

Et elle haussait les épaules. Mon père, lui, préféra tenter de dévaloriser Yves et Mireille en gratifiant immédiatement de son mépris désabusé ces gens « qui ne devaient pas gagner grand-chose ».

Pour moi, c'était fini. J'en avais vraiment marre de ce monde quasi étranger, sans amis ni tendresse, où tout épanouissement personnel était banni, où la liberté n'existait même pas comme idée, où la générosité la plus ordinaire passait pour pure et simple crétinerie. Ma mère vouvoyait sa seule et unique « amie » rencontrée alors qu'elles avaient toutes les deux dix-sept ans. Je ne l'ai jamais entendue dire qu'elle lui ait fait une seule vraie confidence, qu'elle ait partagé avec elle la moindre émotion intime. J'avais été très tôt frappée par le caractère étrange et conventionnel de leurs rares échanges. Leur rituel de visite était quasi invariable. On s'offrait un humble bouquet, on s'extasiait interminablement sur ses « couleurs magnifiques », comme s'il ressemblait à une corbeille de chez Lachaume, on échangeait des « Oh ! il ne fallait pas, ma bonne amie, ce n'est pas raisonnable ! », on s'asseyait au bord du canapé, on serrait les jambes en les mettant de côté, on tirait sur sa jupe, on se tendait une tasse de thé, on se lançait dans de longues considérations météorologiques ou médicales, on abordait le thème de la santé du grand-père en prenant des mines affligées (elle se dégradait), puis on remettait son chapeau, et on se quittait après un baiser furtif sur les deux joues.

J'avais connu en Ardèche la vraie vie, et voilà que j'étais précipitée de nouveau dans la fausseté d'un milieu irrespirable où toutes les discussions étaient alimentées par le qu'en-dira-t-on, les apparences, où les seuls sentiments exprimés se limitaient à une jalousie nerveuse envers les plus favorisés, et le dédain pour les plus humbles. Ma mère avait-elle jamais connu l'émotion d'une promenade en forêt ? Elle disait détester la nature et le sport. Si d'aventure nous allions nous promener, c'était toujours la même rengaine qui revenait. Le plus important était de ne pas se décoiffer, de ne pas se salir, de ne pas risquer de filer un collant ou, pire encore, de paraître ridicule. Mes parents avaient-ils jamais nourri un seul sentiment positif ? accompli un acte désintéressé ? Je songeais avec une nostalgie ardente à la maison des Trocquemé, à ce paradis ardéchois où tout était relation.

Car les Trocquemé et leurs enfants semblaient cultiver au jour le jour un idéal généreux fondé non sur l'apparence, non sur l'image, non sur la possession des biens matériels, mais sur l'intérêt porté à autrui. Si Anne-Marie m'avait transmis la lucidité et la capacité à voir les choses telles qu'elles sont, ce couple m'avait enseigné le respect de soi et de l'autre. Et ils l'avaient fait sans même jamais avoir à prononcer le mot, par le seul exemple de leur vie. Tous m'avaient protégée – à l'instar de la femme provocante qui me visitait en rêve. Ils m'avaient empêchée de glisser vers une pente dangereuse à un âge où tout était possible, surtout le pire. Ils m'avaient transmis une forme de vérité qui me servirait de base, et me permettrait enfin de me construire.

## 5

## Des sociétés spirituelles

J'étais consciente, désormais, d'avoir une sensibilité mystique, mais je ne savais qu'en faire. J'avais de plus en plus fréquemment des perceptions étranges. Il m'arrivait des épisodes bizarres. Par exemple, j'attendais le bus dans la grisaille et le froid d'une triste journée d'hiver, et soudain je me sentais prise d'amour pour tous les êtres. Il me semblait partager leurs pensées. Je vivais tout à coup dans un monde harmonieux où une place m'était réservée. Tout me semblait parfait et juste, à la fois déterminé d'avance mais flexible, grâce à la compréhension que je pouvais réussir à en avoir, comme si la réalité avait eu plusieurs étages, et réclamait de ma part une sorte de participation. C'était comme si une voix m'avait dit : « Regarde le monde autour de toi, vois comme tout a de l'importance, comme la perfection qui est cachée en chaque chose n'a besoin que d'une certaine *qualité* de regard pour se révéler ; écoute la vie s'accomplir comme par magie, pleine de beauté discrète, de liens cachés, de sens… » Quelque chose, en somme, *arrivait*. Mais que se passait-il, pour que je sois arrachée ainsi à mon état de conscience habituel ?

Quand vint l'année du bac, je me posai beaucoup de questions sur Dieu. J'étais curieuse de ce qui touchait aux philosophies spiritualistes. C'est pourquoi je finis par approcher plusieurs sociétés spirituelles. Elles avaient en commun de proposer un enseignement qui tentait de concilier, en les synthétisant, les bases de la mystique chrétienne occidentale et la tradition orientale. Je voulais rencontrer des adultes avec lesquels discuter de la réincarnation, de l'existence d'éventuels plans de conscience supérieurs, et de la voyance... Hélas, l'enthousiasme laissa rapidement place à la déception. Car, si j'eus la chance de croiser en ces cercles quelques personnes sincères et lumineuses, je pris très vite du recul à leur égard, avant de m'éloigner d'elles définitivement. Je ne tardai pas à comprendre que la plupart de ces explorateurs de l'invisible se représentaient l'au-delà comme un système extrêmement hiérarchisé. Ils le voyaient comme une sorte de pyramide composée de savantes divisions et subdivisions, avec à son sommet des âmes très nobles – les leurs. Ensuite, par ordre descendant, venait une population d'âmes de moins en moins belles, de plus en plus grossières, dont ils ne faisaient jamais partie... Aujourd'hui encore, j'ai de la peine à comprendre pourquoi, dans les milieux adeptes de la réincarnation, je croise tant d'ex-alchimistes et de grands chevaliers, et si peu d'anciennes femmes de ménage... En somme, la folie des grandeurs de mes parents avait eu du bon : elle m'avait permis de détecter l'orgueil sous toutes ses formes. En fait, j'avais déjà découvert plus de spiritualité chez les gens qui ne parlaient jamais de Dieu – comme Anne-Marie, ou Yves et Mireille Trocquemé – que chez ces êtres occupés à reconstruire des hiérarchies célestes, mais qui négligeaient, ici et maintenant, l'amour et la générosité.

J'eus cependant la chance de rencontrer dans une association un homme pour qui je développai une vraie sympathie. Il s'intéressait comme moi à la guérison et à la prière et m'avait prêté des livres sur un maître spirituel, un guérisseur assez connu appelé maître Philippe de Lyon. Cet homme, sa femme et moi partagions un profond amour de la nature. Ils l'imaginaient comme un réservoir infini d'énergies bénéfiques et thérapeutiques. Ils m'indiquèrent un jour l'adresse d'une librairie parisienne où j'étais susceptible de trouver des ouvrages sur les sujets qui m'occupaient alors l'esprit, comme le druidisme ou les runes.

Entrant dans cette librairie, je tombe sur un groupe de jeunes gens de mon âge pris dans un débat animé autour de l'œuvre de Louis-Ferdinand Céline. D'emblée, j'aime leur aplomb, la façon agressive et drôle avec laquelle ils se provoquent et exagèrent leurs désaccords. On pourrait croire qu'ils se disputent, mais je vois tout de suite qu'ils jouent. Ma présence – il n'y a aucune autre fille dans la librairie, et je ne suis pour eux qu'une inconnue – semble attiser leur curiosité et renforcer leur besoin de se donner en spectacle. Je suis étonnée par la richesse de leur vocabulaire, par leur maturité, et par une étrange élégance qui se dégage d'eux, en dépit de leurs vieux mocassins mal cirés. D'où peuvent-ils bien sortir ? Je les trouve presque démodés, habillés comme Gérard Philipe dans les années cinquante. Je n'ai jamais vu des garçons qui ressemblent à ça. En tout cas, ils diffèrent totalement des camarades de mon lycée, ces êtres encore effacés qui fuient les conversations profondes et les qualifient de « prises de tête ».

Je l'ai dit, je suis introvertie, parfois grave, mais jamais timide. À la fois prévenant et moqueur, l'un des jeunes gens présents dans la librairie s'adresse à moi :

— Qu'est-ce qu'elle veut, la demoiselle ?

Le ton est ironique, décalé. Les autres s'esclaffent. Je les sens à la fois jeunes et vieux, complètement hors de la norme. Mais je suis sur leur territoire. Ils ont beau être très courtois, je devine qu'ils ne vont pas tarder à me tester et à m'en faire voir de toutes les couleurs... Qu'importe, je reste. Mis à part les jeunes les plus paumés de mon quartier, et deux amies intimes, je n'ai pas souvent eu envie de parler à des gens de mon âge. En décidant d'engager avec eux une conversation, je viens de me lier à la bande d'amis qui marquera toute la fin de mon adolescence. Je ne le sais pas encore, mais ma solitude a pris fin.

Presque tous étaient issus d'un milieu très privilégié qui ne pouvait souffrir la comparaison avec le mien, tant sur le plan matériel qu'intellectuel. Ils appartenaient pour la plupart à de grandes dynasties bourgeoises et parfois aristocratiques. Et ils dégageaient un esprit typique des grandes lignées françaises, jusque dans cette forme de radicalisme politique qui les pousse parfois, quand ils sont jeunes, à frayer avec le paganisme pour horrifier une famille chrétienne jugée trop conventionnelle. Autant dire qu'ils inclinaient peu vers la tendresse. Je n'avais pas très bien compris où j'avais mis les pieds, mais j'allais très vite le découvrir : j'étais une fille au milieu d'une bande de machos peu enclins à faire de cadeaux…

Étrange paradoxe, ils seraient pourtant les premiers à m'aimer sincèrement, à reconnaître mes talents, à me permettre d'avoir confiance en moi, et à m'apporter les rudiments de socialisation qui faisaient tellement défaut à la jeune fille bizarre et maladroite que j'étais !

Je ne connus d'aventure amoureuse avec aucun d'eux. Et j'étais issue d'un milieu nettement plus modeste. Logiquement, je n'aurais jamais dû m'intégrer si naturellement à leur groupe. Aujourd'hui encore, je me demande ce qui s'est vraiment passé entre nous… Comment avons-nous pu partir en week-end, partager tant de bonnes soirées, échanger des films et des livres, faire des promenades ? Mystère. Mais je dois reconnaître que nous nous sommes bien amusés. Comme toutes les bandes de copains du monde, nous avons plaisir à nous remémorer nos tribulations. En effet, vingt-cinq ans plus tard, nous sommes toujours en contact, cela en dépit de la distance géographique – ils vivent presque tous à l'étranger –, de vies de famille et de parcours professionnels différents.

S'ils ne se gênaient jamais pour critiquer férocement mes fiancés et le moindre de mes travers, comme ils le faisaient d'ailleurs entre eux, ces garçons me respectaient, en particulier pour mon talent littéraire, et aussi parce que j'étais, disaient-ils, un médium.

L'immense différence sociale qui me séparait d'eux ne faisait que mettre en valeur ce qui était susceptible de nous rapprocher. Ils vivaient dans des familles où la culture était présente depuis plusieurs générations. Les parents de certains – qui eux aussi m'accueillirent fort bien – avaient des moyens financiers colossaux. Ils sortaient des meilleures écoles privées. Comment pouvaient-ils s'intéresser à moi qui vivais dans un modeste appartement en banlieue ouest ? Peut-être parce qu'ils étaient eux-mêmes des rebelles ; peut-être aussi parce que nous partagions la même férocité et le même appétit de liberté. Anne-Marie, déjà, m'avait reconnue dans mes poèmes et ma sensibilité. Elle s'était montrée si positive que j'avais parfois l'impression d'entendre passer en boucle *Don't worry, be happy* dès que j'étais avec elle. Elle me faisait à dîner, elle m'écoutait des heures au téléphone, sans jamais paraître se lasser, en faisant preuve au contraire d'une patience infinie. Ma bande de garçons, elle, me reconnaissait intellectuellement, sans se gêner cependant pour critiquer ma garde-robe ou pour me parler entre quatre yeux de mon égocentrisme. Car ils ne me passaient vraiment rien ! Mais au-delà de nos chamailleries, toujours ils m'encourageaient.

— Il faut que tu écrives, me répétaient-ils. Tu seras un écrivain.

Je suis donc passée sans transition de cette banlieue pavillonnaire, où certains parents allaient jusqu'à interdire à leurs enfants de me parler, au salon des grands bourgeois et des aristocrates du XVIe arrondissement, où les mères me recevaient avec beaucoup de gentillesse. Certaines d'entre elles m'accordèrent même leur amitié, et parfois leur protection, dès le premier regard. Aujourd'hui j'ai compris, en lisant Pierre Bourdieu et en observant le monde, à quel point mon parcours social est singulier ; mais à dix-huit ans, tout cela me paraissait terriblement normal. J'étais si heureuse de ne plus être seule ! J'étais loin des « pourquoi moi ? », peut-être parce que je me vivais déjà comme une sorte d'électron libre, une « mine vaguante » dont tout le monde avait plus ou moins essayé de se débarrasser, que l'on avait rejetée par crainte ou par gêne, et qui elle-même n'avait jamais été non plus très motivée pour se faire accepter dans un monde angoissant. Jusqu'ici, j'avais été regardée par la majorité de mes camarades comme un objet non identifié, et par mes profs comme un cancre encombrant. Cela me faisait du bien d'être enfin autre chose. En même temps, j'avais du mal à comprendre pourquoi ces personnes qui pouvaient rencontrer qui elles voulaient grâce à leur nom ou leur fortune me recevaient dans leur salon, alors que les gens socialement ordinaires – dont je faisais partie – ne s'étaient jamais bousculés pour m'adresser la parole. L'animal errant que j'étais venait de rencontrer affection et considération. Je ne devais plus tarder à m'épanouir. Et il était temps. Je n'avais été que trop seule, à écrire la nuit dans ma chambre.

La vie, grâce à mes amis, devenait vraiment agréable. Ils étaient libres. Ils voulaient aller au bout d'eux-mêmes, parfois hélas avec cynisme, mais toujours avec sincérité.

Quand ils se mirent à pratiquer le spiritisme, je le pratiquai avec eux – ne m'avaient-ils pas désignée, peut-être par jeu, comme médium ? Les séances se déroulaient quelquefois avec une amie de la mère de l'un d'eux. Mais il s'y produisit des événements trop dangereux. Des entités y apportèrent des réponses trop cohérentes. Un verre fut brisé. Les lettres, un jour, formèrent des phrases menaçantes. Nous risquions d'être manœuvrés par des forces suspectes. L'expérience prit fin au bout de quelques mois. Elle n'avait pas manqué de me confirmer dans l'idée que ces expériences marchaient mieux quand j'étais présente, ce qui semblait aussi, en un sens, un présage.

Entre-temps, je m'étais fiancée à un garçon plus âgé que moi, grand amoureux des livres, passionné par la littérature du XIXe siècle. Je l'avais rencontré à la fac de droit. Notre complicité était certaine. Mais peut-être avais-je compris, au fil du temps, qu'il représentait pour moi un grand frère plutôt qu'un mari. Nous devions finalement nous quitter à la veille du mariage. Or, quand je me retrouvai seule, obligée de commencer à travailler, mes amis, là encore, se montrèrent présents : ils m'aidèrent à entrer dans une régie publicitaire, place de Furstenberg, où devait débuter ma carrière dans la communication.

Mais ce n'est pas vraiment en me trouvant du travail que mes amis m'ont le plus aidée. C'est par ce qu'ils *étaient*. J'avais vu chez eux des halls d'entrée aussi vastes que la maison de mes parents. J'avais connu de l'intérieur leurs propriétés, leurs domestiques, leurs œuvres d'art, leur mobilier de style et leurs livres anciens – bref tout un univers qui avait imprégné mes jugements, et ce d'une façon assez précoce. Peu à peu, j'avais aussi appris à voir le monde et les autres à travers leur regard et leurs critiques, et je m'étais imprégnée de leurs exigences esthétiques. Lorsque je m'interroge sur les causes de mon intégration dans leur milieu, je me demande s'il ne faut pas y voir un coup de pouce du destin. Le fait de pénétrer une élite sans même en avoir conscience m'avait permis de régler rapidement certaines questions, et de consacrer mon énergie à d'autres. J'étais préparée désormais à ne pas me laisser impressionner, ce qui me serait utile plus tard, quand des personnalités de l'art, du showbiz ou de la politique pousseraient la porte de mon cabinet. Mes amis m'avaient permis de prendre la mesure des différences sociales qui existent entre les êtres – et qui sont d'ailleurs peu de chose quand il s'agit de distinguer le vrai du faux. À leur contact, j'avais pris un « pli » que je ne devais jamais perdre. Je m'étais épanouie *naturellement*, sans jouer les courtisanes, sans jamais vouloir les singer ni les épater. Par la suite, je ne m'écarterais plus de cette ligne qui consiste à se faire respecter pour ses qualités propres. Dès mes premiers passages télévisés, je fus sollicitée par des personnalités et des gens fortunés désireux de me faire jouer ce rôle étrange de la voyante conviée à venir faire son numéro à la table des riches. À ce moment-là, j'ai pu décliner leur offre sans hésiter. Probablement parce que j'étais en mesure de me dire que des riches, j'en connaissais déjà assez. Avec le recul et la maturité je réalise à quel point c'était un luxe de pouvoir, à vingt-trois ans, réagir ainsi, alors que tant d'individus perdent l'essentiel de leur temps à essayer de gravir l'échelle sociale. Une chance, oui : du moins je ne risquais pas de tout mélanger – l'ambition et les sentiments, l'amitié sincère et les jeux de pouvoir.

Car j'ai vraiment en horreur les relations mondaines... Je suis incapable de jouer ce jeu. Je ne me suis du reste jamais donné la peine de chercher à m'expliquer ce rejet, jusqu'au jour où, récemment, j'ai découvert que je partageais ce comportement avec celles et ceux qui ont vécu des « NDE ». Les *Near Death Experiences* au cours desquelles on frôle la mort avant de traverser divers états de conscience, puis de revenir transformé. Lisant des témoignages de NDE, je me suis rappelé mes expériences mystiques précoces, et l'élargissement du champ de conscience qui en avait résulté. Et j'ai réalisé que j'avais subi les mêmes bouleversements psychologiques que ces hommes et ces femmes « ressuscités ». J'avais le même désintérêt précoce pour les relations superficielles, les conversations vides, les convenances. Comme eux, je rejetais la pression sociale. Ces dernières années, j'avais eu aussi en commun avec eux cette conscience permanente des conséquences de mes actes sur autrui, une même horreur de l'injustice, et la même aptitude à éprouver de plus en plus souvent un sentiment de bonheur parfois merveilleux, à travers les choses les plus simples. C'est au point que j'en viens à me poser la question de savoir si tant d'années de pratique de la voyance, tant d'heures passées dans un état de conscience légèrement modifié n'ont pas fini par avoir sur mon psychisme un impact aussi profond qu'une NDE. Peut-être, en fait, n'étais-je pas qu'une sauvage. Peut-être avais-je été programmée dès mon plus jeune âge pour suivre, l'année de mes vingt ans, une voie différente dont je ne connaissais rien encore.

# 6

# Baptême de Maud Kristen

J'ai réellement accepté mes capacités psychiques vers l'âge de vingt et un ans, alors que je racontais mes rêves à un psychothérapeute dont le cabinet – nouveau signe, sans doute – se trouvait juste au-dessus d'une librairie ésotérique. Quelque temps plus tôt, j'avais brutalement rompu mes fiançailles. Je vivais une passion plutôt destructrice. Malgré mon jeune âge, j'avais conscience du poids que mon passé familial représentait dans la construction de ma vie amoureuse. Je souhaitais tenter l'expérience d'une thérapie pour y voir plus clair et essayer de gagner du temps. Je craignais en effet de répéter indéfiniment les mêmes erreurs, comme la majorité des adultes qui m'entouraient. Lors de ma première visite à ce médecin, j'arrivai en avance. Je restai à flâner sur le trottoir, absorbée dans la contemplation d'une étrange vitrine pleine de kits d'envoûtements, de mystérieux jeux de tarots, d'encens destinés à convoquer les esprits. Je me souviens de la gêne, du malaise qui s'empara de moi lorsque je fixai du regard une grosse boule de cristal posée sur un trépied doré. À quelle comédie cette « chose » pouvait-elle bien servir ? J'imaginais sans peine le visage de sa future propriétaire : expressif et ridé, éclairé d'une chandelle, penché en avant, avec des yeux écarquillés. Cette idée me fit frissonner. Tous ces objets déclenchaient en moi une réaction double :

d'un côté j'étais indignée par ce que je percevais comme une exploitation tragique de la misère humaine, une absence d'éthique terrifiante, mais de l'autre je ressentais confusément qu'il devait y avoir quelque chose de vrai dans les *Pouvoirs secrets de l'esprit* – car tel était le titre d'un livre exposé lui aussi dans l'inquiétante vitrine. Ces pouvoirs-là, je les croyais rares, dangereux, à la portée de quelques initiés que j'imaginais volontiers diaboliques ou, au contraire, proches de la sainteté. Ces pouvoirs me faisaient peur. J'étais certes encore loin de m'investir dans la parapsychologie, puisque j'ignorais jusqu'au sens de ce mot, mais je percevais déjà que s'il existait des phénomènes de cette sorte ils devaient se situer à l'opposé de l'image ténébreuse, sulfureuse, et pour tout dire malsaine qu'on leur donne habituellement.

L'heure finit par arriver, et je me sentis rassurée d'être arrachée à cette rêverie occulte pour me retrouver dans le bureau d'une psychiatre, donc d'une vraie spécialiste. À mes yeux, un médecin était forcément une personne respectable, à l'opposé de ces vieilles femmes qui tripotaient des tarots… Si une pythonisse, ce jour-là, m'avait prédit que cette première visite contribuerait à ma décision, moins de trois ans plus tard, de gagner ma vie en m'installant à mon tour en tant que professionnelle, j'aurais crié au charlatan !

Ma psychothérapeute se révéla agréable et douce. Mise en confiance, je ne tardai pas à lui livrer mes rêves. Je les énonçais à voix haute. Et je voyais mon médecin essayer désespérément de les utiliser comme un matériel digne d'une interprétation psychanalytique. Sauf qu'il ne s'agissait pas de constructions inconscientes. Il s'agissait de rêves prémonitoires dont je verrais bientôt, à ma grande surprise, les images et les scènes se dérouler sous mes yeux. Je pense avoir vécu alors un moment clé de ma vie. Il m'était soudain devenu impossible de nier la faculté qui était en moi. C'était la fin d'un jeu de cache-cache avec des manifestations qui avaient lieu depuis l'enfance, et que j'avais toujours refusé de prendre au sérieux – peut-être parce qu'elles l'étaient, justement, et que je pressentais que cette découverte bouleverserait ma vie. Cette fois, je ne pouvais me dérober. Je me trouvais soudain en situation de vérifier par mes propres moyens l'exacte véracité de mes visions. Il y avait un « retour » objectif : j'avais vu le rêve, mais surtout j'en avais parlé, et je voyais ensuite la scène se dérouler devant moi, dans la réalité.

Certaines critiques émises par les sceptiques ne sont pas dénuées de sens. Ils affirment, par exemple, que les discours des voyants sont parfois si larges et si flous que chacun peut avoir l'illusion d'y reconnaître quelque chose qu'il croit, à tort, le concerner, alors qu'il s'agit d'une sensation fausse, provoquée seulement par l'imprécision du discours. Ils ont un nom pour cette illusion : l'« effet puits », probablement en référence au puits noir et profond dans lequel nous nous retrouvons engouffrés sans pouvoir le sonder, abusés que nous sommes par le mystère de ses contours invisibles. Mais dans mon cas, justement, il n'y avait pas d'effet puits... Les scènes que j'avais vues en rêve se réalisaient bel et bien avec une précision rigoureuse, et parce qu'elles ne me concernaient pas directement, je n'avais aucune responsabilité dans la manière dont elles se produisaient ; je n'en étais que la spectatrice impuissante. Comment douter encore de la pertinence de mes perceptions ?

Je travaillais alors dans la publicité, et avec un certain succès en dépit de mon jeune âge. J'avais contribué au développement publicitaire d'une revue d'architecture. J'avais rejoint ensuite une agence qui organisait des campagnes de lobbying pour l'industrie agroalimentaire. Et j'en étais venue à occuper finalement une place de responsable du développement chez Média Gestion, une des filiales du groupe de Gilbert Gross, grossiste en achat d'espaces publicitaires. Mais ce poste fut mon dernier emploi dans ce domaine. En effet, même si les métiers de la publicité étaient dotés d'un grand prestige dans les années quatre-vingt, et si j'y trouvais un réel équilibre personnel, mon intérêt m'entraînait ailleurs.

Je dois dire que le monde des « affaires » ne m'a jamais enchantée. J'avais un certain mal à m'y impliquer autrement qu'en pilotage automatique : je travaillais, mais en pensant à autre chose. Pour faire contrepoids à cette existence dont les obligations me pesaient, j'avais commencé l'écriture d'un roman que je n'arrivais pas à achever, faute de temps et de disponibilité, ce qui me désespérait. Je souffrais d'autant plus de la situation que j'étais encouragée dans mes efforts romanesques par Claire Martin du Gard, la propre petite-fille du prix Nobel de littérature, qui avait à cette époque des responsabilités chez un éditeur important, et s'était mise à croire en mon talent après avoir lu le début de mon livre.

Mon amie Anne-Marie, avec laquelle je passais de longues soirées à tenter d'imaginer des solutions pour sortir de ce dilemme, avait fort bien compris que je songeais à démissionner de Média Gestion : c'était le seul moyen de finir mon roman. Elle voyait que je cherchais une issue. Si je n'arrivais pas à terminer ce livre, Claire Martin du Gard pouvait finir par se lasser, et cesserait peut-être de me soutenir. Je risquais, à vingt-trois ans, de perdre une chance exceptionnelle qui ne se représenterait peut-être jamais. Et, comme toujours, Anne-Marie ne demandait qu'à m'aider. Un soir, une discussion s'engagea sur son canapé. Anne-Marie portait, je m'en souviens encore, un peignoir en éponge et mangeait distraitement du chocolat. Elle avait noué une serviette autour de ses longs cheveux blonds. Son chien se blottissait contre elle. Elle me fit soudain une proposition :

— Écoute, j'ai peut-être la solution. Je veux bien vous entretenir, tu sais. Toi et tes deux chiens. Mais quinze jours par mois, pas plus, lorsque je suis dans le Midi. Le reste du temps, il faudra te débrouiller.

— Me débrouiller, je veux bien. Mais comment ?

Mon bagage universitaire se résumait à une année de droit et une année d'École du Louvre.

— Pourquoi ne pas t'installer comme voyante ? reprit Anne-Marie avec un air rêveur.

Je crus à une plaisanterie. Elle enchaîna en m'expliquant qu'elle avait le jour même consulté une voyante, entraînée par une amie. Or l'expérience s'était révélée désastreuse. Cette femme, pourtant célèbre, l'avait reçue entre deux portes, avant de lui tenir des propos d'une rare platitude, tout en pratiquant des honoraires mirobolants.

— Si une telle incapable arrive à s'en sortir, dit-elle d'un ton à la fois désabusé et indulgent, je ne vois pas pourquoi tu ne ferais pas aussi bien !

— Mais ce n'est pas honnête ! protestai-je.

— Tu possèdes une sensibilité incroyable ! Tu dis des choses tellement justes !

Elle ajouta, convaincue :

— Et tu ne feras jamais de mal aux gens.

Elle avait conscience de mon intuition, qu'elle jugeait exceptionnelle. Elle me proposa d'épingler une petite annonce dans la laverie automatique de son quartier, en plein VII^e^ arrondissement. Elle s'offrit même d'assurer de temps en temps mon secrétariat, puisque les répondeurs téléphoniques étaient bien trop chers pour moi.

— Tu ne risques rien à essayer, conclut-elle.

Je réfléchissais. J'étais tentée, c'est vrai. J'avais réellement besoin de trouver du temps pour écrire tout en subvenant à mes besoins. Mais un problème m'apparut immédiatement. Si mon roman ne voyait jamais le jour et que le projet tournait court, n'allais-je pas me griller auprès de tous les publicitaires de Paris ? Comment vouloir en même temps sauvegarder une réputation professionnelle et jouer les extralucides en dehors de mes heures de travail ? N'étais-je pas obligée de me ménager au moins une possibilité de retour en arrière ? Là encore, Anne-Marie imagina la solution.

— Prends un pseudonyme, dit elle. Maud Kristen, par exemple. Ça te plaît, Maud Kristen ?

— Maud Kristen, répétai-je, abasourdie.

Oui, ça me plaisait. D'ailleurs je n'en avais pas grand-chose à faire. J'étais persuadée que ce pseudonyme servirait tout au plus six mois dans ma vie. Aussi, après un nouveau temps de réflexion, et seulement parce que j'avais totalement confiance en mon amie, je m'entendis répondre :

— Marché conclu.

7

# Des taches d'encre aux « Dossiers de l'écran »

Nous étions alors en janvier 1987. J'avais choisi de recevoir les gens dans mon appartement de la Défense. Les consultations se dérouleraient en fin de journée car j'avais conservé mon emploi à Média Gestion. Au crépuscule, le ciel couchant, vu du dix-septième étage de mon building, créerait une atmosphère à la fois futuriste et onirique, propice à inspirer ma voyance, et à me désinhiber.

Les premières personnes qui se présentèrent étaient pour certaines des relations d'Anne-Marie et, pour d'autres, des curieux qui avaient lu mon annonce : « Maud Kristen, une autre conception de la voyance. » L'intitulé était plutôt sobre et me laissait une marge de manœuvre pour trouver mon propre style. On imagine combien j'étais perdue ! Ne sachant pas tirer les cartes, j'avais opté instinctivement pour l'utilisation de taches d'encre qui permettaient d'ouvrir la séance sur un rituel.

Je dois d'ailleurs préciser que cette méthode de divination, l'encromancie, m'était apparue dans mon sommeil, six mois plus tôt, lors d'un séjour à la campagne, alors que j'ignorais jusqu'à son existence. Voici comment je racontai ce rêve dans un des « carnets de songes » que je tenais à l'époque : *Je me vois assise devant une table, dans la cuisine d'une grande maison que je ne connais pas. Je suis avec Y. À un moment, je me lève, et je vais chercher une bouteille d'encre dans un placard de la cuisine. Je l'ouvre. J'en verse le contenu sur une feuille de papier. Je plie la feuille et la déplie ensuite. L'ambiance est bizarre. D'un seul coup, je suis complètement absorbée par le dessin dont je ne me rappelle plus ce qu'il représente, tout en me sentant très bien, comme si le reste de la pièce avait disparu. J'entends juste une voix d'homme qui me dit quelque chose comme : « C'est ça la solution, c'est ça qui est important. » Mais de quelle solution s'agit-il ? Est-ce important pour Y ou pour moi ?*

Je m'asseyais devant une table basse. Je répandais l'encre sur la feuille. Je pliais la feuille. Je la dépliais. Aussitôt les visions étaient là, aussi précises qu'avaient pu l'être mes rêves prémonitoires et mes « divinations » enfantines. Je me souviens de cet homme assis en face de moi. Il comptait parmi les toutes premières personnes venues me consulter. Je lui parlais des problèmes qu'il rencontrait avec son père : c'était vrai. Je lui décrivais un paysage : c'était sa maison dans le Midi. J'évoquais des ennuis de santé dont il avait été victime : il acquiesçait encore. Naturellement, j'étais aussi surprise que lui. Mais les anecdotes se multipliaient au fil de ces premières consultations, ce qui me confirma dans l'idée que j'étais faite pour recevoir des informations sur autrui par des voies extrasensorielles. En effet, si l'on peut avoir une tête d'anxieux ou de dyspepsique, personne n'a une tête à avoir un beau-frère champion de voile ou une petite sœur suicidaire.

Et puis il se passa quelque chose. Après le coup de main donné par Anne-Marie – ses relations, les annonces collées dans sa « laverie automatique » –, le bouche à oreille se mit à fonctionner au-delà de toute espérance, et ma vie bascula en l'espace de quelques semaines. Les gens qui venaient me voir étaient stupéfaits. D'une part, l'image que je leur offrais n'était pas du tout celle de la voyante « ordinaire » – j'étais jeune, je les recevais dans un appartement moderne dont le décor ne rappelait en rien le folklore de la voyance, et je ne leur tirais même pas les cartes. D'autre part, j'étais en mesure de leur parler de leur propre entourage, de la personne avec laquelle ils venaient de déjeuner, de la maison qui avait abrité leur enfance. Résultat, chacun de mes clients m'adressa plusieurs personnes qui elles-mêmes m'envoyèrent de nouvelles personnes, et ainsi de suite – cette croissance exponentielle étant encore facilitée par des honoraires d'un faible montant.

Entre-temps, j'avais moi-même passé une petite annonce, toujours sur le thème « Maud Kristen, une autre conception de la voyance », dans *Le Nouvel Observateur*. L'annonce ne parut qu'une seule fois : je n'avais déjà plus besoin de clients. Ce succès inattendu, arrivant quelques mois après mon « installation », m'obligea à changer de vie. L'expérience avait commencé en janvier 1987 ; en avril de la même année, j'étais déjà tellement débordée que je devais quitter Média Gestion. Intrigués par la réalisation rapide et inattendue de certaines de mes prédictions, des journalistes et des personnalités de la télévision prirent l'habitude de me consulter. Mon succès, doublé de la création de « Delta Blanc », une association sur laquelle je reviendrai, me conduisit à être très vite médiatisée. C'est ainsi que je fus l'invitée, entre autres, des « Dossiers de l'écran », l'émission mythique d'Armand Jammot, à peine sept mois après avoir donné ma première consultation. Tout cela m'attira plus de monde encore. J'étais emportée par le mouvement. Bien entendu, je n'avais pas eu le temps de me remettre à mon livre, ce projet de roman qui avait déclenché ma métamorphose. Mais je me sentais à ma place. Je ne jouais aucun rôle. Je n'étais pas contrainte à une adaptation forcée. J'avais trouvé ma voie. J'étais dans mon élément. Et c'était la chose la plus agréable qui me fût jamais arrivée.

# 8

## Un sujet qui fâche

Cependant, un problème se posait. Allais-je pouvoir assumer ce métier ? Certes, l'activité me plaisait. En revanche, ce qu'elle représentait était à mes yeux un vrai repoussoir. Le statut de voyante était à l'opposé de toutes mes valeurs. J'avais vingt-trois ans. J'étais Parisienne, un peu snob, responsable du développement dans une petite boîte de pub… Je me voyais mal déclarer que j'exerçais la profession de « voyante extralucide ». J'aurais trouvé cela dégradant et honteux. Et j'aurais été incapable d'en analyser profondément les raisons. En même temps, il y avait là un défi qui m'attirait.

J'avais fait quelques mois plus tôt la connaissance de l'astrologue Chantal Hurteau-Mignon qui elle aussi venait de s'installer après avoir travaillé dans le design et la décoration. Elle avait publié dans la presse une annonce que je trouvais intelligente. En quête d'alliés, je pris contact avec elle. Nous avons échangé nos vues. Chantal était à la fois rigoureuse et brillante. Elle a passé depuis avec succès son DEA de psychologie et réfléchit sur la pensée magique[1]. Nous nous sommes découvert de nombreux points communs. Nous avions en particulier la même façon d'envisager la place de la

1. Chantal Hurteau-Mignon, *L'Émergence du magique dans la pensée de secours,* Paris, L'Harmattan, 1999.

voyance et de l'astrologie dans notre société. Ayant abordé l'étonnante richesse de l'astrologie, elle avait du mal à comprendre pourquoi l'évocation de cette discipline déchaînait un rejet viscéral chez les intellectuels.

Bien sûr, nous étions l'une et l'autre décontenancées par ces publicités qui vantaient les services de Madame Irma, la voyante des princes et des stars, qui ne se trompe jamais, mais n'a rien de mieux à faire que de vous attendre de huit heures à minuit près de son téléphone – vous, ou plutôt votre carte de crédit. Hélas, nous étions terriblement ignorantes[1]. Nous n'avions aucune idée des raisons politiques, plus que scientifiques, qui avaient conduit les décideurs universitaires à rejeter, en France, l'étude des phénomènes paranormaux. En toute bonne foi, nous avions pris le problème à l'envers, confondant la cause et ses effets. Nous pensions que si la voyance et l'astrologie n'étaient pas reconnues, c'était que la majorité de ceux qui la pratiquaient se montraient peu crédibles, dépourvus d'une réelle éthique et d'un talent vérifiable. À la fin des années quatre-vingt, la crise de confiance entre la science et l'opinion n'était pas encore déclarée, et nous ne pouvions imaginer que des scientifiques aient d'autre passion que celle de la vérité. Nous pensions naïvement qu'il suffirait de regrouper des praticiens ouverts au débat, performants et sincères, pour déclencher une révolution qui amènerait progressivement des spécialistes à réfléchir sur la question, à informer le public, à responsabiliser les voyants et les astrologues.

---

1. Bertrand Méheust est philosophe, spécialiste du magnétisme et de la voyance. Il est l'auteur d'une thèse très remarquée, *Somnambulisme et médiumnité*, t. 1 : « Le Défi du magnétisme » ; t. 2 : « Le Choc des sciences psychiques », Paris, Les Empêcheurs de penser en rond, 1999. C'est après la lecture de celle-ci que j'ai compris « l'exception française », cette impasse scientifique sur la question du paranormal. Il a également écrit *Devenez savants : découvrez les sorciers, Lettre à Georges Charpak*, Dervy, Paris, 2004, ouvrage plus concis et bien plus facile d'accès.

Étrangement, si les médias s'intéressèrent à notre existence – le *Figaro Madame*, durant l'été 1987, nous consacra quatre pages intitulées : « Voyantes et astrologues balaient devant leur porte », l'accueil fut plus frais de la part de nos confrères. Quant au dialogue avec des intellectuels ou des scientifiques, il n'eut tout simplement pas lieu… Et pour cause ! En réalité, si la pratique professionnelle de la voyance se résume trop souvent à une aimable mise en scène commerciale, et va parfois – beaucoup plus rarement – jusqu'à l'escroquerie pure et simple, c'est essentiellement parce qu'il n'existe ni département de parapsychologie à l'Université, ni programmes de recherche officiels, contrairement à ce qui se passe dans d'autre pays développés, principalement anglo-saxons d'ailleurs. Bien sûr, il existe aussi une voyance commerciale aux États-Unis. Elle y est d'ailleurs moins réprimée qu'en France. Mais on y voit aussi de nombreux voyants et médiums s'interroger sur leur pratique, collaborer avec des scientifiques, enseigner, publier des ouvrages de qualité, et même, comme nous le verrons plus tard, recevoir des décorations de l'État…

À cette époque, Chantal et moi pensions qu'il suffisait de réglementer la manière d'exercer nos métiers pour réhabiliter notre profession aux yeux du public. Nous avons donc élaboré une sorte de code de déontologie censé nous obliger à exercer dans un cadre proche de celui de n'importe quel praticien libéral, astreint par principe à un respect de lui-même et des autres. On ne saurait imaginer, par exemple, un avocat ou un médecin ne travaillant que par téléphone, ou se faisant payer à la minute, offrant les deux premières gratuitement, ou proposant des périodes promotionnelles en fonction de votre prénom ou de votre année de naissance… Qui irait voir un spécialiste dont les consultations seraient des lots tirés au sort dans un grand magasin ? Pourtant de tels agissements, de la part d'un voyant, ne surprennent personne. C'était précisément ce que nous voulions changer. À tout prix. Aussi avons-nous créé l'association Delta

Blanc, et élaboré quelques règles dont voici les principaux articles.

*Règle 1. Les consultations ont lieu en face à face uniquement.*

Si les vidéoconférences permettent aujourd'hui une qualité de présence presque identique à celle d'une rencontre en chair et en os, le téléphone, compte tenu de ce qu'il cache et du peu d'empathie qu'il autorise, ne nous paraissait pas le cadre idéal pour donner le meilleur de nous-mêmes, ni pour recevoir sereinement ce qui pouvait être dit par le consultant.

*Règle 2. Toute consultation s'ouvre sur une phrase du type : « Je vais d'abord vous donner des informations sur votre vie présente et passée, sans que vous ne m'ayez rien dit. Soit vous les jugez précises, soit vous les jugez inexactes. Dans le premier cas, nous pouvons continuer ; autrement vous êtes libre de repartir, et vous ne me devez rien. »*

Nous nous engagions à toujours pratiquer ce test d'un quart d'heure. Cette précaution est plus utile qu'il n'y paraît : bien souvent, il m'arrive de renvoyer des hommes et des femmes parce que je ne les « capte » pas. J'y reviendrai. Mais ces quinze minutes de prudence étaient surtout destinées à protéger le consultant des voyants ou des astrologues incapables ou mal intentionnés qui n'arrivent à dire quelque chose qu'après s'être livrés à une « pêche aux infos ».

*Règle 3. Nous refusons de recevoir des mineurs, nous nous engageons au respect du secret professionnel, à la confidentialité, au respect du tarif annoncé lors de la prise de rendez-vous.*

Nous avions noté en effet que, chez certains praticiens, le prix de la consultation se transformait étrangement selon la durée ou la tête du client. J'ajoute que nous ne pratiquions aucun travail occulte.

*Règle 4. Ceux et celles qui souhaitent rejoindre notre association doivent faire preuve d'un minimum d'insertion sociale et être ouverts au développement personnel.*

Il est évident que mieux vaut se connaître et connaître le monde, si l'on décide d'y guider les autres.

Cependant les choses n'étaient pas aussi simples, et je n'allais pas tarder à le découvrir. Je me souviens d'une émission de radio au cours de laquelle un détracteur me lança :

— Comment voulez-vous, mademoiselle, avec votre association, réglementer quelque chose qui n'existe que dans votre imagination ? La voyance, ça n'existe que pour ceux qui y croient !

Peut-être aurais-je dû prendre ce propos au sérieux ! Car je devais me rendre compte par la suite que cet homme avait raison. Dans une société moderne, démocratique et laïque, c'est la science qui décide de découper le monde en deux catégories, celle des phénomènes qui existent vraiment – l'eau qui bout à cent degrés – et celle des phénomènes qui relèvent de la subjectivité, comme le fait de croire en Dieu ou d'aimer un chanteur. Dans une démocratie, chacun est libre d'aller ou non à la messe, ou d'aimer Claude François. De ces choix-là on accepte de discuter, parfois même on s'amuse. Mais, dans un dîner, personne ne débat sur le fait que l'eau bout à cent degrés. C'est la différence entre ce qui se discute et ce qui ne se discute pas. La force de l'eau qui bout à cent degrés, c'est que cette réalité-là ne peut être contestée par personne ; et cela donne à ceux qui l'ont découverte beaucoup plus de *poids* que n'en aura jamais le fan-club de Claude François.

Or, pour la pratiquer tous les jours, je sais que la voyance n'est pas une « croyance », mais une réalité que j'ose comparer à l'efficacité d'un médicament : Vous n'avez pas besoin de « croire » en la pénicilline pour guérir d'une infection. Si je choisis la pénicilline, c'est parce qu'à la différence de l'eau qui, en toutes circonstances, ne peut bouillir qu'à cent degrés, la pénicilline ne soigne pas tout le monde, pas toujours. Certains y sont même allergiques et peuvent mourir si on la leur prescrit.

Comment cette substance s'est-elle débrouillée, alors, pour ne jamais sérieusement être remise en cause ? Je vais tenter de l'expliquer.

Si elle n'était qu'un remède de grand-mère, si elle n'avait pas reçu le label « prouvé scientifiquement », la pénicilline risquerait de devenir, comme la voyance, un sujet de débat houleux dans les familles où elle aurait réussi à guérir un père, pas son fils, et rendu très malade la grand-mère. On entendrait le fils hurler entre la poire et le fromage que ses effets n'existent pas. Le père répondrait qu'il « y croit ». Il raconterait pour la centième fois les expériences nombreuses qui l'ont convaincu. La pénicilline, très rarement, tuerait. Ni plus ni moins qu'aujourd'hui, mais ces prescripteurs seraient sévèrement sanctionnés et les décès dus à son absorption abondamment médiatisés. Pourquoi ? Parce qu'elle appartiendrait à une médecine parallèle... Beaucoup de savants se sentiraient obligés d'alerter l'opinion pour que cessent ces morts. Le public, lui, n'en ferait qu'à sa tête. Il continuerait de prendre de la pénicilline, mais sans oser en parler à personne, comme il consulte aujourd'hui des voyants et des astrologues. Une star du showbiz, lors d'un débat télévisé, avouerait qu'elle a guéri son fils grâce à elle, persuadée que son témoignage aurait du poids. Un rationaliste lui répondrait que le fait d'être une star n'empêche personne de se faire abuser, que son fils a été guéri grâce à un effet placebo, et que les marchands de pénicilline sont des voleurs. Combien de journalistes, libres de tout *a priori* au moment de commencer leur enquête, m'ont dit et ont écrit qu'ils avaient été « bluffés » par certaines de mes démonstrations ? Or cela ne change et ne changera jamais rien, *parce que je ne suis pas un objet de recherche officiel*. Je ne peux donc pas être considérée comme statistiquement fiable. Et là est toute la différence. Les grands de ce monde peuvent venir me voir, me défendre bec et ongles, m'inviter en week-end en mettant leur jet privé à ma disposition, un Français sur deux continue de me considérer comme un charlatan. Soyons honnête cependant : même si j'étais un objet de recherche, pourrais-je me plier aux exigences scientifiques et méthodiques réclamées par les chercheurs pour accréditer la pénicilline ? Ce n'est pas sûr. Mais je pourrais certainement produire des phénomènes de manière suffisamment répétitive pour, peut-être, au terme d'un long travail, réussir à trouver l'exercice qui satisferait leurs critères et les miens. Et la « preuve » qui naîtrait peut-être de cette aventure enrichirait considérablement notre regard sur la conscience humaine, et ses limites. Mais encore faudrait-il que des chercheurs aient envie de réfléchir avec moi sur ce que je sais faire ; encore faudrait-il qu'ils partent des faits, non de la théorie, et obéissent à une volonté de comprendre, ce qui les amènerait à me considérer comme un allié, non comme un cobaye.

Mais la voyance est un sujet qui fâche. Et cela pour des raisons aussi nombreuses que complexes. La voyance remet notamment sur le tapis une question qui énerve beaucoup les chercheurs, surtout en France. Elle risquerait à tout instant de rouvrir le débat sur l'existence de Dieu, après que l'on a réussi à le neutraliser sur le plan politique, il y a à peine cent ans, en séparant l'Église et l'État. Car si le futur est écrit, même partiellement, par qui l'est-il ? Comment empêcher certains d'agiter aussitôt Dieu le Père, qui dans sa toute-puissance ferait une explication commode pour donner sens à ces prodiges ? Comment éviter que la voyance et la guérison – si la science acceptait de les prendre en considération –, ne deviennent de ces objets dont s'emparent les fanatiques pour les brandir comme des preuves d'une transcendance, et tentent de s'en servir pour exiger leur part de pouvoir dans les affaires de l'État ? En outre, il devra s'écouler de longues années entre le moment où ces phénomènes paranormaux seront élevés au rang d'objets de recherche et celui où leurs mécanismes seront découverts et compris – de longues années durant lesquelles les chercheurs auront à reconnaître les limites de leur compétence. Pourtant d'autres sujets, tel le cancer, qui oblige la médecine à beaucoup d'humilité, ne font-ils pas l'objet d'une recherche ? Mais cette faille temporaire du pouvoir scientifique ne peut être exploitée par aucun fanatisme, et c'est cela qui change tout. La médecine n'est peut-être pas encore apte à comprendre le cancer, mais les accros de Dieu ne peuvent pas tirer parti de cette défaillance pour se présenter comme les détenteurs d'un savoir sur la question. Alors que les théories mystiques censées expliquer le paranormal sont légion. Enfin, la découverte d'un traitement capable de vaincre le cancer a peu de chances de déclencher une révolution dans la physique, la biologie et les sciences humaines. La théorie physique qui expliquerait le paranormal... si, puisqu'elle remettrait probablement en cause toutes les autres ! Les sciences, aujourd'hui, ont-elles intérêt à prendre de tels risques ? Non. Pas au moment où les jeunes se détournent de plus en plus des carrières scientifiques, où l'opinion ne croit plus au désintéressement des chercheurs, et les accuse à tort ou à raison d'être de dangereux apprentis sorciers, parfois à la solde des grands laboratoires privés, et peu soucieux de l'intérêt général. Le résultat est que la France a choisi de clore un sujet jugé délicat et de le régler par un « Circulez, y a rien à voir ! » préventif. Les chercheurs n'ont déjà que trop d'ennuis[1]. Inutile d'en ajouter un nouveau à la liste. Le paranormal n'est pas et ne doit pas être un objet de recherche. Le paranormal doit rester confiné dans la rubrique « croyance ». On a le droit d'y croire, comme d'aller à la messe ou de préférer le rock au jazz. À condition de ne pas vouloir lui accorder une importance supérieure à celle de toute autre « opinion personnelle » par nature partiale, affective, et n'ayant d'autorité que pour celui qui l'exprime.

1. Pour avoir une idée très claire des problèmes de survie que doivent surmonter les scientifiques, lire le dernier livre d'Isabelle Stengers, *La Vierge et le Neutrino, les scientifiques dans la tourmente*, Les Empêcheurs de penser en rond, Seuil, Paris, 2006.

J'ai mis plus de dix ans à mesurer que tout ce que j'avais voulu dénoncer découlait de cet état de fait. En Inde, la voyance existe. Elle représente là-bas un fait culturel que personne ne viendrait discuter. En France, non. Et cela entraîne de lourdes conséquences. Avant même que le consultant et le voyant ne se rencontrent, un épais nuage de malentendus plane déjà entre eux. Dans la grande majorité des cas, que peut venir chercher un consultant chez un voyant, puisque « voir le futur » est considéré comme impossible dans notre culture ? Lorsqu'il pousse la porte du cabinet, ne vient-il pas chercher, plutôt que son avenir, un allié pour l'encourager dans ses chimères et entendre ce qui lui fera plaisir ? N'en déplaise à l'opinion commune, les clients des voyants ne consultent pas toujours pour êtres soignés ou aidés psychologiquement. Ils savent qu'il existe des médecins et des psys compétents, le plus souvent remboursés. Ils ne viennent pas non plus chercher une aide spirituelle que les prêtres ne seraient plus capables de leur donner. En vingt ans de pratique, j'ai peut-être rencontré trois personnes qui attendaient de moi un guidage en ce sens. Le « plus » que recherchent la plupart de ceux qui s'adressent au voyant, sans toujours se l'avouer, c'est hélas une attitude complaisante. Non pas un éclairage destiné à une remise en question, plutôt un lieu où renforcer leurs illusions. Ils viennent rencontrer une parole qui ne sera pas blessante, une parole qui permette de voir la vie en rose. Non, les clients ne considèrent pas vraiment les voyants comme des êtres surnaturels qu'ils admirent. Ils les savent empêtrés dans la complexité d'une position sociale trouble qui leur permet d'espérer à juste titre non une aide réelle, mais du plaisir. Bien sûr, leur cœur bat quand ils montent l'escalier de la voyante. Pas parce qu'ils la respectent mais parce qu'ils transgressent un interdit et espèrent qu'elle leur dise ce qu'ils souhaitent entendre.

Lorsque je dis que les voyants sont empêtrés dans une position sociale complexe, j'emploie un euphémisme.

La vérité est qu'ils doivent composer avec une profonde contradiction qui, d'emblée, nuit à leur crédibilité. Pour prédire le futur, ils se réclament de Dieu... Or on compte à peu près quarante mille voyants en France, autant que de médecins généralistes. Dieu serait-il un si grand dispensateur de dons ? Mes confrères, dans leur écrasante majorité, tiennent, lorsqu'on les interroge, un discours d'« élus ». Ils parlent de leur désir d'aider les autres avec amour et désintérêt, du don qu'ils ont reçu de Dieu, du réconfort qu'ils procurent – comme sœur Emmanuelle. Je suis persuadée que nombre d'entre eux, du reste, sont vraiment sincères. Mais sincères ou non, comment les prendre au sérieux ? L'incohérence entre leur discours de bénévole et leur image heurte notre tradition chrétienne : je n'y peux rien, eux non plus, mais comme ils ne ressemblent pas davantage à l'abbé Pierre qu'un patron de PME, quelque chose cloche. L'incohérence fâche, même si personne ne leur dit en face. Sœur Emmanuelle parle d'amour, de charité, d'appel et de dévouement. Sa vie est en accord avec ses valeurs. Elle a passé son existence avec les plus pauvres. Mais la bonté, l'amour et l'élection divine sont difficiles à revendiquer quand on est obligé de faire payer son acte de charité. Quand ce que l'on montre de soi ressemble davantage à un commerçant amoureux du confort qu'à celle de mère Teresa. Les commerçants, s'ils suscitent quelquefois l'envie, sont des gens respectables. Leur statut est clair. Moins clair est le fait d'en être réduit à invoquer Dieu pour pouvoir réclamer de l'argent. Encore plus difficile est de toucher de l'argent pour un travail qui est à la fois une chose et son contraire. Car comment dire la vérité tout en remontant le moral ? Comment prédire l'avenir sans se prendre au sérieux ? Comment conseiller sans influencer ? L'omerta est en place : d'un côté, un voyant qui se dit missionné par le Ciel, mais a besoin de la rémunération d'un client pour mener une vie normale ; de l'autre, un client qui lui fera payer sa trahison – « Il a osé me parler d'amour tout en me faisant payer le temps passé avec lui ! » –, et qui se sentira alors en position d'exiger la description d'un destin à la carte. Ce destin que le voyant *aura intérêt à savoir deviner correctement*.

Non, les clients de voyants ne sont pas naïfs. Ils font très bien la différence entre le padre Pio et Madame Irma. Et ils savent parfaitement remettre Madame Irma dans le droit chemin quand elle a le culot de se prendre pour le *padre* Pio. Si je parle d'omerta, c'est parce que tout cela n'est jamais énoncé et ne peut perdurer que grâce au silence qui entoure ce contrat pervers. Pour que la prestation soit parfaite, il faut que le voyant voie *un peu*. Suffisamment pour que le consultant puisse raconter qu'il a été bluffé, par assez pour que cesse le *doute* qu'il doit continuer de nourrir sur l'existence des supposés pouvoirs surnaturels. Car, dans cette zone de mystère, dans ce « p't'êt'ben qu'oui, p't'êt'ben qu'non », les bonnes nouvelles annoncées restent auréolées d'un peu de magie, et les mauvaises sont vite oubliées. En revanche, la voyante doit être jugée sympathique, chaleureuse, charmante, positive. Et, pour le rester, elle ne doit pas dépasser certaines limites. Celle qui consiste à voir *trop*, par exemple. Car alors elle terrorise. Le pouvoir change de camp. L'argent ne suffit plus à la contrôler. Il n'y a plus de plaisir à entendre une parole devenue trop vraie, une voyance dont les flashs sont si précis qu'il ne peut vraiment plus s'agir de psychologie, ni d'intuition fine, mais bien de communication extrasensorielle. Alors le futur devient plus certain. Ses contours heurtent les rêves échafaudés. Si Perrette, avec son pot au lait, fréquente beaucoup les voyants, ce n'est pas pour s'entendre dire qu'il est imprudent de marcher sur la route au risque de provoquer l'accident ; c'est plutôt pour entendre parler de la belle maison qui sera un jour la sienne. De même, un homme qui visite une prostituée de luxe ne cherche pas à apprendre quelque chose de sa propre sexualité. Il veut prendre du plaisir. Quant à la femme de cet homme, lorsqu'elle choisit d'aller voir une voyante, elle le fait pour baigner dans la douceur de ses rêves ; dès lors, elle compte bien pouvoir choisir elle-même la température du bain.

Est-ce à dire que mes confrères sont incapables d'avoir des flashs, de voir le passé mais aussi l'avenir ? Hélas ! non, beaucoup sont talentueux. Hélas, car je trouve triste qu'ils soient obligés de mélanger de vraies visions avec des scénarios. Des scénarios dont ils savent parfaitement qu'ils sont stéréotypés, et qu'ils sont pourtant forcés d'utiliser. Pour survivre.

Du fait de l'existence de Delta Blanc, je recevais de nombreuses cassettes envoyées par des « clients mécontents » qui avaient consulté mes confrères. J'ai écouté ces cassettes. Pour comprendre. Jamais pour m'en servir, quel qu'ait été le degré de méchanceté dont j'ai parfois été victime de la part de certains professionnels. Je ne parlerai pas ici des arnaques qui précèdent toujours des propositions de travaux occultes. C'est à la répression des fraudes, et au tribunal compétent, que les victimes doivent s'adresser, non sans passer d'abord par le commissariat si le pseudo-voyant a assorti sa demande de menaces du genre : « Vous perdrez tout et jusqu'à la santé si vous n'acceptez pas que je vous fasse une protection occulte, vous êtes envoûté. » Je parlerai de vraies consultations données par des voyant(e)s doué(e)s, capables de livrer des indications fines et justes sur la situation du consultant. En général, la rencontre commence plutôt bien. Il y a des descriptions pertinentes. Quelques flashs époustouflants apparaissent. Mais les choses, bien souvent, se gâtent assez vite. Conditionnés à ne pas *contrarier* leur client, les voyants se réajustent tranquillement, habilement, rodés qu'ils sont à reprendre leur parole lorsqu'elle est allée trop loin. Quant au final, il ne varie jamais. On croirait un vrai *happy end* de roman-photo. J'ai ainsi entendu à plusieurs reprises, quasi à la virgule près, la description que faisait une de mes consœurs du mariage de sa cliente. Le ton était celui d'un catalogue Pronuptia. Elle avait dû le répéter au moins deux cents fois, car j'entendais dire qu'elle s'ennuyait un peu, beaucoup plus qu'au début, lorsqu'elle avait lancé un : « Tiens, je vous entends parler espagnol ! » C'était complètement paranormal puisque la dame en question enseignait cette langue dans un lycée. Mais de quoi cette cliente se plaignait-elle, exactement ? D'après ma théorie de la parole achetée pour se faire plaisir, n'avait-elle pas obtenu ce qu'elle était venue chercher ?

Non, cette femme-là ne jouait pas du tout. Elle croyait à la voyance. Dieu merci, ces consultants-là existent aussi, même s'ils ne représentent pas la majorité des demandes. Elle voulait *vraiment* qu'on lui dise la vérité. Or la voyante avait esquivé, de crainte de lui déplaire, les raisons de son célibat, et l'absence totale de relations amoureuses dont elle souffrait depuis plus de vingt ans. Elle l'avait flattée et réconfortée. Elle lui avait parlé de l'heure à présent venue de rencontrer un grand, beau, gentil, riche monsieur avec lequel – je cite – « la roue allait tourner ». Mais la roue ne tourne pas aussi facilement, surtout quand on a été abusée par son père pendant de longues années. Elle est, disons, un peu rouillée la roue, un peu bloquée. Heureusement, cette femme était intelligente. Elle savait bien, au fond, que les miracles se produisent plus souvent en médecine qu'en psychologie. Elle ne s'était pas sentie respectée. Elle attendait que la voyante lui dise *comment* elle devait faire pour retrouver son chemin, et aussi ce qui, dans son comportement, faisait fuir les hommes. Elle n'était pas venue pour qu'on lui vende une robe de mariée virtuelle. D'où sa colère. La majorité des consultants auxquels on annonce du bonheur au mètre ne s'en plaignent pas. En tout cas, pas aussi violemment. Ils finissent en général par affirmer que madame ou monsieur X étaient nuls – un ou deux ans après. Et ils se mettent en quête d'une nouvelle adresse, si possible pas trop chère, celle d'un voyant vraiment sympa, qui fait ça avec amour, pas pour l'argent, et qui de nouveau leur dira ce qu'ils voulaient entendre. Et ils ont raison, de ne pas vouloir payer cher une parole dont ils savent qu'elle n'est qu'un analgésique.

Et puis, il y a toutes les autres « cassettes » envoyées par des mécontents. Celles où j'entends la « plaignante » couper la parole toutes les deux phrases au voyant qui essaie sincèrement de l'aider. Celles où les révélations trop précises, mais non désirées, sont recadrées par le client avec une mauvaise foi et une brutalité abominable. « Le deuxième homme que vous aimez, dit le voyant, et qui est en train de s'éloigner de vous, il travaille dans... Je ne sais pas... Dans la nourriture... Je vois des assiettes, du bruit... Il est restaurateur non ? » Et la dame, qui n'a pas envie d'entendre dire que son amant s'éloigne, de répondre : « Non ! Vous n'y êtes pas du tout. Il est fonctionnaire... » Dix minutes plus tard, elle finira par avouer que le monsieur en question travaille dans une cantine scolaire ! Le reste de l'entretien ressemble à une séance de torture. La dame souhaite la mort de sa sœur dont elle est jalouse. Elle intimide le malheureux voyant : « Comment ça, elle n'est pas malade ? Regardez bien ! Monsieur X, qui est très connu, m'a dit qu'elle allait mourir d'une rupture d'anévrisme. Et il ne se trompe jamais, lui. » Notre voyant tient bon. Déployant une patience et une gentillesse hors pair, il finira par entendre un : « Je suis tout de même surprise que vous ne m'ayez pas parlé de ma cheville, je vais me faire opérer lundi ! » parfaitement injuste. D'autant plus injuste que le voyant, dans les premières minutes de l'entretien, a interrogé sa cliente sur le thème : « Vous n'auriez pas une grosse douleur sur un membre, ou plutôt sur une articulation ? J'entends quelque chose qui craque, ou qui est bloqué... » La cliente, à ce moment-là, ne s'est pas donné la peine de répondre, trop occupée qu'elle était à vouloir influencer le malheureux voyant pour l'entraîner dans le sens de son désir. Cette dame attendait-elle de lui une divination du genre : « Le monsieur qui travaille dans une cantine scolaire va quitter sa femme et vous épouser » ? Je ne le saurai jamais. Je n'ai pas répondu à sa lettre, bien sûr. Cette lettre qui mettait en cause mon pauvre confrère, un vrai voyant dont elle n'a pas su profiter, qu'elle a d'emblée privé de toute autorité, à qui elle a imposé son désir. Cette dame, au fond, ne *croyait* pas à la voyance, ce qui est bien normal dans un pays où un prix Nobel de physique est capable d'écrire sur la question un livre destiné à noyer le poisson par le moyen d'un « Circulez, y a rien à voir ! » autoritaire – mais cela résume merveilleusement la position du monde scientifique dans l'Hexagone. Notre consultante, en tant que consommatrice, croyait au pouvoir de l'argent. Elle s'était sentie insultée par ce voyant qui ne faisait pas son travail puisqu'il ne lui faisait pas plaisir ! Cet homme qu'elle ne pouvait pas respecter puisqu'il avait le culot de se faire payer en ayant un portrait de Jésus sur son bureau.

Et tous les malheureux, les fragiles, les dépressifs, les désespérés qui seraient, comme Chantal et moi l'avons longtemps dit, la proie d'escrocs habiles ? Ils existent, bien sûr. Mais dans une proportion beaucoup plus faible qu'il n'est généralement admis. Eux aussi préfèrent les services gratuits, comme SOS Amitiés, par exemple. Eux aussi connaissent le chemin du confessionnal, ou des antennes animées par des psys bénévoles, des associations et des services sociaux. Néanmoins, les vraies victimes de la voyance se recrutent en majorité dans les milieux les plus défavorisés qui sont souvent les moins informés. D'autres sont de grands dépressifs coincés dans des vies difficiles, faisant les premiers les frais de la crise. Mais dans leur majorité, et à tous les niveaux de l'échelle sociale, les Français ne sont ni des imbéciles ni des victimes faciles. Ils n'ont pas besoin que l'Union rationaliste pense à leur place. Ils savent très bien ce qu'ils font lorsqu'ils consultent. Ceux qui achètent une parole prostituée le savent. Et les autres aussi, plus rares, qui savent que « ça marche », et dont la vie, ensuite, est parfois bouleversée. Et ce n'est pas le niveau de plaintes en justice – si faible, hors de proportion avec le gigantesque chiffre d'affaires de la voyance – qui viendra me contredire.

# 9

# Voyance et réconfort ne font pas toujours bon ménage

Une des raisons de mon succès rapide tenait à la précision de mes prédictions ; et cette précision apparaissait d'autant plus frappante lorsqu'elle venait contredire les règles du bon sens. En voici un exemple parmi d'autres.

Un homme d'affaires est sur le point de signer un contrat important. Je le préviens que ce contrat ne sera jamais signé. Il est très surpris de mon propos car il n'a aucune raison de soupçonner le moindre problème. Il ne voit pas d'où pourrait venir un quelconque obstacle. Peu après, il m'apprend au téléphone que j'avais vu juste : le contrat vient d'être rompu au tout dernier moment. Et l'explication, me dit-il, est à chercher cinq ans plus tôt, dans une brève aventure qu'il a eue avec une jeune femme. Il se souvient d'avoir rompu un peu brutalement avec elle. Ce qu'il ignore, c'est qu'elle n'a pas supporté la rupture. Elle a sombré dans une anorexie profonde. Depuis, on la soigne dans une clinique suisse. Or, cette jeune femme a un père, avec lequel elle était fâchée au moment des faits, et ce depuis la fin de son adolescence et le divorce tumultueux de ses parents. Cet homme n'est autre que l'interlocuteur en affaires de mon client. Il s'est réconcilié avec sa fille qui vient de passer plusieurs jours chez lui. Pendant cette visite, elle s'est confiée. Elle a raconté cette ancienne déconvenue amoureuse. Le père, trop heureux de pouvoir se montrer protecteur, a décidé subitement de ne pas signer de contrat avec l'homme qui a « détruit » sa fille.

Mon client, interpellé par cette prédiction, avait pris quelques précautions : mon propos avait adouci la chute. Mais de telles révélations sont-elles toujours bénéfiques ? Peut-on toujours faire preuve de la même franchise ? Il semble que les praticiens ne soient pas tous d'accord sur ce point.

Pour ma part, et bien que j'aie dû traîner plusieurs années durant la réputation d'une femme sans cœur, au motif que je ne disais pas à mes consultants ce qu'ils voulaient entendre, j'ai très tôt choisi mon camp, et conservé le cap de Delta Blanc : exercer comme un conseil dont la parole est libre. J'ai toujours tenté de faire en sorte que cette vérité puisse être libératrice et bienfaisante, même à plus long terme, et même en sachant qu'il pouvait m'arriver de nuire… du moins provisoirement.

L'association Delta Blanc, quant à elle, devait finalement poursuivre sa route en Belgique, après avoir échoué à se faire une place en France. Notre antenne belge a fêté cette année ses dix ans, sous l'impulsion de sa dynamique présidente, la voyante Esméralda Bernard.

Tous ceux et toutes celles qui nous avaient rejointes, Chantal et moi, étaient profondément honnêtes et résolus à suivre la ligne éthique fixée au départ, mais certains membres, inévitablement, étaient plus doués que d'autres. Des dissensions sont apparues. Des jalousies ont éclaté. Les succès acquis par certains ont déclenché des phénomènes d'adhésion et de rejet. Et la vie au sein de l'association est devenue un enfer, surtout pour Chantal qui se chargeait d'y gérer les relations entre les membres. Nous avons mis fin à l'expérience après nous être aperçues que le public, avec une immaturité totale, en venait à confondre Delta Blanc avec un service public que l'on appelle pour avoir des renseignements pratiques et de bonnes adresses, sans jamais remettre en cause sa propre demande, souvent ambiguë !

*

* *

Mon choix de la parole vraie, à un âge où je n'avais rien compris aux règles de l'« omerta » dont je viens d'expliquer les subtilités, ne m'a pas attiré que des amis. En effet il est toujours des gens pour en vouloir au porteur de la mauvaise nouvelle… ce qui serait bien normal s'ils n'étaient pas venus la chercher jusque chez moi. J'ai rencontré l'autre jour, en promenant mon chien, un homme charmant qui m'a reconnue. Il a éprouvé le besoin de venir me saluer et m'a donné son opinion sur mon travail, avec prudence car il craignait de me blesser :

— J'ai vécu dix ans en Afrique, alors vous savez, je sais très bien que la voyance existe. Seulement je ne supporte pas de savoir ce qui va se passer. Je préfère le découvrir peu à peu. Les prévisions des voyants m'angoissent, surtout lorsqu'elles sont justes. Je ne sais pas les gérer parce que je ne sais pas comment ça marche. J'ai bien été obligé de me rendre compte qu'une part du futur semblait être déterminée, mais je déteste cette idée. Je viens de rencontrer une femme… Je suis sûr que vous pourriez me dire ce qui va se passer avec elle. Mais, pardonnez-moi, j'aurais l'impression que vous me volez ma vie et mon expérience. Je ne veux pas savoir à l'avance. Aujourd'hui j'ai besoin d'espérer…

Comme je respecte cet homme et sa démarche ! Non seulement je n'étais pas blessée, mais je lui ai avoué que j'avais la même attitude que lui à propos de certaines questions me concernant, sur lesquelles je ne voulais rien savoir, surtout lorsque je ne pouvais rien y changer. Sur certaines choses, je n'interroge tout simplement pas les oracles !

Tout le monde, hélas, n'a pas un esprit aussi cohérent que celui de cet homme. C'est ainsi qu'il m'est arrivé de voir des personnes réagir très agressivement à mes voyances, ou exprimer une profonde déception, ou encore s'efforcer de me déstabiliser. Ce n'était pas le fait de « voir » qui m'épuisait, c'était d'avoir à me battre pour ne pas me laisser manipuler dans le sens du désir de l'autre. Puis, quelques mois ou années plus tard, ces mêmes personnes en venaient à admettre non seulement que ma prédiction était juste, mais qu'elle avait contribué à atténuer le choc que la vie leur réservait. Aux insultes et aux méchancetés succédaient les fleurs et les élans de gratitude.

Une consultation de voyance fait-elle toujours du bien ? Je serais tentée de répondre non… Sauf lorsqu'il ne s'agit pas de voyance ! Tout dépend de la situation et des raisons qui un jour ont poussé la personne à prendre rendez-vous.

D'abord, et contrairement aux idées reçues, je ne crois pas que la voyance puisse aider tout le monde. La voyance aide celles et ceux qui ont des choix à faire, et qui sont capables de les affronter. Mais les possibles détectés et révélés par la voyance sont parfois loin de correspondre aux ambitions des consultants. Je me souviens d'une femme à laquelle j'ai préféré ne pas faire payer sa consultation, malgré le temps que je venais de passer avec elle. Elle travaillait dans une administration depuis une vingtaine d'années. D'emblée, je lui ai dit qu'elle réussirait peut-être un concours, et qu'elle en viendrait ensuite à remplacer une personne que j'ai décrite physiquement. Ma cliente me révéla alors qu'il s'agissait de sa supérieure hiérarchique, une femme qui devait partir sous peu à la retraite. En dépit du fait que je venais de délivrer une description précise, conforme à la réalité, j'avais en face de moi une femme anormalement tendue, à l'évidence insatisfaite de mon travail. J'avais vu également que son mari souffrait d'asthme, et cela sans même avoir la photo de cet homme entre les mains. Enfin, j'avais donné à ma cliente la date à laquelle elle avait rencontré son amant. Cependant, elle attendait autre chose. Plusieurs de mes confrères, plus psychologues que moi – la dame était habillée avec une certaine prétention –, avaient su lui prédire une rencontre avec un homme si riche et si généreux que sa vie allait changer entièrement… Pour ma part, je ne voyais aucun prince charmant à l'horizon. Dans le champ des possibles que je ressentais pour cette dame, point de bateau immense, nulle villa sur la Côte d'Azur. Soyons clairs : pour la satisfaire, j'aurais dû mentir. La dame pensa que j'étais incompétente, voire malveillante. Elle s'irrita. Elle commença par dire qu'elle ne croyait pas un mot de ce qu'elle venait d'entendre. Elle ajouta que je jouissais d'une réputation imméritée. Je dus lui expliquer que j'avais annoncé des choses plus absurdes que celle qui consistait à ne pas épouser un milliardaire… Mais il y avait longtemps qu'elle n'avait plus envie d'intervenir sur ce qu'elle pouvait modifier dans sa vie. Elle avait abdiqué. Elle ne voulait plus agir sur son existence. Tout ce qu'elle me demandait, c'était d'être complice de ses rêves. Autrement dit, je ne pouvais pas l'aider.

Il y a d'autres situations où le travail de la voyante consiste à faire nécessairement *mal*, en tout cas sur le moment. Une femme me rend visite. Elle est follement amoureuse d'un homme. Elle ne vit qu'à travers lui. Elle a besoin de respirer son odeur, d'entendre le son de sa voix, de jouir de sa présence. Leur liaison dure depuis cinq ans. Hélas ! cet homme est sur le point de la quitter, et de quitter sa femme légitime pour une troisième qu'il vient de rencontrer. Au moment où la cliente vient me voir, elle l'ignore. Mais moi, je le sais. Ma cliente va devoir supporter un affront : être abandonnée par cet homme. Il n'a pas l'intention de refaire sa vie avec une épouse légitime et attend de se jeter dans les bras d'une jeune femme très séduisante, rencontrée quelques semaines plus tôt. Je saurai un jour, quand ma cliente reviendra me voir, que le monsieur a mis un terme à leur histoire par ces mots :

— Ne m'en veux pas. Je n'ai rien à te reprocher, mais tu n'as été qu'un brouillon qui m'a permis de rencontrer mon chef-d'œuvre.

Ce cas de figure présente une situation difficile. La voyante est tenue de dire la vérité, sachant que tout ce qu'elle pourra annoncer de « positif » par ailleurs n'a aucune chance d'adoucir le choc. Il y aura bientôt un deuil à faire. Ce deuil est inéluctable. Je reste toujours dubitative devant l'optimisme de certains de mes confrères et consœurs qui prétendent que leurs propos sont forcément réconfortants, car empreints de « psychologie ». Par quels détours imaginent-ils avoir le pouvoir de rendre acceptables de tels déchirements ? Ce jour-là, j'ai invité mon interlocutrice à se poser la question suivante : « Pourquoi ai-je accepté de patienter et de souffrir aussi longtemps ? » Je continue de penser que c'était une question pertinente. Du reste, elle devait l'explorer par la suite avec l'aide d'un thérapeute. Mais je ne suis pas certaine que cette nouvelle expérience ait suffi à lui rendre le sourire…

Ma conclusion est que la voyance ne procure ni soulagement ni bien-être immédiat. Pratiquée dans le respect d'une éthique, la voyance n'a rien à voir avec la séance de massage chinois ou de chiropractie dont vous avez la quasi-certitude de ressortir plus détendu et en meilleure forme. Dans certains cas, elle s'apparenterait plutôt au check-up que vous faites pour obtenir un bilan de santé. On doit accepter d'entendre une mauvaise nouvelle. Bien sûr, la comparaison n'est que symbolique, puisque je n'annonce jamais la mort, ni les graves maladies, sauf dans les cas très rares sur lesquels je reviendrai. Mais en choisissant de venir me voir, celles et ceux qui me consultent ne doivent pas tenter de me priver de ma liberté de parole. C'est à la seule condition de cette liberté que mon travail peut avoir du sens.

## 10

## Rupture familiale

Lorsque je travaillais dans la publicité, mon employeur m'apprit que ma mère l'appelait quelquefois pour lui dire du mal de moi. Cet employeur, une femme, était surprise et choquée d'une pareille dénonciation ! Je rentrais tard, lui avait dit ma mère, j'étais peu assidue, mieux valait ne pas me faire confiance, etc. C'était ainsi. Mes parents n'hésitaient pas à saper mon existence tout en prétendant m'aider par ailleurs – il est vrai qu'il leur arrivait de payer quelquefois l'une ou l'autre de mes factures. Lorsque je m'installai, ils se mirent en tête de m'appuyer – ma mère s'offrit de s'occuper de mon secrétariat – alors même qu'ils ne croyaient pas en la voyance... Leur seule présence devenait irrespirable. Plus le temps passait, plus j'avais l'impression que leur univers psychologique et social se désagrégeait, plus leur méchanceté et les critiques incessantes qu'ils formulaient en permanence contre les autres – tous les autres – me donnaient la nausée. Comment pouvaient-ils d'un côté ne pas croire en la voyance, et de l'autre m'encourager à m'installer ? Devais-je soupçonner de mauvaises raisons ? Au fond, mes parents étaient flattés de mon succès et de mes premières apparitions dans les médias. Mon père venait d'être mis au chômage. Âgé à l'époque d'une petite cinquantaine d'années, il avait bel et bien terminé sa carrière. Par ailleurs, maman devenait de plus en plus difficile à vivre. Elle se mêlait de mes affaires et cherchait des histoires. J'avais plus que jamais le sentiment d'avoir à subir la vilaine sorcière de Walt Disney. Il était clair que nous allions vers une rupture.

Je compris que mes parents avaient perdu le sens de la réalité lorsque je fis la connaissance de Thierry, l'homme qui deviendrait mon mari et le père de ma fille. Lorsque je lui avais parlé d'eux, il avait eu cette réaction :

— Je suis sûr que tu exagères, ils ne peuvent pas être aussi terribles que tu le dis et avoir mis au monde une fille aussi adorable.

J'avais déjà vécu avec deux garçons dont aucun n'avait trouvé grâce aux yeux de mes parents. Ce nouvel amoureux parviendrait-il à les attendrir ? J'avoue que j'avais la naïveté de l'espérer. Il faut dire que Thierry, de huit ans mon aîné, était un garçon sportif et sympathique. Ses parents, provinciaux, étaient issus de la meilleure bourgeoisie, tout en ayant pris leur distance avec un milieu qu'ils jugeaient trop conformiste. Mon beau-père, qui avait fait les Beaux-Arts, était un architecte renommé, et ma belle-mère exerçait le métier de professeur de yoga avec succès et passion. Thierry, pour sa part, avait été champion de natation et, après avoir un peu voyagé et cherché sa voie, était devenu journaliste radio – il réveillait chaque matin les Français en présentant le journal de six heures. Il faisait aussi des piges dans la presse écrite, et je l'avais connu lors d'une interview.

Mais papa et maman réagirent comme si je leur présentais un scélérat. Ils infligèrent à Thierry un véritable interrogatoire de police. Était-il bien journaliste ? Dans quel domaine ? Dans quel journal exactement ? Depuis quand ? Mon père se mit même en devoir de lui faire passer un test d'anglais. Thierry, je l'ai dit, avait voyagé. Son anglais était excellent. Il passa le test avec succès. Mais il comprit aussi que je n'avais nullement « exagéré ». D'autant que ma mère, à présent, doutait pour de bon qu'il fût vraiment journaliste ! Le lendemain, quand j'expliquai à maman qu'il avait une carte de presse, elle s'écria :

— Et si c'était une fausse carte ?

La première nuit que nous avions passée ensemble, Thierry avait posé la main sur mon ventre en disant :

— Je voudrais un enfant de toi.

Je voulais exactement la même chose. Quelque temps après, je fis un test de grossesse qui se révéla positif. Là encore, maman trouva dans cette nouvelle une occasion d'exprimer des doutes qui relevaient du pur et simple délire.

— Tu n'es pas enceinte, dit-elle.

Je fis allusion au test de grossesse.

— Il y a erreur. Tu es une mythomane.

— Explique-moi pourquoi je ne pourrais pas être enceinte, maman.

— Arrête de dire n'importe quoi.

Il n'en demeurait pas moins que l'annonce de cette naissance nous faisait bien plaisir, à Thierry et à moi. Hélas, elle fut bientôt assombrie par une mauvaise nouvelle : la mort de ma marraine.

Je n'ai pas encore parlé de cette femme avec qui je m'entendais si bien et qui, elle aussi, a joué dans ma vie un rôle salutaire. C'était la cousine germaine de mon grand-père maternel. Elle ne s'était jamais mariée. Elle habitait à Nice dans un appartement délicieux. Elle m'avait confié un jour, avec beaucoup de sincérité et de pudeur, qu'elle n'avait jamais connu la moindre histoire d'amour. Elle vivait avec sa sœur, son aînée de dix-sept ans qui jouait pour elle à la fois le rôle de mère et de compagne. À la belle saison, elles visitaient ensemble la Suisse et l'Italie dans une Mercedes conduite par un chauffeur. Ma marraine était toujours vêtue de chemisiers blancs et de tailleurs en soie, ornés de fleurs, commandés à sa couturière. Lorsque j'allais la voir, j'aimais rester dans sa salle de bains pour y respirer un délicat parfum d'œillet et de rose. Ses longs cheveux auburn, coiffés en chignon, accueillaient des peignes en écaille incrustés de nacre. Elle était pieuse, intelligente, catholique et pratiquante. Ma marraine était l'être le plus moral que je connaisse. Elle incarnait à mes yeux d'enfant la justice, l'équité et la rigueur. Elle avait été à la tête d'une PME d'électroménager, chose rare à l'époque pour une femme. C'était une battante, un leader plein de charisme et d'autorité. J'avais été étonnée d'entendre parfois mon père se moquer d'elle et de sa sœur en les appelant les « siamoises » ; il n'hésitait pas à faire des blagues sur leur célibat ou à rire de leurs toilettes trop provinciales à son goût.

Ma mère avait eu la délicatesse de me révéler, alors que j'étais encore très jeune, qu'elle avait choisi cette femme comme marraine dans l'espoir d'un héritage. J'ai encore en mémoire la phrase qu'elle prononça pour la circonstance :

— Elle a quand même une sacrée situation !

Elle avait ajouté :

— Tu hériteras d'elle à travers nous, puisqu'elle n'a pas d'enfant…

Pareil état d'esprit n'avait pas manqué de me choquer à l'époque, mais je m'aperçus bientôt que les attentes de mes parents n'avaient guère changé sur ce point – comme sur aucun autre d'ailleurs. Ma marraine venait de mourir d'une embolie pulmonaire : leurs espoirs financiers venaient de porter leurs fruits.

— Nous sommes les héritiers, me dit maman au téléphone. Avec ton père, on a fait les comptes de ce que tu nous dois.

Je découvris alors avec stupéfaction que ma mère avait soigneusement gardé les tickets de toutes leurs dépenses me concernant depuis que j'avais quitté le domicile familial. Ne m'avaient-ils pas aidée à faire mes études de droit ? À payer de la nourriture, des vêtements, le vétérinaire de mon chien ? Ils se proposaient de retrancher de l'héritage de ma marraine l'équivalent de ce qu'ils m'avaient versé ; autrement dit, une fois payés les droits de succession, il ne me resterait plus rien. Franchement, je suis restée indifférente à cette nouvelle. J'attendais un enfant, j'étais heureuse, je gagnais ma vie et mon compagnon aussi. J'avais du chagrin d'avoir perdu si vite une marraine qui ne verrait jamais ma fille. Le reste était sans importance.

C'est dans ces dispositions que nous avons pris l'avion pour Nice où le notaire nous attendait. De leur côté, mes parents vivaient sans le savoir une réédition de « Perrette et le pot au lait ». Mon père commençait à échafauder des plans pour l'utilisation de l'argent à venir. Il voulait « monter sa boîte ». Ma mère rêvait de refaire les tapisseries de la maison.

Mais une surprise nous attendait chez le notaire : l'héritage revenait à moi seule en tant que légataire universelle, à l'exception d'un studio, légué à son chauffeur. Je vis tout de suite où il fallait chercher l'origine de cette punition infligée à ma mère par-delà le temps et la mort. Elle remontait à trois étés. J'étais alors en vacances à Vichy où ma marraine m'avait invitée à passer une quinzaine de jours dans un palace en sa compagnie. Ma marraine avait payé tous les frais, en priant maman de lui rembourser seulement un billet de train – la somme devait s'élever à 150 francs de l'époque, pas plus d'une vingtaine d'euros. Mais maman, pour noyer le poisson, avait prétendu n'avoir pas bien compris les conditions de mon voyage. Ce refus devait se révéler fort coûteux. Ma marraine était l'intégrité même. L'attitude de maman l'avait mise en rage. Je me souvenais qu'elle m'avait dit alors :

— Je ne comprends pas pourquoi ta mère ne veut pas me rembourser ce billet de chemin de fer. Elle s'y était pourtant engagée !

— Téléphone-lui.

— Non. Je n'ai pas l'habitude de réclamer ce qu'on me doit quand il s'agit de ma famille. Je pense que je vais faire autrement.

Elle avait agi autrement. Elle était allée le jour même modifier son testament afin que mes parents ne touchent pas un centime de l'héritage.

Pour l'heure, ma marraine avait pris congé de ce monde, quelques mois après le décès de sa sœur. Fût-elle morte un an plus tôt, je ne serais jamais devenue voyante. En effet, son héritage m'aurait permis de vivre sans travailler trois ou quatre ans – en tout cas de quoi mener à bien ce projet de roman qui avait déclenché toute l'histoire.

Et quant aux rapports avec mes parents, ils s'achevèrent avec ce tour du destin. Je venais de comprendre qu'ils habitaient un monde où je ne pourrais jamais les rejoindre. J'avais un homme à aimer et un enfant à mettre au monde – un enfant dont je savais déjà, voyance oblige, que ce serait une charmante fillette blonde. Hélas, mes parents ne s'en tinrent pas là. Je dus pendant plus de quinze ans subir de leur part tout un tas de persécutions allant des appels anonymes jusqu'aux menaces. Je dus finir par porter plainte. Un jugement les condamna même à me devoir de sérieux dommages et intérêts. J'ai préféré leur en faire grâce : pour moi, tout lien était rompu depuis longtemps.

# 11

# De la clairvoyance à la voyance

Mes débuts dans l'exercice professionnel de la voyance s'accompagnèrent de doutes qui mirent plusieurs années à me quitter. La question était de savoir si mes résultats, tout brillants qu'ils semblaient être, n'étaient pas dus à des effets d'interprétation. Je disais à un consultant que sa mère souffrait de cataracte. Le consultant répondait oui. Mais que signifiait ce « oui », exactement ? La mère du consultant avait-elle réellement une cataracte ou seulement une vague maladie des yeux ? C'était fatalement une personne âgée, donc sujette à des soucis ophtalmologiques. Peut-être avait-elle eu mal aux yeux cinq ans auparavant. Peut-être s'était-elle plainte récemment d'avoir les yeux fatigués... En somme, mon consultant pouvait très bien avoir adhéré à ce thème de la « cataracte » pour des raisons diverses et subjectives. Il pouvait avoir accepté de confondre l'expression « cataracte », qui évoque une affection précise, avec « mal aux yeux », qui est beaucoup plus vague et pourrait s'appliquer à nombre de personnes ; et il pouvait l'avoir accepté parce qu'il se sentait en confiance avec moi, non parce que j'avais dit vrai.

Je songeais en particulier à cette expérience réalisée par des sceptiques. On distribue à des volontaires un texte qui leur est présenté comme correspondant à leur signe zodiacal – Scorpion, Capricorne, etc. Et l'on s'aperçoit à la fin de l'expérience qu'une large majorité d'entre eux se reconnaissent dans ce qu'ils y ont lu. La plupart y trouvent une description de *leur* personnalité correspondant à *leur* signe. Sauf que ce n'est pas le cas… Il s'agit en fait d'un texte général, certes habilement tourné, mais qui était le même pour tous les participants ! N'était-ce pas ce même mécanisme psychologique qui opérait dans ma pratique ?

Certes, il y avait mes rêves prémonitoires. En principe, ils n'auraient dû laisser aucune place au doute. Mais je faisais aussi beaucoup de rêves non prémonitoires, des rêves « ordinaires », les rêves de tout le monde. Bien sûr, certains se trouvaient confirmés par la suite, mais n'était-ce pas l'effet du hasard ? N'était-ce pas l'effet d'une fausse précognition – d'une « précognition après coup », réinventée en toute bonne foi ? Imaginons la réaction d'une mère à qui l'on apprend soudain que son enfant vient d'être victime d'un accident, alors qu'il a plusieurs heures de retard. N'a-t-on pas de fortes chances de l'entendre s'écrier :

— Je l'avais prévu !

Quelle mère, en effet, ne s'est pas représenté des centaines de fois son enfant renversé par une voiture, victime d'une agression ou d'un accident ? Ces visions sont universelles. Elles sont pour ainsi dire inhérentes au psychisme d'une mère, sous toutes les latitudes et à toutes les époques. Lorsque l'accident arrive, il est inévitable que surgissent des « précognitions après coup » qui n'ont rien de surnaturel, et ne sont en réalité que des expressions de l'angoisse maternelle. Je me méfiais aussi de ces « discours élastiques » dans lesquels on arrive à faire entrer tout et n'importe quoi. Si je dis à un consultant qu'il n'a pas été compris dans son enfance, qu'il n'est pas jugé à sa juste valeur, j'ai toutes les chances de rencontrer chez lui un écho, voire une approbation totale, pour la simple raison qu'il s'agit d'un sentiment très répandu.

Ces doutes étaient déclenchés par un souci d'honnêteté, ou plutôt de transparence, mais pas seulement. Il était évident que je n'abusais personne puisque les gens qui venaient me voir le faisaient librement et se sentaient donc écoutés, guidés, aidés. Le problème qui se posait à moi était d'ordre général. Je tenais absolument à m'assurer que la pertinence de mes visions relevait bien d'un processus extrasensoriel. Je savais – puisque telle était l'image qui m'était renvoyée – que j'étais dotée d'une certaine intelligence, d'une acuité d'esprit, d'un sens de l'observation, d'une aptitude à l'expression et, bien sûr, d'une réelle disposition à l'empathie. À l'évidence, j'étais douée aussi pour créer un contexte agréable, favorable à l'expression des sentiments, des idées, des images. En d'autres termes, ce que je pratiquais avec mes consultants, n'était-ce pas tout simplement une forme de « superpsychologie intuitive » ? N'étais-je pas en train d'appeler voyance un jeu de séduction et d'intelligence ?

Cette incertitude m'était insupportable. S'il s'agissait seulement d'observation fine et d'intuition, alors je préférais le savoir et ne pas m'abuser davantage, ni abuser les gens. Après tout, nombre de professionnels, dans toutes sortes de domaines, parviennent à développer à force de pratique des facultés de discernement hors du commun. C'est vrai pour certains policiers, par exemple ; ils obtiennent des résultats qui, pour sembler extraordinaires, ne peuvent en aucun cas être considérés comme relevant du paranormal.

En résumé, je voulais savoir si je voyais vraiment. J'aurais pu choisir une autre voie consistant à me satisfaire de mon succès – d'autant que j'étais déjà très médiatisée. J'aurais même pu devenir thérapeute, et je crois que c'est ce que j'aurais fait si mes conclusions avaient été différentes. Rien ne m'empêchait de me lancer dans une analyse – j'avais déjà fait une psychothérapie – et de suivre des études de psychologie. J'aurais pu commencer enfin une carrière de coach – mes qualités d'observation et un certain sens de la pédagogie m'auraient probablement permis de réussir. Sauf que ma voie ne consistait pas à devenir coach ou thérapeute. Ma voie consistait à pratiquer la voyance. À la pratiquer et à en démontrer la validité. J'avais compris qu'il était tout à fait possible, dans une culture comme la nôtre, d'exercer le métier de voyant sans jamais se poser aucune question fondamentale. Seulement voilà, je ne pouvais me satisfaire de cette situation. Ou la communication extrasensorielle existait, et j'allais passer ma vie à la défendre et à la démontrer comme un possible de l'intelligence qu'il faudrait absolument étudier parce qu'elle révolutionnerait notre culture, ou bien il n'y avait qu'un peu d'intuition et beaucoup d'habilité, et dans ce cas je préférais passer à quelque chose de moins ambigu.

Mon questionnement n'était pas celui d'un artiste qui se soucie d'être aimé de son public, ni celui d'une femme d'affaires qui mesure la qualité de son travail à son chiffre d'affaires et à la satisfaction de sa clientèle. Je me rappelle avoir surpris un jour, dans un restaurant, une discussion à la table voisine où des clients – deux couples d'amis – m'avaient reconnue.

— C'est Maud Kristen ! dit l'une des jeunes femmes. Je crois que je vais lui demander son téléphone...

— Tu crois que c'est elle ? dit l'homme qui était visiblement son compagnon. C'est vrai qu'elle lui ressemble... Tu fais comme tu veux, mais ces gens-là, c'est des charlatans. Tu vas perdre ton temps et ton argent...

— Pourquoi ? Elle ne fait pas de mal. Personne n'est obligé d'aller la voir. Laisse donc Monique aller la saluer, si elle en a envie.

Le compagnon de Monique finit par céder, et par conclure d'un ton fataliste :

— Après tout. Des gens qui font ça, il en faut.

Tout aurait été pour le mieux dans le meilleur des mondes si j'avais été capable de vivre avec ce genre d'étiquette. Si j'avais pu me considérer comme un marchand de sable pour adultes, une usine à distiller du rêve... Seulement voilà, j'aimais trop la vérité pour m'accommoder de ce malentendu. C'est cette exigence qui m'a obligée à remettre sans cesse en cause ma conception du monde, ma philosophie ou mes convictions politiques, à partager de nombreuses vies communes parce que j'étais incapable de faire des compromis, à cesser de voir les membres de ma famille lorsqu'ils ne me voulaient aucun bien. Et c'est cette même exigence qui, bien plus tard, me conduirait à me mettre en danger professionnellement en acceptant des démonstrations destinées à « prouver » que ce que je savais faire n'était pas de la « psychologie ». Pour atteindre mon but, je devais purger l'affaire de tout ce qui se passait dans et autour de la consultation, et qui pouvait laisser penser qu'il y avait de la voyance là où il n'y en avait pas. Je devais gratter jusqu'à découvrir ce qui subsistait au cœur de l'expérience. Et je crois que cette obsession de clarté faisait écho à la confusion dont j'avais souffert dans ma famille.

En tout cas, il m'importait au plus haut point de savoir si réellement des informations me parvenaient de façon *non sensorielle*. Et si tel était le cas, alors l'affaire avait une portée qui dépassait de loin le cadre de mes consultations. Elle avait une dimension culturelle révolutionnaire qui devrait interroger la civilisation occidentale, l'obliger à élaborer d'autres modèles de connaissance. Il faudrait découvrir de nouvelles théories sur la nature de la conscience afin d'élucider les plongées dans le futur et la capacité à dépasser les frontières sensorielles. Je n'ai jamais eu la prétention de penser que j'étais la seule à voir, ni à pouvoir travailler avec des parapsychologues. Je savais qu'aux États-Unis se trouvaient de célèbres voyants qui avaient travaillé avec les plus grands chercheurs et que leurs performances avaient considérablement bouleversé l'opinion. Les phénomènes que je produisais – en tous points semblables à ceux observés sur tous les continents, dans toutes les traditions spirituelles, et ce depuis la fin de la préhistoire – n'étaient pas seulement une façon d'apporter « quelque chose à des gens » ; ils marquaient un point de rupture qui lui-même ouvrait la possibilité d'une révolution culturelle. Si je « voyais » vraiment, le langage et les microsignes ne suffisaient plus à définir ce que nous appelons « communication ». Celle-ci s'effectuait aussi sur d'autres modes. Si réellement j'étais capable d'annoncer deux ou trois ans à l'avance que telle vente aurait lieu ou non, ou de décrire la maison qu'habiterait une cliente certaine de ne jamais devenir propriétaire, c'est que notre façon de penser le temps était erronée.

Or, c'est cette « révolution culturelle » qui m'a intéressée. Si j'arrivais à prouver à moi-même, et aux autres, l'existence de ces phénomènes, alors je touchais un point fondamental de notre civilisation.

Je n'eus donc d'autre choix que de me livrer à des expérimentations. Je commençai avec Thierry, alors que j'étais enceinte. Il plaçait des photos dans des enveloppes, et je devais deviner ce que représentaient les images cachées à l'intérieur. Le résultat se révéla concluant. Mais Thierry ne m'influençait-il pas par le truchement de messages infra-verbaux ? Pour m'en assurer, je décidai de faire encore mieux et d'opérer en supprimant toute possibilité d'intervention de l'expérimentateur.

Un mois durant, je collectai toutes les cartes postales que je pus trouver aux puces et ailleurs. Si j'avais choisi des cartes postales, plutôt que des photos découpées dans des magazines, c'est que ces dernières avaient toujours un verso qui brouillait mes perceptions. J'avais observé ce phénomène. J'avais le sentiment que mon esprit refusait de choisir entre les deux faces, préférant « voir » les deux en même temps. Des cartes postales, donc. J'en amassai plus d'une centaine. Il s'agissait de photos, d'images et de dessins proposant tous les sujets possibles – l'humour, les animaux, la vie quotidienne, les voitures, les paysages, les monuments, la peinture, etc. Je pratiquai ensuite de la façon suivante. Je disposais devant moi des enveloppes en kraft, des crayons et du papier. Toutes mes cartes postales se trouvaient dans mon dos, enfouies dans un grand sac que j'avais pris soin de brasser soigneusement. Je tirais une carte. Puis, les yeux fermés, je la glissais dans une enveloppe en kraft. Je refermais l'enveloppe. Ensuite, je tentais de faire le vide en moi en m'abandonnant à un état de rêverie. Je passais la main sur l'enveloppe. J'essayais de capter des sensations que je retranscrivais dans des dessins et des textes. Je laissais émerger tout ce que je ressentais ; et le résultat prenait la forme d'un croquis, d'un mot, d'une expression verbale.

Il ne s'agissait pas précisément de « flashs », d'images nettes. Ce que je ressentais ressemblait à n'importe quel effort de mémoire. Lorsque nous cherchons à nous souvenir de notre dernier anniversaire, nous n'avons pas une simple image en tête. Ce que nous éprouvons ressemble plutôt à un mélange d'émotions subjectives – le plaisir d'une bonne ambiance lors d'un dîner de famille – et de pensées objectives – l'averse de pluie qui s'est abattue sur nous quand nous avons quitté le restaurant. Il serait plus exact de dire que je « ressentais » plus que je ne « voyais ». En effet, ce type d'exercice sollicite en même temps que la pensée tous les sens, ainsi que la mémoire émotionnelle. Je ressentais certains éléments qui peu à peu me permettaient de caractériser l'image : la présence de l'eau, d'un arbre, la dominante d'une couleur, mais aussi l'ambiance gaie ou triste de la scène, la disposition de certains personnages, un détail vestimentaire, une forme géométrique qui apparaissait et que je pouvais dessiner.

Au bout de deux ou trois soirées, j'eus la certitude que je voyais. En effet, j'arrivais à caractériser précisément sept, voire huit enveloppes sur dix. Certes je ne voyais pas tout le temps ! Mais je voyais d'une manière plus que significative. Et surtout il m'arrivait de voir des choses surprenantes. Une fois, par exemple, j'écrivis sur ma feuille la légende : « Quelqu'un essaie de faire le pitre, danse ou mime, et pourtant je sens la mort qui rôde, l'ambiance est irrespirable. » Ouvrant l'enveloppe, je découvris une photo prise dans les tranchées pendant la guerre de 1914-1918, montrant des poilus, de jeunes soldats amaigris pataugeant dans la boue ; l'un d'eux jouait avec un caleçon, tout en faisant une blague sur les hommes forcés de faire la lessive. En effet, ces jeunes gens faisaient les pitres, et en effet ils allaient mourir.

Ces expériences réalisées dans un cadre privé – elles se renouvelleraient presque dix années plus tard dans un laboratoire de neurosciences au CHU de Lausanne, puis, près de quinze ans après, à Chicago, sous le neuroscan du professeur Norman Don –, ces expériences, dis-je, me bouleversèrent. Elles représentaient un tournant dans ma vie, et disaient en même temps ce que serait ma vie : un effort destiné à prouver scientifiquement l'existence de capacités extrasensorielles. Aujourd'hui encore je pense que je ne serai sereine que le jour où j'aurai réussi à faire publier des résultats probants dans des revues scientifiques de haut niveau. Ce n'est hélas pas le cas à l'heure actuelle, mais je ne doute pas d'y arriver un jour, étant déjà parvenue à réaliser mes expériences sous contrôle scientifique et à en communiquer le résultat au public.

# 12

## Le vrai scandale de la voyance

Quand j'ai écrit *Pour en finir avec Madame Irma*, je croyais encore que la voyance était un métier d'aide. Or, je sais aujourd'hui que ce n'est pas toujours le cas. Certes, la voyance permet de révéler aux gens leur potentiel, ce qui en soi constitue un soutien. Mais j'estime en fait qu'il ne m'appartient pas de décider si j'aide l'autre ou non. En réalité, c'est à l'autre d'en décider. Au temps de *Madame Irma*, je voulais aider la personne à tout prix, ce qui revenait à me placer dans la position de ce parent autoritaire qui *sait* à la place de son enfant. Je pense aujourd'hui que la voyance est moins une activité d'aide que l'exercice d'une lourde responsabilité consistant en la délivrance d'informations destinées à renforcer le *pouvoir* de celui qui me consulte. *Responsabilité et pouvoir :* tels sont les maîtres mots de ma pratique.

Une femme m'annonce qu'elle se prépare à acheter un magasin de fleurs. Elle a préparé un dossier. Elle est en bonne voie pour obtenir un prêt bancaire. Sans disposer d'aucune photo, sans avoir d'autre indication que le numéro de la rue où ce commerce est situé, je propose une description des lieux. La femme confirme. Je reprends :

— Ce n'est pas un bon emplacement. Vous aurez trop de concurrence. Je sens en effet qu'une grande surface spécialisée ouvrira bientôt dans une zone commerciale, non loin de là. Et quant à la personne qui vous a précédée, elle ne me plaît guère. Elle a certainement eu de graves problèmes avec sa clientèle et les commerçants du quartier. Peut-être a-t-elle eu aussi un problème d'alcool.

Ma conclusion est la suivante :

— Ne l'achetez pas. Vous ne pourrez pas réaliser vos objectifs.

Ma consultante revient un peu plus tard. Elle souhaite me montrer la photo d'un autre magasin. Mais avant même d'avoir vu le cliché, je lui propose une description de l'endroit. Je le vois situé devant un rond-point. Ce commerce nécessite d'importants travaux. Néanmoins ma conclusion est positive.

— Celui-là me semble parfait, dis-je. Il est au carrefour de deux routes très fréquentées. Tout en étant proche du centre-ville et de la gare.

À la suite de notre entretien initial, cette femme avait procédé à une enquête. Interrogeant les commerçants voisins du premier magasin de fleurs, elle avait découvert que la personne à laquelle elle souhaitait succéder avait en effet rencontré de graves problèmes, du fait de ses tendances caractérielles et... d'un alcoolisme notoire. Elle apprit aussi qu'un grossiste en pépinière devait s'installer bientôt dans la zone commerciale de la petite ville de province où elle comptait s'établir. Autrement dit, j'avais pressenti plusieurs informations qui s'étaient confirmées. C'était la première fois que ma consultante s'adressait à une voyante. L'expérience l'impressionna. Et le cours de sa vie fut bel et bien influencé par ce que j'avais vu. J'avais exercé sur elle un pouvoir.

Quelle est la place de la prétendue « écoute » dans ce type de consultation ? Comment parler de « psychologie » alors qu'il n'est question que d'évaluer le potentiel d'un bien commercial ?

La vérité est que nous autres, voyants, décidons de la vie des gens. Cela peut paraître scandaleux, mais c'est ainsi. Je dis à un homme :

— Votre supérieur vous a promis une promotion, mais je crains qu'il ne tienne pas parole...

Mon interlocuteur est stupéfait. Il l'est encore plus lorsque je précise :

— Il me semble qu'il existe une rivalité entre vous. Une rivalité larvée, mais profonde. Votre supérieur est mis en danger par votre niveau de compétence, trop important à ses yeux. N'êtes-vous pas plus diplômé que lui ? N'avez-vous pas conscience de pouvoir représenter un danger pour sa carrière ? Pourriez-vous être amené à prendre sa place ?

— Non. Je suis en effet plus diplômé que lui – il est autodidacte. Mais je n'avais jamais vu les choses sous cet angle...

Dans ce cas précis, ce n'est pas d'aide qu'il s'agit. À bien des égards, ce que je dis à cet homme ne lui est d'aucun secours. Je me permets même de créer des problèmes là où il n'y en a pas – du moins pour le moment. Ma voyance a pour effet de le déstabiliser, de le fragiliser, de l'influencer lourdement en le conduisant à douter d'un supérieur avec lequel il travaille tous les jours. En lui tenant ce propos, j'ai pris une responsabilité énorme. Bien entendu, il s'agit d'une consultation. Mon avis, en principe, est *consultatif*. C'est à la personne qu'il incombe de choisir. Sauf que, si j'accroche des éléments de réalité – comme dans le cas du magasin de fleurs –, alors mon propos devient *décisionnaire ipso facto*, pour la simple raison que la personne en tiendra inévitablement compte.

J'ai l'habitude de dire que la voyance peut sembler le pouvoir le plus scandaleux, le plus violent et le plus dérangeant qui soit. Et c'est de toute façon un jeu dangereux, car l'erreur est toujours possible. En outre, cette pratique ne se revendique même pas d'une compétence acquise par le moyen d'un diplôme.

Sur le plan des effets, la voyance s'apparente à ces interventions que pratique la chirurgie esthétique. Il s'agit d'un acte violent dont on pourrait aussi très bien se passer. Être voyant consiste à faire de l'effraction psychique, à mettre le doigt sur des choses gênantes, à révéler parfois des ennemis inconnus. Et l'acte est définitif. Il y aura un avant et un après. Comme dans la chirurgie esthétique. Une femme décide de faire une rhinoplastie : c'est son choix. Quand l'intervention aura eu lieu, elle ne pourra plus revenir en arrière. De même, consulter un voyant, c'est accepter d'apprendre un certain nombre de vérités avec lesquelles il sera ensuite impossible de ne pas composer. Et c'est au fond la raison pour laquelle tout le monde a peur – à juste titre – de la parole du voyant. Et, pourtant, cette parole est souvent libératrice ; souvent elle donne du sens à des indices confus ou inconscients.

Exercer la voyance n'est pas non plus compatible avec une réelle humilité, car il faut parfois faire preuve d'un énorme culot. Par exemple, un médecin, chef de service à l'hôpital, vient me demander – à moi ! – ce que je ressens au sujet de la santé de sa mère. Il ne me donne qu'une seule indication : le prénom de la personne. J'ai alors le front – il n'y a pas d'autre mot – de lui répondre :

— Je vois qu'elle a beaucoup de mal à se servir de ses mains... Elle perd peu à peu l'usage de ses jambes... Elle doit maintenant vivre couchée, car je sens qu'elle a des escarres dans le bas du dos... À un moment elle se plaindra de quelque chose qui la gênera beaucoup dans l'oreille ; dès lors, il vous faudra la surveiller de très près...

La dame décéda moins de dix-huit mois après ma prédiction. Elle était atteinte d'une grave maladie du système nerveux. En outre, sans que le phénomène soit lié à sa pathologie, elle se plaignit une semaine avant sa mort d'une violente crise d'acouphènes. Son fils était prévenu – par la voyance. Il ne devait plus la quitter. Il put lui fermer les yeux. Et dans les semaines qui suivirent l'enterrement, il vint me voir pour me remercier.

## 13

# Le futur est-il écrit ?

Une précision doit être faite. La voyance consiste à annoncer à un consultant des événements à venir. Cependant, ces événements n'appartiennent pas tous à la même catégorie. Certains se produiront quoi que fasse le consultant. D'autres se produiront à condition qu'il y ait participation de sa part. D'autres enfin à condition qu'il les provoque délibérément.

Par exemple, j'annonce à un homme qu'il quittera son appartement. Cette prédiction n'exige aucune participation de sa part. La mairie a décidé de frapper sa maison d'alignement. Ce qui attend cet homme, c'est un déménagement obligé, sans autre option possible. Autre hypothèse : le déménagement n'est pas inscrit à l'encre de Chine dans le destin de la personne. Dans ce cas, la divination indique qu'une *possibilité* de déménagement va se présenter. Encore faut-il que la personne soit disponible pour la percevoir, et naturellement pour l'assumer. Le déménagement ne se produira que si elle prête attention à des propositions faites par des amis. La troisième hypothèse concerne les événements qui exigent, pour se produire, une participation totale de la personne. Par exemple, le consultant ne déménagera que s'il choisit de s'atteler à son problème de logement en s'impliquant fortement dans une recherche.

En d'autres termes, la voyance fonctionne comme un GPS dans une automobile – chose extrêmement difficile à comprendre pour un esprit formé au rationalisme occidental. Un GPS indique clairement un itinéraire et le détaille tout au long d'un trajet calculé d'un point de départ à un point d'arrivée. Tout y figure : les routes départementales, les autoroutes et les voies sans issue. Métaphoriquement parlant, c'est ce que dit le voyant quand il s'entretient avec son consultant d'un objectif donné et des moyens d'y parvenir :

— Ici, vous avez un chemin assez long et sinueux sur quelques kilomètres de corniche. Là, une autoroute. Là, en revanche, ce sera l'impasse, la route est barrée, inutile d'essayer.

L'impasse, c'est la situation irrémédiable. Le consultant aura beau se démener, l'obstacle sera et demeurera infranchissable.

Les gens quelquefois s'étonnent. Seules arrivent les mauvaises choses annoncées par la divination ! disent-ils. Mais c'est faux. Seules arrivent les choses qui n'exigent de leur part aucune implication, ni aucune participation.

La divination peut faire apparaître des événements qui se produiront à long terme. À une femme venue me consulter je décris une maison sur une falaise. J'offre même des détails précis. La bâtisse est très ancienne. Elle exige d'importants travaux. Elle s'entoure d'un parc magnifique. Et elle donne sur la mer. Ma consultante est très surprise. Elle occupe un emploi de cadre dans une grande entreprise nationale, mais elle est loin d'être assez fortunée pour envisager une telle acquisition. Elle vit en région parisienne. Rien ne lui permet d'imaginer qu'une telle maison puisse exister dans le paysage de sa vie actuelle. À quelque temps de là, elle fait la connaissance d'un homme – un collègue de travail. Or, cet homme est originaire de la campagne. Il a une tante qui vient à mourir, et dont il hérite – ce dont il est le premier surpris. La tante possédait des terres, notamment en Normandie, et un terrain en bord de falaise où se dresse une vieille maison dont il devient le nouveau propriétaire. Dans ce cas de figure, le décès de la tante est intervenu trois ans après que ma consultante a franchi le seuil de mon cabinet. Quand je lui ai parlé de cette maison sur la falaise, elle ne connaissait pas encore son futur ami. Lequel d'ailleurs ignorait que sa tante l'avait élu légataire universel. Il s'agissait en l'occurrence d'une prédiction à long terme – un cas de voyance particulièrement fréquent – qui n'était d'aucune aide pour la femme venue me consulter.

En 1991, je suis contactée par Hélène Mathieu, alors rédactrice en chef du magazine *Marie Claire.* Hélène Mathieu souhaite me confronter au futurologue Alvin Toffler dans le cadre d'un match amical. L'idée me paraît amusante. Rendez-vous est pris. Or, ce jour-là, je suis troublée...

— C'est étrange, dis-je à Hélène Mathieu, mais je ressens des choses très inquiétantes concernant les États-Unis. L'autre jour, un ami qui rentrait de ce pays me montre une photo de lui sur fond de building. Je sors de la pièce pour faire du thé, et, lorsque je reviens, je regarde à nouveau cette photo. Je vois alors la même image avec des buildings effondrés. C'était si fort que j'ai cru un instant que j'étais victime d'une illusion d'optique. Une autre fois, une cliente est venue me montrer une photo d'une amie américaine. Je ne lui ai rien dit, mais j'ai vu cette amie échevelée avec des traces de boue partout, comme sortant d'un bombardement... Sur plusieurs destinées individuelles, des gens qui venaient me voir au sujet des États-Unis, j'ai eu des flashs catastrophiques...

Hélène Mathieu prend soigneusement en note mon propos et le publie dans le numéro de mai. Inutile de dire que cette divination à long terme devait me valoir de nombreux éloges. Elle me valut aussi des réactions inattendues, comme celle de cet individu qui m'accusa dans un courrier d'être en cheville avec les Islamistes ! Pour lui, c'était la seule explication possible tant d'années avant les faits.

Là encore, où est l'aide apportée ? Il n'y a aucun secours à tirer de ce genre de vision dont l'accomplissement se déroulera bien plus tard. Évidemment, je n'avais rien dit à ma cliente concernant son amie couverte de boue... Comment cette dame, probable survivante du World Trade Center, aurait-elle pu utiliser une telle information dix ans plus tôt ? J'aurais été incapable de donner la moindre date, ni de savoir de quels buildings effondrés provenait toute cette poussière. Que faire de ce type d'informations ? S'arrêter de vivre et de travailler pour aller se cacher au fin fond du désert ? Il s'agissait donc uniquement de l'exercice d'un pouvoir de ma part. J'avais vu quelque chose, et dit ce que j'avais vu.

Mais il s'agit là de ce que j'appelle des « flashs de voyance pure ». Ils se produisent, spontanément, dans toutes les consultations, mais n'en sont pas le seul ingrédient. Des méthodes divinatoires sont également utilisées, pour répondre à des points précis sur lesquels je n'ai pas de ressenti spontané. Une question est posée. On tente d'y répondre en employant, par exemple, les tarots. C'est alors comme si une maquette du futur commençait à se former, révélant ses zones de force et de faiblesse. Des possibilités se dessinent. Des probabilités se construisent. Et c'est en somme à quoi servent les arts divinatoires la plupart du temps : à établir des probabilités. C'est un travail. Un « tricotage ». Une lente exégèse au cours de laquelle la question posée reste présente à l'esprit de la voyante tendue comme une flèche sur un arc.

## 14

## Tu es ce qu'il t'arrive

Une des principales questions auxquelles sont confrontés les voyants dans leur pratique est celle de savoir si le futur est écrit ou non.

— Mon fils aura-t-il son bac ? nous demande-t-on.

C'est une question classique à laquelle il m'est, en principe, possible de répondre. Non à partir d'un « flash », mais avec le support du tarot. Je peux en effet avoir spontanément le flash de la maison sur la falaise que ma consultante habitera dans trois ans, mais pas celui de l'adolescent rentrant à la maison dans deux mois, heureux de sa réussite à l'examen. Le travail, dans cette circonstance précise, consiste à utiliser les arts divinatoires et à « tricoter quelque chose » à partir de symboles dont l'exégèse mène à un diagnostic. Certaines combinaisons feront apparaître une réponse parfaitement claire – soit positive, soit négative. D'autres seront plus ambiguës. La réponse est alors plus hésitante – ce qui n'est pas sans poser un problème dans l'esprit de celui ou de celle qui consulte.

On jugera la comparaison audacieuse, mais le bilan produit par les arts divinatoires ressemble assez à celui d'une analyse de sang. Il est des cas où le test sanguin vous informe que vous avez, ou n'avez pas, un dérèglement thyroïdien – la réponse est nette, précise, sans appel. Et il en est d'autres où le résultat est indécis :

vous avez *peut-être* une hyper- ou une hypothyroïdie, mais les indicateurs sont insuffisamment marqués pour pouvoir être interprétés avec certitude. La réaction du médecin consiste alors à chercher d'autres indices en vous questionnant sur votre état de fatigue ou sur vos symptômes. Dans ce cas, il pose un diagnostic prudent sur l'évolution de votre état et décide d'une période d'observation avant de choisir un traitement. La divination, toutes proportions gardées, fonctionne de la même façon. Parfois elle délivre un message limpide : votre fils aura ou n'aura pas son bac. C'est généralement le cas lorsque la situation elle-même est bien établie – l'adolescent a d'excellents résultats ou son niveau scolaire est insuffisant. Mais il arrive que les conclusions proposées par la divination soient incertaines, hésitantes, difficiles à interpréter, du fait même que le candidat est un élève moyen, susceptible de pencher d'un côté ou de l'autre. Dans ce dernier exemple, la divination – qui n'est jamais en définitive qu'un instrument de mesure – fait remonter une information qui ne permet pas de trancher. De sorte que le consultant, surtout le novice, peut être surpris par mon indécision, et parfois même déçu. Pour la plupart d'entre nous, en effet, la question se pose ainsi : l'avenir est-il écrit, *oui* ou *non* ? Bien souvent nous hésitons entre deux positions extrêmes. Notre culture nous incite à nous penser comme des individus « libres ». Elle tient beaucoup à cette conception qui stimule notre responsabilité et notre maturité, renforce notre « moi » et nous oblige à nous considérer comme des citoyens autonomes. Hélas, dans la pratique, nous n'avons pas besoin de croire à la voyance pour découvrir que des paramètres que nous n'avons pas choisis, comme notre famille ou notre milieu social, jouent eux aussi un très grand rôle dans notre destinée. Notre culture tente alors un tour de passe-passe en nous faisant croire qu'il suffit de *vouloir* pour *pouvoir*, comme si la construction de notre volonté échappait au conditionnement de notre parcours affectif et social. Pourtant, lorsque nous découvrons nos limites, et assumons des échecs, nous sentons qu'il n'en est rien, que notre volonté n'est pas toute-puissante. Nous nous considérons d'abord comme responsables de nos échecs, tiraillés entre un sentiment de culpabilité et d'injustice, persuadés de n'avoir pas toujours fait ce que nous devions pour réussir, convaincus aussi d'avoir peut-être manqué de chance. Mais si nous sommes régulièrement confrontés à notre impuissance, nous nous réfugions secrètement dans une certitude intérieure : puisque nous n'arrivons pas à exercer notre libre arbitre supposé, alors c'est bien qu'un Dieu plus fort que nous a réglé d'avance chaque épisode de notre vie.

C'est le plus souvent animés de ce double état d'esprit que nous allons consulter une voyante. Une part de nous, persuadée d'être « libre », agit « sans y croire » ; tandis que l'autre se prépare à devoir bientôt assumer le pire.

Décontenancés par de nombreux échecs que nous jugeons incompréhensibles, nous frappons à la porte de la voyante comme des guerriers assiégés hissent le drapeau blanc. Vite, en finir ! Accepter l'évidence d'une prédestination jusque-là regardée comme malsaine ! Apprendre enfin, de la bouche d'une voyante, la vérité sur notre sort final… Ironie suprême, c'est souvent dans ces circonstances-là que la divination nous ouvre enfin l'accès à notre libre arbitre, en nous permettant, pour la première fois, de l'exercer en conscience.

Ce n'est pas par hasard que les cultures qui pratiquent la divination sont animistes et polythéistes. Pour un Océanien, il n'existe par de Dieu barbu gravant à l'avance chaque destinée dans le marbre. Ses « dieux » sont des esprits multiples avec lesquels il doit dialoguer, pratiquer un négoce permanent ; des esprits dont il a la possibilité de s'attirer les faveurs, à condition de savoir se montrer avec eux tantôt diplomate tantôt redoutable, quelquefois rusé. Devins, chamans et sorciers sont des intercesseurs entre lui et l'Invisible. Ils servent à mieux chasser, mieux faire la guerre, mieux naître et mieux mourir. Dans ces cultures-là, connaître le futur n'a de sens que pour le transformer *le plus favorablement possible*.

Hélas, pour nous, chrétiens, comme pour les autres religions du Livre – l'islam, le judaïsme –, c'est un Dieu unique et tout-puissant qui décide de quoi notre avenir sera fait. Vouloir savoir, c'est transgresser l'autorité de ce Dieu ; c'est tricher avec sa loi en éventant ses secrets. Certes, il peut exister dans ces traditions de petites entorses au contrat, réservées à de grands saints, et pas toujours bien vues, mais pour l'essentiel la règle est simple : on ne touche pas... à ce qui relève du domaine de Dieu.

Autant dire qu'il n'est pas facile de faire son boulot tranquillement, au milieu de ces odeurs de bûcher à peine refroidies, alors que les inquisiteurs d'hier sont remplacés par les rationalistes d'aujourd'hui !

Comment réussir en effet à imposer l'idée d'un futur à la fois prévisible et modifiable ? Comment même défendre une conception qui s'oppose à la fois à l'idée moderne, matérialiste, d'un homme maître de lui-même et au fatalisme des croyants ?

Là encore, les progrès de la science me permettent un détour... Et si notre destin ressemblait à notre ADN ? Si le voyant, avec son sixième sens, ne faisait que se livrer à un « échantillonnage », cette opération pratiquée par les généticiens sur notre génome ?

Et si notre destin n'était ni plus ni moins écrit à l'instar de notre patrimoine génétique ? Nombre d'éléments qui composent notre identité physique ne seront pas modifiables – la couleur de nos yeux, par exemple. Mais certains le seront – comme notre capacité à développer ou non une hypertension artérielle. Les scientifiques ont identifié quelques dizaines de gènes qui, après avoir muté, favorisent le déclenchement de cette maladie. Il s'agit d'une affection « complexe », car les facteurs qui la déclenchent sont non seulement génétiques, mais également liés à des comportements alimentaires. Un individu que son hérédité place dans la catégorie des personnes à haut risque pourra ne pas développer la maladie en étant prudent ; un autre, pourtant moins exposé du fait de son code génétique, développera de l'hypertension parce qu'il consommera trop de sel.

Mais le fait de se savoir en danger ne permet-il pas, dans bon nombre de cas, de changer le futur ?

Et même si les informations fournies par l'investigation génétique ne pourront jamais prédire l'accident d'avion dont décédera l'hypertendu potentiel, ne sont-elles pas extraordinairement utiles pour nous aider à mieux gérer notre santé ?

Vingt années de pratique m'ont amenée à une conclusion analogue en ce qui concerne la divination. Il arrive que la divination se trompe. Quelquefois elle nous égare. À d'autres moments, elle prévoit l'accessoire en oubliant le principal. Elle peut exagérer. Elle peut aussi minimiser... *Mais, le plus souvent, elle fonctionne*. Ange gardien, audit ou guide de grande randonnée, elle nous alerte quand il le faut, elle détecte l'erreur sempiternellement répétée qui gâche nos relations, elle trace une route dans une jungle de possibles. Fée, elle peut aussi nous enchanter, quand nous avons recours à elle sans en comprendre le mécanisme.

Au fil du temps, j'ai compris que la divination faisait apparaître deux sortes d'événements. D'abord, ceux sur lesquels nous ne pourrons jamais influer – ils se produiront quelle que soit notre conduite. Ensuite, ceux qui dépendent en partie de nos décisions.

Imaginons que vous soyez doté d'une excellente santé – héritée, disons, d'une lignée de solides montagnards centenaires. Vous disposerez *a priori* d'un atout considérable. Cependant vous avez choisi de vous adonner à la boisson. Résultat, votre pronostic vital, favorable au départ, se trouvera inévitablement affecté par les agressions que vous infligez à votre foie et à vos artères. Et même si un grave chagrin d'amour se trouve à l'origine de votre alcoolisme, ce qui vous arrive est en partie tributaire de vos choix personnels. Il en va de même en divination : certains fondamentaux de votre destinée sont fixés, le reste relève de vos propres décisions.

Pour faire comprendre ma position sur la « destinée », j'aurai recours à un enseignement d'origine orientale qui me fut chuchoté, un soir, à la fin d'un dîner, par un homme qui ne sut me dire d'où il le tenait lui-même : *Il n'y a aucune différence entre ce qui t'arrive et ce que tu es*. Cette phrase, mieux que n'importe quel discours, explique à quoi peut servir la divination. La divination permet de découvrir les correspondances secrètes qui existent entre les facteurs visibles et invisibles qui nous façonnent – ce que nous sommes – et leurs résonances concrètes dans le monde – ce qui nous arrive. Pour anticiper le futur, le voyant doit tenter de capter notre essence comme le généticien tente de décoder le génome. Mais alors la voyance est-elle autre chose qu'une vaste entreprise de psychologie ? Son but n'est-il pas de saisir le *caractère* de la personne, ainsi que son *histoire* ? Ne revient-elle pas à pratiquer, à force d'expérience de la nature humaine, une simple projection logique, en affirmant par exemple qu'un individu violent, impatient et alcoolique est le meilleur des candidats à l'accident de voiture ? Une femme de cinquante ans qui n'a rencontré jusqu'ici que des hommes mariés n'a-t-elle pas davantage de chances qu'une autre de s'attacher à un homme indisponible ? Non. Lorsqu'il s'agit de voyance, les informations fournies vont très au-delà de la théorie qui voudrait tout faire reposer sur le « caractère » de la personne.

Car le futur, à mon sens, fonctionne comme un système de résonances complexes et subtiles, obéissant à des lois physiques encore inconnues, pour lesquelles il n'est pas aujourd'hui possible de penser un modèle théorique, mais qui existent cependant. Nous ne savons pas depuis si longtemps ce qu'est la foudre, mais nos ancêtres n'ont pas attendu d'en avoir une explication scientifique pour apprendre à s'en protéger. Ce qui nous « arrive » n'est que l'écho de nous-même. Et que serions nous ? Peut-être seulement la somme de nos mémoires émotionnelles, de nos pensées, de nos paroles et des conséquences passées et présentes de nos actes. L'ensemble de ces paramètres, loin d'être définitif, est constamment modifié et brassé par de nouvelles données, un peu comme notre vie cellulaire. À chaque seconde nous perdons des cellules, et d'autres naissent en modifiant l'ensemble de notre corps qui se régénère grâce à ce que nous mangeons et à l'air nous respirons. C'est un peu comme si la même chose se produisait sur le plan psychologique et spirituel : la compréhension que nous avons de nos erreurs, nos prises de conscience morale, le dépassement de nos traumatismes influent considérablement sur notre futur, quand bien même certaines de nos pensées et de nos actions passées produiraient encore un écho sur celui-ci – comme nos excès alimentaires passés peuvent nuire aujourd'hui à notre santé.

Chaque être vivant générerait une sorte de « fréquence » à laquelle « répondraient » des événements. Ce qui « m'arrive » n'« arriverait » ni par hasard ni par la volonté de Dieu : nous en serions intégralement les CRÉATEURS. Mais tel un savant fou, inconscient de la portée de ses actes, notre ignorance et notre imprudence nous plongeraient dans d'éternelles difficultés. De même que la fleur attire l'abeille naturellement, sans l'avoir voulu et en ignorant tout de la transformation de son pollen en miel, nous nous plaçons dans des situations existentielles qui sont fondamentalement les nôtres sans que nous en ayons conscience – et qui entraînent certaines conséquences que nous supportons plus ou moins bien, incapables de faire le lien entre ce que nous sommes et ce que nous avons produit. Nos qualités, nos richesses, nos intentions et nos désirs – c'est tout cela qui crée les événements qui nous « arrivent ». Et contrairement à la fleur, qui ne pourra jamais devenir un oiseau ni attirer autre chose qu'une abeille, nous pouvons transformer le cours de notre vie en nous transformant. Loin d'être absurde, la vie est emplie de sens, même si le décryptage nécessite un décodeur, même si son intelligence s'exprime d'une manière agaçante, complexe, indirecte et nous fait dire que nous n'avons « pas de chance » lorsqu'elle nous sanctionne. Ses punitions sont des messages. À nous d'accepter le dialogue avec elle.

Parfois, ses messages restent mystérieux. Je ne saurais expliquer *pourquoi* ni *comment* j'ai pu voir, plusieurs années auparavant, la maison sur la falaise que ma consultante devait habiter un jour. Mais le fait est là : je l'ai vue, et ma consultante l'habite aujourd'hui. D'où mon premier postulat : il existe des *résonances*. Et le deuxième : cette maison sur la falaise correspondait bel et bien à ce que ma consultante portait au plus profond d'elle-même.

Quand je reçois une personne en consultation, je devine certaines « formes » qui existent autour d'elle – des formes comparables aux « champs morphiques » décrits par Rupert Sheldrake[1].

Sans en avoir conscience, nous transportons avec nous d'invisibles contenus d'informations que nous envoyons dans l'univers, et auxquels l'univers répond. Nous savons que l'abeille est une réponse au pollen et que le pollen est une réponse à l'abeille. Mais qui attire qui ? Qui prend l'initiative de la danse, dans le bal des correspondances ? Il est impossible de le dire. Nous pouvons seulement constater l'existence d'un système d'attractions. Le même phénomène se produit entre nous et l'univers, et c'est lui qui fabrique la partie visible de nos vies : les événements qui écrivent progressivement notre histoire. Notre liberté, au fond, n'existe qu'à

1. Rupert Sheldrake a développé une théorie permettant d'imaginer comment fonctionnerait la transmission d'informations qui formeraient un réseau de « correspondances ». Il a publié en anglais le résultat de ses expériences dans de nombreuses revues scientifiques. Voir son site http://www.sheldrake.org/intro/pour comprendre la notion de champs morphiques et leurs nombreuses applications dans la vie courante, et lire en français : *Sept expériences qui peuvent changer le monde,* Le Rocher, Monaco, 1994. *L'Âme de la nature,* coll. « Espaces libres », Albin Michel, Paris, 2001. *Une nouvelle science de la vie,* Le Rocher, Monaco, 2003. *Le Septième Sens,* Le Rocher, Monaco, 2004.

proportion de notre conscience de nous-mêmes et des mécanismes que nous engendrons. À chaque seconde, par le truchement de notre vie émotionnelle, de nos peurs, de nos désirs, de notre sensibilité, de nos idées, de notre éducation, de notre environnement, nous émettons des informations non sensorielles qui composent une sorte de « code-barres » – notre code-barres, le code-barres de ce que nous sommes.

C'est pour cette raison que je ne peux offrir aucune aide à ceux qui voudraient que mon travail consiste à déchiffrer un programme entièrement établi, comme si leur destin s'inscrivait dans le grand livre de quelque Dieu tout-puissant. La réalité de ma pratique m'a conduite à d'autres conclusions. Ce que je déchiffre, ce n'est pas la suite des événements fixés d'avance pour chaque personne, c'est une *mécanique* qui, pour n'être pas totalement transparente, est loin d'être opaque. Et le déchiffrage de cette mécanique ne conduit nullement à nier la responsabilité de la personne dans ses actes et dans sa vie.

# 15

# Impuissance de la toute-puissance

Un homme rencontre une femme à 21 heures dans un dîner. C'est le coup de foudre. Il attribue l'événement au hasard. À 20 h 59, pense-t-il, rien ne le reliait à cette femme. Il est persuadé qu'elle vient d'apparaître par magie dans le vestibule. Or, s'il y a magie, elle tient précisément au fait qu'il n'y a pas de hasard...

Car j'ai l'intime conviction que ce qui arrive à cet homme était inscrit ailleurs. Cette rencontre existait « en germe » dans d'autres plans de conscience, et ce depuis longtemps. Et la connexion était déjà établie. Psychiquement parlant, notre amoureux a attiré cette femme. Il l'a localisée inconsciemment. Il l'a approchée avec l'innocence d'une abeille sur laquelle le pollen exerce une irrésistible attraction. Certes, il est impossible de considérer ce phénomène comme relevant de ce que la physique est en mesure d'expliquer aujourd'hui ; et pourtant il est observable par tout témoin attentif.

Mes capacités extrasensorielles, la manière dont j'ai peu à peu appris à les développer, me permettent de décrypter les informations que la personne dépêche dans le monde, et ce que le monde se prépare à lui renvoyer en écho. Un marin pêcheur ne fonctionne pas autrement. Naviguant en surface, il lit, grâce à son expérience, les mouvements qui opèrent sous la mer, invisibles au commun des mortels ; ce sont eux qui lui permettent de repérer tel ou tel banc de poissons. Ce marin pêcheur n'est pourtant pas doté de dons prodigieux. Ce qu'il fait n'a rien de surnaturel. J'ai le sentiment de procéder de la même façon. Pour user d'une autre métaphore, je suis une jardinière œuvrant dans des plans de conscience plus subtils que le champ de ce que la physique connaît aujourd'hui. J'ai appris à reconnaître que tel terreau, travaillé de telle façon, produira tel résultat. Le consultant m'apporte une poignée de terre que j'observe en essayant d'y lire ce qui peut y pousser.

Un homme se présente à mon cabinet. Il souhaite créer son entreprise. Je lui annonce que je le vois travailler un jour dans un secteur en rapport avec la communication par satellite. Ma vision le surprend. En effet, son domaine de compétences recouvre l'ingénierie d'affaires et les produits chimiques. Son métier n'a rien à voir avec le ciel, l'aéronautique ou l'espace. Je lui annonce aussi que sa femme va le quitter. Là encore, c'est la stupéfaction, car il a justement l'impression de filer le parfait bonheur.

Quelque temps après, sa femme s'en va. La solitude s'installe. Pour échapper à la déprime, il tente de renouer des contacts avec d'anciens amis. Internet lui permet de retrouver un vieux copain d'école qui l'aide à remonter la pente. Il découvre alors que cet ami a travaillé six ans pour la Nasa, et qu'il a besoin d'un spécialiste des relations d'affaires pour développer la vente d'un produit de pointe à l'échelle internationale.

Impossible selon moi de parler de psychologie ou de coaching dans un tel cas de figure. On dira que cet ingénieur a pris une direction nouvelle après être passé par mon cabinet, mais pas que j'ai « intuitionné » ce pour quoi il était fait. Car rien dans son caractère ni dans ses goûts ne permettait de détecter qu'il travaillerait un jour dans les technologies spatiales de pointe, domaine auquel il ne s'intéressait pas. Or j'ai vu les technologies spatiales de pointe. Que s'est-il passé ? N'ai-je pas capté dans son champ de résonances plusieurs informations invisibles pour moi, inconscientes pour lui au moment où il est venu me voir, et appartenant à la fois au passé, au présent et... au futur ? Tout se passe comme si j'avais effectué une sorte de « raccourci », lequel m'a conduite directement aux satellites en sautant toutes les étapes susceptibles de rendre ma prévision plausible.

Car les images produites par la voyance ne sont pas exhaustives. Au contraire, elles sont sélectives. Ici, j'ai sélectionné les satellites. Or le domaine « espace et techniques de pointe » était relié à mon ingénieur d'affaires par un élément invisible pour moi : son amitié pour un vieux copain perdu de vue. Sur le moment, cette clé était indétectable. J'ai deviné que mon consultant et son ami allaient se revoir ; sauf que leurs retrouvailles ne me sont pas apparues comme telles, mais sous la forme des satellites. L'exemple est tout à fait comparable à celui de la maison sur la falaise : au moment où la dame me consulte, je vois le lien qui s'établira un jour entre elle et son futur amant, et ce lien prend la forme de la fameuse maison, ce qui pour ma consultante est parfaitement surprenant puisqu'il s'agit d'un élément sans rapport avec sa vie présente. Du fait du caractère sélectif de la voyance, je ne capte que certains éléments du puzzle – des éléments parfois très éloignés du présent, et pourtant rattachés au « réseau » de la personne assise en face de moi. Je visite sommairement la mécanique de vie qui est en train de s'écrire autour de la personne. Ce que je vois ressemble un peu à un film qui aurait été endommagé : il en subsiste des séquences chronologiquement désordonnées, mais dont je sens qu'elles appartiennent à un ensemble. Telle est pour moi la seule explication possible. Voyant une Américaine dans mon cabinet en 1991, je suis capable de mettre sa vie en rapport avec une séquence montrant l'effondrement des Twin Towers dix ans plus tard. Je sais donc que les choses fonctionnent ainsi. Mais quant à savoir avec précision pourquoi cela fonctionne ainsi et comment, le mystère reste entier... Tout se passe comme si une partie du « codes-barres » de mon Américaine était déjà en résonance avec la future attaque terroriste – c'est tout ce que je puis observer.

Recevant une consultante, je lui décris l'homme qu'elle est appelée à rencontrer. Mon tableau est précis : un personnage doux, doté de grands yeux clairs, amateur de philatélie et de musique classique, qui aura brutalement perdu son épouse. Ma consultante rencontre un premier monsieur correspondant à cette description, un veuf qui a la passion des timbres et de l'opéra. Bizarrement, la relation échoue. Ma consultante entre dans une période difficile.

— Vous vous êtes trompée, me dit-elle.

Il m'arrive, en effet, de me tromper. Il se peut aussi qu'elle ait elle-même fait échouer la relation. La vérité est plus surprenante encore, comme nous le constaterons quelques mois plus tard, quand le « code-barres » de ma consultante s'acharnera à lui faire rencontrer un homme doux aux yeux clairs, amateur de musique classique et de philatélie – un peu comme l'abeille est attirée par le pollen des acacias *en général*, et non par celui d'un acacia en particulier.

Neuf mois après sa rupture, ma cliente fait une nouvelle rencontre. Il s'agit cette fois d'un homme discret, récemment embauché dans l'entreprise où elle travaille. Elle a des échanges avec lui depuis plusieurs semaines, mais elle ne connaît pas les détails de son passé ni de ses passions. Il l'invite un soir à assister au récital donné par une chorale, mais elle n'y prête pas attention. À l'occasion d'un congrès, il lui déclare ses sentiments, et leur relation devient une liaison. Il l'invite dans sa maison de campagne où il lui montre sa… collection de timbres ! Il s'est investi dans ce passe-temps pour retrouver une paix intérieure après une tragédie familiale qui l'a amené à élever seul son fils unique. Cet homme, en fait, est marié depuis vingt ans à une femme schizophrène qui passe son existence à l'hôpital. Certes, l'amant de ma cliente n'est pas veuf et n'a pas perdu sa femme brutalement. Mais il vit séparé d'elle depuis qu'elle a déclaré brusquement, à la naissance de leur premier enfant, une maladie mentale traumatisante et irréversible. À mon sens, aucun Dieu tout-puissant n'avait programmé la rencontre de ce « vrai faux veuf » et de ma consultante. Mais celle-ci possédait un « code-barres » dont elle a « tiré parti » dans tous les sens du terme. Le bonheur amoureux de ma cliente avait une « serrure » dont la clé existait quelque part – une clé possiblement dupliquée. Cette clé fonctionnait sur des éléments comme les timbres et la musique ; et ces éléments devaient prendre dans sa vie une forme concrète, un jour ou l'autre.

Il arrive aussi que certaines personnes connaissent des métamorphoses qui leur permettent d'échapper à un destin malheureux. Je reçois un jour une femme discrète, anxieuse, qui a été abusée sexuellement par son père. Je lui annonce – en présentant la chose comme un risque – une rencontre avec un homme très fort de caractère, voire violent et dangereux, vivant dans un univers militaire ou policier. La liaison a lieu, telle que prévue, avec un gendarme qui n'en est pas à sa première mise à pied pour mauvaise conduite. Profondément déprimée, terrorisée, mais bien décidée à ne plus renouer avec cet homme, la personne revient me voir deux années plus tard. Elle a commencé, me dit-elle, un travail de psychothérapie qui contribue à faire émerger les blessures de son enfance. Ces traumatismes, peu à peu, sont évacués. Elle y gagne en estime de soi, s'épanouit, s'investit dans une association de parents d'élèves. Peu à peu, elle devient une autre. Elle se métamorphose. En d'autres termes, le « terreau » qui la compose est subtilement modifié. Je lui annonce alors une nouvelle rencontre : un homme généreux, humaniste, ouvert aux autres, abîmé par la vie, très artiste et amateur de sculpture, ayant eu des problèmes pulmonaires. Elle fera bientôt la connaissance d'un homme qui est formateur auprès de demandeurs d'emploi sous-qualifiés, sculpteur amateur et rescapé d'un cancer du poumon... Pourquoi lui ai-je annoncé le premier compagnon et pas le deuxième ? Pour la bonne raison qu'elle a su se transformer en acceptant d'engager – avec succès – un processus de psychothérapie. Ne l'eût-elle pas fait, elle aurait sans doute rencontré une nouvelle réplique de son amant violent et serait entrée dans le cycle bien connu de la répétition et de l'échec.

On trouvera peu romantique – voire choquante – l'idée selon laquelle il existe dans le monde des formes appelées à se compléter mutuellement. C'est pourtant une réalité – une réalité que j'observe dans mon travail, même si elle heurte notre conception de l'individu « unique » et irremplaçable.

J'ai plutôt l'impression que le ciel est plein d'anges gardiens surmenés qui, l'oreille collée à leur portable, comme des dispatcheurs de colis exprès, négocient entre eux pour réussir à créer certaines circonstances de mise en présence entre les âmes dont ils sont responsables. Quel culot nous avons de vouloir absolument considérer ces rencontres comme des coïncidences ! Et quelle naïveté ! Quel travail logistique acharné ils doivent produire pour nous conduire au dîner où ils nous mettront en relation avec celui ou celle qui sera pour nous le « bon » partenaire – quand bien même celui-ci ne serait que le remplaçant d'un prototype hélas défaillant, incomplet, ou livré à la mauvaise adresse. Quand bien même nous l'aurions raté lors d'une première mise en présence ! Ainsi l'ai-je plus d'une fois observé : les hommes et les femmes qui s'aiment découvrent souvent après coup qu'ils se sont déjà croisés de nombreuses fois, sans même réussir à s'apercevoir. On repère alors des synchronismes troublants. Des personnes se rendent compte qu'elles ont assisté au même mariage dix ans plus tôt, et ne s'y sont même pas adressé la parole ! D'autres ont travaillé dans le même immeuble, à des étages différents. Des femmes ont eu pour voisine d'internat la sœur de leur futur mari, rencontré en Afrique vingt ans plus tard à l'occasion d'un rapatriement d'urgence…

La prémonition n'est rien d'autre que la connaissance immanente de certaines formes et de leurs résonances.

Raison pour laquelle, sans doute, elle suscite des réactions incrédules jusque chez les gens qui franchissent la porte de mon cabinet.

Je repense quelquefois à Yudon Ma, divinité tibétaine qui s'empare du corps en transe d'un médium pour répondre à toutes sortes de questions. Les Tibétains qui venaient l'interroger le faisaient de la façon la plus naturelle qui soit, sans arrière-pensée. Pour eux, aucun doute, c'est bien le divin qui s'exprimait par la bouche de Yudon Ma. Ils tenaient compte avec respect de toutes les réactions du médium, même quand il s'irritait, comme cela se produisait parfois. Il ne leur serait pas venu à l'esprit de *s'étonner* de la réponse obtenue. Pas plus qu'ils ne se seraient jamais conduits face à cette divinité comme des « clients ». Autres lieux, autres mœurs : je ne considère pas, pour ma part, que c'est Dieu qui parle par ma bouche. En d'autres termes, ma pratique reste à construire, à inventer. À inventer avec des chercheurs, mais aussi avec ceux qui me consultent parce qu'ils m'accordent leur confiance et sont des témoins actifs du processus qui se déroule sous leurs yeux.

Je suis sans doute la voyante qui a le plus frappé l'imaginaire des Français, du fait des risques que j'ai pris lors de nombreuses démonstrations télévisées. Bien souvent, les gens qui se présentent à mon cabinet me connaissent déjà à travers des reportages ou des émissions. D'autres ont lu des ouvrages de référence dans lesquels j'étais citée, ou arrivent jusqu'à moi parce qu'un proche leur a décrit son expérience comme bouleversante et bénéfique. Ils ne devraient donc pas être surpris de m'entendre évoquer avec précision des êtres qui leur sont familiers, leur intérieur domestique ou leur entourage professionnel. Et pourtant, quand je leur dis ce que je « vois », ils ne peuvent s'empêcher de manifester leur stupéfaction. Je les entends s'exclamer :

– C'est incroyable ! Mais comment est-ce possible ?

Dans la grande majorité des cas, cette surprise ne les empêche pas de rester lucides sur mes limites, et de les accepter. Hélas, il peut arriver que l'enchantement les aveugle. Ils redeviennent alors des enfants, et ne sont plus en mesure de comprendre que je ne vois pas *tout*. Comment ai-je pu décrire le défaut de prononciation de leur collègue de travail – élément sans importance à leurs yeux –, et ne pas voir que leur sœur était à l'hôpital ? La seule réponse que je puisse leur faire est de les inviter à une certaine prise de distance, certes pas toujours facile à vivre ; ils doivent accepter de bénéficier de l'aide prodigieuse que la voyance peut leur fournir et supporter ses défaillances comme ils supporteraient celles de n'importe quel système d'investigation et de prévision.

# 16

## La voyance, art de la guerre ou expertise en harmonie ?

L'art de la guerre est le nerf de la divination. La divination, traditionnellement, sert à connaître le futur ; en réalité, elle est surtout utile à s'orienter dans le présent. En effet, ce que nous appelons « futur » est pour une part non négligeable la conséquence de ce que nous faisons *hic et nunc*. C'est pourquoi j'ai coutume de dire que mon travail consiste à faire du « conseil en stratégie », soit dans le domaine de l'entreprise et des affaires, soit dans celui de la vie personnelle. Il s'agit d'abord de réaliser des simulations, des évaluations ; ensuite, une fois éliminés les éléments qui ne sont pas utiles parce qu'ils n'ont que trop peu de chances de se produire, vient la phase du conseil proprement dit.

Je reçois par exemple un homme d'affaires spécialisé dans les fusions-acquisitions. Il me présente une liste de sociétés avec l'objectif d'y trouver de futurs partenaires éventuels. Une première approche permet de repérer, mettons sur dix sociétés, cinq sans intérêt, trois avec lesquelles une fusion représenterait une affaire lucrative, et deux qui recèlent un certain potentiel. Ce tri effectué, l'attention se porte sur l'une des sociétés choisies. C'est l'analyse du « présent » qui débute alors. Comment fonctionne la firme retenue ? N'a-t-elle pas une faiblesse cachée ? Il faut chercher, procéder à une évaluation sérieuse, puis déboucher sur le conseil proprement dit. Et je dois dire que mes conclusions, en général, corroborent celles des experts « officiels » qui se sont penchés sur les mêmes firmes pour en étudier les comptes, les infrastructures et le potentiel. Sauf que le « bilan » qui s'effectue dans mon cabinet permet parfois de déceler des éléments dissimulés, ou en tout cas d'attirer l'attention de mon client sur leur existence. Les équilibres ou les déséquilibres d'une société, poussés dans un sens favorable ou défavorable par des jeux d'écriture, apparaissent plus clairement à travers la divination.

Oui, c'est bien d'un art de la guerre qu'il s'agit. Et cela pour trois raisons. Premièrement, la divination fait gagner du temps – répondre à une question avec des méthodes classiques demande plusieurs heures, voire plusieurs semaines d'investigation, alors que la réponse à la même question ne prendra que quelques minutes dans mon cabinet. Deuxièmement, elle permet d'évaluer objectivement le potentiel réel de la situation à un moment donné. Et troisièmement, elle aide à mettre au jour des éléments cachés. Quelle longueur d'avance dans la prise de décisions ! Certes, en vingt ans d'exercice, il a pu m'arriver de me tromper, de donner à tel ou tel homme d'affaires de mauvais conseils, mais dans des proportions plutôt faibles, selon eux – une ou deux fois sur dix, semble-t-il. Il peut arriver hélas que cet échec concerne un gros investissement. Mais les hommes d'affaires que je conseille depuis vingt ans ont pu estimer ma marge d'erreur inférieure à celle de n'importe quel système d'évaluation rationnel ; raison pour laquelle ils continuent à fréquenter mon cabinet plusieurs fois par an.

Un autre cas de figure est celui où la personne affronte un conflit dans son entreprise. Ce conflit la plonge dans l'embarras. Mon but est alors de déterminer pour elle ce que j'appelle la *bonne posture*. « Foncez, le temps joue contre vous », lui dis-je. Ou : « Soyez patient. » Ou bien : « N'hésitez pas à vous montrer farouchement déterminé. » Ou encore : « Faites le mort, comme l'opossum », « valorisez d'abord votre adversaire », « cherchez-vous des alliés, n'agissez pas seul », « reculez, vous êtes en danger » – tels sont les conseils que je donne à mes consultants en les développant plus précisément. Au fond, je les invite à *mettre en pratique* dans la vie réelle ce qu'a indiqué la séance de divination. Il nous arrive même de décider ensemble d'un plan d'action, détaillé comme un scénario. Il s'agit alors d'un travail croisé et partagé. D'un côté mes propositions, émaillées d'indices et de descriptions, de l'autre l'interprétation qu'en fera mon client en les reliant avec des éléments qu'il connaît, mais auxquels il n'a pas encore donné toute leur importance.

Dans les arts de la guerre, le problème n'est pas de savoir si une bombe risque d'être lâchée sur mon pays, mais d'abord et avant tout de déterminer si l'ennemi la possède. Quelle est ma faiblesse ? Comment l'ennemi pourrait-il l'exploiter ? Telle est la question qu'il convient de poser avant tout. Bien sûr, l'ennemi a toujours la possibilité de choisir ou non de me nuire. Le fait de savoir comment il pourrait s'y prendre ne signifie pas qu'il le fera. Mais il vaut mieux vivre en connaissant les atouts de l'adversaire plutôt qu'en les ignorant. Et la voyance est précisément ce qui permet de ramener des informations sur le potentiel d'autrui – le problème caché d'où jailliront éventuellement toutes les difficultés, voire les catastrophes, à venir. La voyance, dans ce cas de figure, joue le rôle de l'espion – et l'espionnage est un élément clé des relations entre les États, ne serait-ce que parce qu'il permet de se prémunir contre certaines menaces.

La divination, comprise comme art de la guerre, est probante également dans le domaine des relations interpersonnelles. En effet, l'évaluation des personnes aussi est chose difficile, surtout quand le jugement est faussé par les sentiments, l'attirance physique ou la magie de la séduction. Je reçois en 1991 la visite d'une femme – appelons-la Françoise. Elle vient juste d'épouser un officier de l'armée qu'elle me présente comme un homme extrêmement charmant et courtois, lui-même fils d'officier et fils unique d'une excellente famille. Elle ne me montre pas la photo de son mari.

Elle me donne seulement son prénom. Or je ressens aussitôt les éléments de danger qui émanent de ce personnage. Je mets en garde Françoise. L'homme à qui elle a lié son destin me paraît violent, intéressé et double. Il a un passé colonial trouble en Indochine. Il a déjà infligé des violences physiques à ses deux précédentes épouses. L'exquise courtoisie qui plaît tant à son entourage n'est que le masque d'une profonde indifférence à autrui. Au fond, il n'éprouve aucune empathie. Et ce mariage pourrait être le fruit d'une manipulation.

Sur le coup, Françoise est surprise. Elle ne savait pas que son mari avait déjà été marié deux fois. Elle ignorait aussi qu'il avait laissé de mauvais souvenirs en Indochine. Cependant, comme elle me le racontera beaucoup plus tard, elle commence par me maudire, moi, de lui avoir apporté ces mauvaises nouvelles ! Si la conversation avec ses amies vient à glisser vers la voyance, elle leur déconseille de venir me voir. Son opinion est faite : elle m'a jugée comme une femme dangereuse et perverse, et elle ne se prive pas de le colporter, ignorant que la suite de son histoire me fournira une publicité dont je me serais volontiers passée. Avec le temps, elle oublie mes prédictions. D'ailleurs son mari continue de se montrer galant homme, de faire l'admiration de toutes et de tous.

Plusieurs années plus tard, le mari de Françoise se trouve impliqué dans une affaire de violence avec un automobiliste. Ce qui était au départ une simple altercation entre deux conducteurs dégénère. Des témoins signent des dépositions. Françoise est troublée. Après quelques années de mariage, elle note que son mari refuse progressivement d'avoir des rapports sexuels avec elle. Certes il continue de lui tenir des propos galants, mais il la repousse dès qu'elle s'approche de lui. Et quand elle essaie de l'interroger sur ce point, il invoque des problèmes dus à un léger diabète. Françoise souffre aussi d'un manque de tendresse et d'attentions. Elle devient peu à peu la proie de critiques incessantes et dévalorisantes.

Mais ce n'est pas tout. Françoise a aussi d'autres motifs d'inquiétude. Elle s'aperçoit que son mari prend peu à peu le contrôle d'une partie des biens qu'elle possède. Ainsi deux appartements parisiens dont elle est propriétaire tombent entre les mains de son époux. Et il insiste pour qu'elle lui en cède un troisième, arguant d'obscures dispositions fiscales.

Françoise continue de croire que son époux est un homme sincère. En tout cas, elle ne prend pas conseil. De toute façon, il s'est employé à débarrasser leur entourage des gestionnaires, hommes d'affaires et avocats qui depuis longtemps veillaient sur son patrimoine, et auxquels elle faisait confiance. Bien sûr, son mari jugeait leurs honoraires dispendieux.

Un jour que Françoise est au bord de la piscine, le portable du mari retentit. Ce dernier s'est absenté une minute. Françoise prend distraitement le téléphone qui affiche un SMS : « Tu me manques terriblement, reviens vers nous. » Une explication a lieu. Le mari nie avec aplomb. Il prétexte une simple erreur de destinataire. D'ailleurs ce « nous » prouve qu'il s'agit sûrement du message envoyé par un couple à l'un de leurs enfants en vacances. Sur le moment, Françoise accepte une explication qui lui semble plausible. Puis les semaines passent. Et elle apprend, par l'intermédiaire d'un avocat, que son mari fait l'objet d'une enquête de reconnaissance en paternité. Elle découvre alors que le militaire si chevaleresque, si bien élevé, atteint d'une forme d'impuissance sexuelle, entretient en fait des liaisons torrides avec deux maîtresses de trente-six et trente-neuf ans, chacune ayant un enfant de lui. Françoise, au terme d'une investigation dans le courrier électronique de son mari, apprend qu'il n'a d'autre souci que de la spolier et que, de surcroît, il l'a baptisée « la Vieille » – elle, sa légitime épouse.

Mythomane, l'homme a séduit ces deux autres femmes en mettant en avant une fortune immobilière qu'il ne possède pas encore, mais qu'il a bien l'intention de se constituer en dépouillant ma cliente…

On peut dire que Françoise connaissait la vérité, puisque je la lui avais révélée dans mon cabinet. Mais on peut dire aussi que la tromperie et l'aptitude à jouer la comédie ont quelquefois un effet de vérité plus probant que la vérité elle-même. Quoi qu'il en soit, Françoise finira par s'en vouloir de m'avoir maudite. Quelles humiliations elle se serait épargnées en acceptant de prendre en compte mes conseils ! Et que de temps perdu – onze années de souffrances conclues par une dépression… La question est évidemment de savoir quel choix elle avait lors de sa visite chez moi, en 1991, quand je l'ai mise en garde contre l'aspect le plus caché – et le plus authentique – de l'homme qu'elle venait d'épouser. Qu'aurait-elle pu faire ? À cette question je réponds qu'elle aurait peut-être pu, au terme d'une consultation pour laquelle elle avait dépensé du temps et de l'argent, pousser plus loin ses investigations sur le passé de cet homme. Une enquête, même superficielle, lui aurait permis de s'apercevoir que son mari avait laissé derrière lui beaucoup de « cadavres », et que nombre d'éléments de son passé confirmaient ce que la voyance avait repéré. Après tout, je lui avais indiqué une piste. Ce qu'elle reconnaîtra d'ailleurs, bien des années plus tard, en me faisant cette surprenante confidence :

— Vous n'imaginez pas, Maud, à quel point m'a aidée, après coup, le fait de savoir que quelqu'un avait *vu*. Quelqu'un l'avait bel et bien démasqué ! Alors que personne, dans mon entourage, n'avait su me mettre en garde. Autrement dit, il n'était pas tout-puissant. Et le fait de le savoir, rétrospectivement, me soulageait.

Bien souvent, la voyance éclaire des éléments que les gens connaissent, mais préfèrent occulter. Elle sert alors de révélateur, et de bouclier contre ces sortes de mensonges que nous nous faisons volontiers à nous-même. Certes, ce n'était pas exactement le cas dans l'histoire de Françoise qui, elle, ne savait effectivement rien ; mais probablement n'avait-elle guère envie de connaître ou d'approfondir la vérité, raison pour laquelle elle avait préféré m'en vouloir plutôt que de suivre les pistes indiquées par la divination.

## 17

# La réalité passée au scanner

Souvent les données fournies par la divination permettent de faire remonter des choses occultées – difficultés de santé, problèmes moraux, carences, etc. Et ces données sont d'autant plus utiles que, dans certains cas, la famille et les amis – ces proches auxquels on se fie si volontiers – manquent d'objectivité. Certes, les éléments vus lors d'une séance mettront quelquefois du temps avant d'apparaître, mais ils finiront le plus souvent par se manifester, et c'est pourquoi la sagesse conseille de tenir compte de la divination. Il est vrai que les informations délivrées par la voyance peuvent se révéler caricaturales, et cela peut brouiller les pistes. Un penchant pour l'alcool, par exemple, pourra être exagéré. Un caractère simplement généreux apparaîtra comme profondément altruiste, une pensée de suicide récurrente comme un vrai risque de passage à l'acte. Or, un homme pour lequel la voyance aura révélé des penchants suicidaires pourra fort bien ne jamais attenter à ses jours. Il arrive en effet que les données soient amplifiées par le jeu des chaînes d'effets. Mais, s'il est vrai que la voyance fait remonter des éléments qui appartiennent au comportement potentiel de la personne, il ne faut pas oublier que ces éléments peuvent entrer en contradiction avec sa *conscience*. Car l'être humain possède un libre arbitre ; il est par conséquent susceptible de maîtriser plus ou moins ses penchants et ses conflits intérieurs.

Je vois un jour venir chez moi une femme qui travaille dans la haute finance – nous l'appellerons Jeanne. C'est une femme délicate, sobre, distinguée, cultivée, peu féminine, et d'une austérité qui évoque la religieuse en civil. Elle a de grands yeux clairs baignés d'innocence. Sa vie affective ne s'est guère développée ; elle n'a eu qu'un seul homme dans sa vie, son mari qui la trompait, et dont elle est à présent divorcée. Je lui brosse ce résumé en quelques minutes durant lesquelles elle ne m'interrompt pas une seule fois, surprise par la précision de mon récit. Sur le présent, je suis plus circonspecte. Je sens qu'elle a un homme dans sa vie ; pourtant je la vois seule au quotidien. Mais elle comprend bien vite la raison de mon hésitation. Elle est amoureuse d'un homme, me dit-elle, mais il ne s'est encore rien passé avec lui. Elle me montre une photo. C'est le portrait d'un séducteur au regard de braise et à la peau bronzée, vêtu d'une chemise blanche au col ouvert. Il est italien, originaire de Rome. Appelons-le Amato.

Amato a travaillé dans le cinéma. Il est doté, paraît-il, d'une voix superbe. De nombreuses conquêtes figurent à son tableau de chasse – dont l'une s'est terminée par un mariage en vue. J'écoute le récit de Jeanne. Et le personnage qui pose sur le cliché produit chez moi une nausée immédiate, que j'ai d'ailleurs du mal à réprimer. Le portrait en noir et blanc est pourtant d'une grande qualité. J'apprends qu'il a été réalisé par un célèbre photographe ; et l'artiste a su saisir tout ce que le sourire d'Amato avait d'irrésistible, et presque de candide. Pourtant je vois le truqueur. Je vois le séducteur. Tout mon corps se bloque, comme souvent lorsque je suis confrontée à un danger véritable. Je détecte l'individu soucieux avant tout d'accroître son pouvoir sur autrui, aussi peu désintéressé que possible, enclin à mélanger le personnel et le professionnel. Sa situation sociale est complexe, m'explique Jeanne. Il a connu des hauts très hauts, et des bas tout aussi spectaculaires.

Or Jeanne, pour n'être pas riche, dispose d'un carnet d'adresses considérable, étant donné son métier de banquière, qu'elle exerce au plus haut niveau.

Apparemment, Amato lui fait une cour assidue. Il l'invite dans d'excellents restaurants, tout en prétextant à chaque fois une fatigue qui l'oblige à rentrer avant minuit, telle Cendrillon... Jamais de bars où écouter un peu de musique après le dîner, jamais de boîtes de nuit propices à ces rapprochements physiques dont rêve Jeanne, justement. Ce noceur au beau visage buriné mènerait-il désormais une existence monacale ? En tout cas, il se montre particulièrement chaste avec ma cliente. Depuis près d'un an qu'elle le fréquente, il lui récite des vers ; il lui fait porter des fleurs et des livres d'art. Évidemment, il ne se déclare jamais. En fin de soirée, quand Jeanne se montre plus familière, il se dérobe. Mais elle trouvera un bouquet de roses sur son bureau en arrivant le lendemain matin au travail ; et une carte ambiguë sera glissée parmi les fleurs : « J'ai encore passé des moments exquis avec vous ; merci, chère Jeanne, d'être ce que vous êtes... »

La situation, pour moi, n'a justement rien d'ambigu. Je perçois que Jeanne est très éprise d'un homme qui ne la désire pas, auquel elle n'inspire aucun sentiment amoureux, et qui ne se soucie en aucune façon du mal qu'il est susceptible de lui faire. Un jour, cependant, à la fin d'un dîner bien arrosé, elle décide de le mettre au pied du mur et de le pousser à se déclarer. Optant pour une méthode risquée qui correspond bien à son tempérament fonceur, elle lui avoue tout de go sa passion, l'attente interminable dans laquelle elle est de se retrouver enfin dans ses bras. Amato avait tout prévu, mais probablement pas qu'elle oserait le mettre si brutalement face aux conséquences de ses actes. Sa réponse est digne d'Hollywood. L'air d'éprouver la peine la plus profonde, il plonge ses yeux noirs dans ceux de Jeanne et déclare la main sur le cœur :

— Je ne comprends pas que vous ayez pu interpréter mon comportement comme un désir amoureux... Vous savez bien que je ne suis pas *encore* remis de mon divorce…

(On notera la virtuosité de cet « encore » plein de sous-entendus, insinuant un « plus tard » prometteur !)

Il reprend :

— Mon attitude n'était que l'expression de la sublime admiration que vous m'inspirez.

*La sublime admiration que vous m'inspirez…* Jeanne me répète cette expression lors d'une seconde visite à mon cabinet. Et elle ajoute, désespérée :

— Vous aviez raison. Quel salaud. Quelle dérobade !

En effet, j'avais vu juste. Heureusement pour Jeanne, elle vient de faire la rencontre d'un homme qui l'aime éperdument et avec lequel elle découvre, à cinquante-quatre ans, le bonheur amoureux le plus parfait. Ce n'est pas sans appréhension qu'elle me tendra la photo de son nouvel amour, lequel réussira « l'examen » avec mention très bien !

Deux ans plus tard, une jeune femme vient me voir. J'ai encore un souvenir très net de sa visite car elle se présente en retard, avec un adorable bouquet de violettes pour se faire pardonner… Nous l'appellerons Éva. Il s'agit d'une ravissante créature aux longs bras sinueux et aux splendides cheveux blonds qui lui tombent à la taille. Elle a une trentaine d'années, mais la souplesse de sa démarche et les fossettes qui soulignent son sourire enchanteur font d'elle une sorte d'éternelle adolescente. Elle est apprentie comédienne. Elle a fréquenté assez longtemps un individu dangereux, plus jeune qu'elle, qui a passé quelques années de sa vie en détention. Leur relation, très orageuse, s'est détériorée au fil des mois ; lassée de ses crises de jalousie et de ses problèmes judiciaires, Éva a trompé son amant alors qu'il était derrière les barreaux. Celui-ci est finalement libéré. Mais il a eu vent de la conduite d'Éva. Il décide de lui faire une visite surprise. Il est ivre de rage, offensé dans sa virilité.

Éva, cueillie au saut du lit, plus fragile que jamais, sait néanmoins désarmer l'agresseur en l'attaquant où elle le sait vulnérable : dans sa fierté de macho. Elle l'accuse en pleurant de l'avoir laissée dans le plus parfait dénuement matériel et moral. Elle évoque la panique, le besoin de soutien. Elle plaide la faiblesse et le désespoir. Elle réussit ainsi à se débarrasser de lui sans y laisser de plumes, avec beaucoup de finesse et d'intelligence.

Au bout d'une vingtaine de minutes de consultation durant lesquelles sont évoqués essentiellement les choix professionnels qui occupent la vie actuelle d'Éva, elle me présente la photo (un cliché couleur un peu flou) d'un homme attablé avec elle à la terrasse d'un restaurant. Je lui décris cet homme comme plein d'humour, de finesse et de sensibilité, capable de toutes les provocations, mais si élégant et intelligent qu'il m'apparaît néanmoins comme étant exactement le compagnon qu'il lui faut. Certes, je devine chez lui une moralité à géométrie variable, mais son aisance de prestidigitateur le range à l'opposé social du braqueur multirécidiviste qu'Éva fréquentait précédemment. Celui-ci est très amoureux d'elle. Je devine le mois de leur rencontre. Je décris leur relation comme passionnée. J'ai surtout le sentiment qu'il s'agit pour elle de la première révélation érotique de sa vie, ce qu'elle me confirme... J'ajoute que son amant doit avoir de magnifiques yeux noirs, ce qui ne peut se voir sur le cliché puisqu'ils se cachent derrière des lunettes de soleil. Bref, je brosse à l'attention d'Éva un portrait idyllique de son nouvel ami. C'est alors que se produit un coup de théâtre. Éva sort de son gros cabas en paille une autre photo, celle-ci en noir et blanc ; elle ajoute d'un ton amoureux :

— Tenez, sur celle-ci, on les voit bien, ses beaux yeux noirs, non ?

Quelque chose m'avait évidemment – et heureusement – échappé. Quelque chose que je découvre grâce à cette seconde photo. Cet homme n'est autre qu'Amato, le bel Italien qui s'était conduit avec Jeanne d'une façon si odieusement intéressée. Mais l'Italien, en rencontrant ma nymphe, a trouvé son maître – un maître ès habileté et fausse innocence. Éva est plus jeune que lui. C'est une grande fleur souple dotée d'une intelligence instinctive et sûre, insaisissable et passionnée. Éva, je le sens, est une séductrice surdouée dont tout le talent s'investit à plein temps dans cette partie d'échecs qu'est, pour elle, une relation d'amour. Il est impossible qu'Amato, le play-boy blasé, se lasse avant longtemps d'une telle femme qui, en vérité, sait être *toutes* les femmes à la fois. Femme-enfant, elle le désarme en développant chez lui une irrésistible envie de la protéger ; vamp, elle flatte son narcissisme de *jet-setter* lorsqu'elle glisse son corps de jeune fille dans des fourreaux de satin pour l'accompagner à ses soirées...

Quant à Éva, ex-apprentie comédienne, elle est flattée qu'Amato ait eu pour épouse une femme célèbre. L'humour acerbe et décalé d'Amato, son passé d'aventurier, sa désinvolture magnifique font de lui un amant idéal. Ma séductrice cache un secret qui explique son besoin de légèreté et son goût des paillettes : le drame d'une enfance passée dans une famille ouvrière désarticulée par la violence d'un père malade. Douée pour le dessin et la musique, encouragée par l'un de ses professeurs, la timide jeune fille qu'elle était n'a pas hésité, le jour de ses dix-huit ans, à prendre le train pour venir vivre à Paris. Elle s'est fait embaucher comme fille au pair chez un couple de médecins. Amato, trente ans plus tôt, à peine sorti de l'adolescence, n'a-t-il pas dû fuir la tyrannie d'un père maçon en quittant la banlieue de Rome pour travailler clandestinement à la plonge dans un restaurant monégasque ? Ces deux-là ont su se retrouver à travers leurs blessures, mais aussi à travers les stratégies presque identiques qu'ils ont adoptées pour dépasser leurs traumatismes. Jumeaux dans l'âme, ils n'en finissent jamais de s'étonner à travers leurs badinages, leurs feintes amoureuses et leur ambition démesurée.

Amato, lors d'une première consultation, m'était apparu comme un individu pervers et sans scrupules – ce qu'il était effectivement avec Jeanne, comme elle me l'a confirmé elle-même. Dans une autre « séquence » de vie, le voilà transformé en un être intelligent, plein d'humour, protecteur – ce qu'il est effectivement selon le propre témoignage de la jeune femme qui, à l'heure où j'écris ces lignes, partage sa vie avec bonheur, épanouie par la naissance de leur petite fille.

La question qui se pose à l'issue d'une expérience aussi troublante est naturellement de savoir quelle leçon en tirer en termes de voyance. Me suis-je trompée sur Amato ? Ai-je commis une erreur en dressant de lui, à Jeanne, un tableau si peu flatteur ? Ai-je manqué de discernement en ne mettant pas en garde celle qui est maintenant devenue sa troisième femme, et la mère de son enfant ? Il semble qu'en matière de voyance il n'existe pas de vérité absolue, de réponse universelle. Tout se passe comme si mes perceptions se réajustaient en fonction de la personne qui m'interroge.

Je me rappelle avoir fait pour un même film, sans le savoir, trois prédictions différentes – et sans commettre pourtant la moindre erreur... Au producteur j'avais prédit une grosse perte financière – et le film, en effet, ne réalisa que peu d'entrées. À l'acteur principal j'avais annoncé le début d'une carrière à laquelle il ne croyait plus. Or, si le film fut boudé par le public, il fut salué par la critique – comme c'est souvent le cas en France. La presse vanta en particulier l'interprétation du comédien qui fut lancé, puisqu'il tourna ensuite avec les plus grands réalisateurs. Enfin j'avais annoncé à la maquilleuse, deux ans auparavant, un voyage qui bouleverserait sa vie sentimentale. Et c'est précisément sur le tournage de ce film, à l'étranger, qu'elle rencontra son mari, un photographe de plateau. Inutile de dire que ce film reste pour elle son plus merveilleux souvenir.

Il semble qu'il soit extrêmement difficile de prédire le succès ou l'échec de quoi que ce soit sans le relier à une *personne*. La divination, pour fonctionner, a besoin de trois coordonnées. Dans ce cas précis, les choses se passent comme suit. Premièrement, une question : « Le film va-t-il marcher ? » Deuxièmement, une voyante pour la poser. Et, troisièmement, le prénom de celui ou de celle au bénéfice de qui la question est posée. Bien sûr, un esprit occidental a de la peine à admettre une pareille notion, habitué qu'il est à cocher des réponses « oui » et des réponses « non » sur des circulaires administratives. À bien des égards, elle lui apparaîtra même comme scandaleuse. Le portrait que j'ai brossé d'Amato à l'intention de Jeanne n'est-il pas réducteur ? Non, car avec Jeanne aucune des qualités de cet homme n'aurait pu s'exprimer...

Je tente parfois d'expliquer à ceux et à celles qui me consultent que je ne porte jamais de jugement de valeur, au sens où l'on use habituellement de cette expression. Je ne juge pas les êtres dont je suis amenée à détailler le caractère et le comportement – même si, parfois, j'emploie parfois des mots durs. J'ai compris un peu mieux la nature exacte de mon travail le jour où l'une de mes clientes a insisté pour m'offrir une paire de petits vases du XVIIIe siècle. Ces beaux objets ciselés, dorés, n'avaient hélas pas leur place dans l'intérieur plutôt dépouillé qui était le mien. Quel que soit l'endroit où je voulais les poser, ils ne donnaient rien. Ils avaient même un air ridicule, inutilement précieux. Ils finirent dans un placard le soir où un ami, pris d'un fou rire, me fit remarquer que leurs larges paires d'anses dorées juraient comme quatre oreilles décollées au milieu d'un mur tout blanc... Par la suite, une de mes amies sut en tirer parti en allant les installer à *leur* place : dans un château de famille. C'est seulement en les revoyant là-bas que j'ai enfin pu percevoir leur beauté... C'est que leur beauté n'était pas intrinsèque. Elle réclamait un contexte à même de rendre possible l'*expérience* de leur valeur esthétique.

Notre culture s'est développée en privilégiant les concepts. Elle est animée en permanence par le fantasme qui consiste à vouloir expurger les choses et les êtres de la subjectivité et de la richesse que leur confère l'expérience sensorielle. C'est peut-être pour cette raison que la divination, qui ne renseigne jamais sur ce que sont les choses, mais plutôt sur la manière dont nous allons personnellement les *expérimenter*, nous paraît si difficile à admettre. Dans les cultures qui considèrent la divination comme un de leurs modes de décision principaux, on utilise des dizaines de mots différents pour dire « neige » ou « terre ». Car, pour ces peuples, la notion de « neige en soi » n'existe pas ; la neige n'existe que telle qu'elle se rencontre...

On voit que l'idée selon laquelle Amato se conduit d'une façon parfaite avec sa jeune miss, alors qu'il s'est comporté comme un fourbe avec Jeanne, ne fait plus problème. Il n'y a pas d'« Amato en soi », seulement l'Amato que vont rencontrer deux femmes que tout oppose et qui ne feront pas de lui la même expérience.

La divination, au-delà de son utilité pratique, m'invite chaque jour à repenser mon rapport au monde. Lorsque je m'interroge sur la manière dont les autres me perçoivent, je ne me questionne plus sur mes mérites ou mes défauts objectifs, mais plutôt sur ce que les autres pourront ou ne pourront pas *fabriquer* avec moi, quelle sera l'alchimie que nous pourrons produire – ou ne pas produire – ensemble. Les travaux pratiques de chimie nous offrent quelquefois des leçons de sagesse, et ce dès notre plus jeune âge. Tout le monde se rappelle l'expérience qui consiste à verser du vinaigre sur de la craie et l'odeur âcre qui en résulte... Ce même vinaigre, mélangé à de l'huile d'olive, ne deviendra-t-il pas un ingrédient savoureux ? Est-ce la faute du vinaigre ou de la craie si la rencontre échoue ? Pourrais-je décrire à la craie sa rencontre avec le vinaigre en employant les mêmes mots que si je m'adressais à l'huile ? Et si nous cessions de considérer la valeur que nous représentons pour les autres comme une vérité absolue ? Si nous renoncions à chercher toujours un responsable en cas d'échec dans nos relations ? Pourquoi faut-il toujours que l'un ait raison et l'autre tort ? Et si la divination, art de la guerre par excellence, nous apprenait au bout du compte à devenir plutôt des experts en harmonie ?

Une femme tombe amoureuse d'un homme dont je suis immédiatement persuadée qu'il l'aime aussi. Pourtant, cet homme se conduit d'une façon extrêmement passive. Jamais il ne fait un pas en avant. Ils en sont à leur sixième dîner, et il n'arrive toujours pas à lui parler de sa vie personnelle. Encore moins à lui prendre la main. Il ne s'ouvre dans aucun sens du terme ; il n'évoque avec elle que des sujets généraux : les films qu'il a vus, l'actualité politique, le dernier débat télévisé, les travaux entrepris par la municipalité dans la ville de banlieue où il vient d'acheter un pavillon. Marie, ma cliente, est perplexe, désespérée.

— Que dois-je faire ? me demande-t-elle anxieusement. Quelle est la bonne stratégie ?

Le fait est que ce monsieur se conduit aussi étrangement qu'Amato. Lui aussi rentre se coucher de bonne heure et réinvite pourtant Marie tous les samedis soir, imperturbablement. Marie est infirmière. Elle élève seule ses deux filles. C'est une femme remarquable qui a beaucoup souffert de l'égoïsme et de l'irresponsabilité de ses précédents conjoints, dont l'un a fini par disparaître sans laisser d'adresse. L'absence de toute intimité et de tout engagement lui fait craindre le pire – à juste titre. Que peut cacher cette étrange inertie ? Et si cet homme était lui aussi un déséquilibré ? Et si tout cela se terminait par un jeu cruel ? S'il finissait par lui annoncer qu'elle n'est pour lui qu'une simple amie ? En ce qui me concerne, je reste convaincue de sa sincérité : il aime ma cliente.

— Je vais le mettre au pied du mur ! finit-elle par décider.

— Surtout pas ! dis-je, après avoir interrogé mon tarot. Continuez de jouer son jeu. Vous verrez. Soyez patiente. Tenez bon.

Ils passent un week-end ensemble. Une fois de plus, rien ne se passe. Et, soudain, alors que Marie est presque résignée à ne plus y croire, l'homme lui annonce qu'elle est la femme de sa vie et qu'il n'envisage pas l'avenir sans elle. Ils tombent dans les bras l'un l'autre. Ma stratégie s'était révélée la bonne. Ma cliente eût-elle brusqué les choses, elle n'aurait fait que tout gâcher. La situation, en réalité, n'était pas bloquée ; elle était seulement tributaire des réactions émotionnelles propres à cet homme, et en particulier de la crainte que lui inspire la gent féminine en général. Traumatisé par un divorce douloureux qui l'a privé à tout jamais de l'affection de ses enfants, il s'était juré de ne plus jamais aimer, pour ne plus jamais souffrir. Mais ce quinquagénaire posé et responsable, enfermé dans un ordre maniaque, extrêmement cérébral et introverti, ne supportait pas les liens trop rapides qu'il lui arrivait de nouer parfois malgré lui.

— Toi, dit-il tendrement à Marie, tu as su attendre que je réussisse à m'attacher, à ne plus avoir peur...

Ainsi a-t-il fini par se déclarer.

Marie, suivant mon conseil, s'est astreinte à faire preuve de patience ; et c'est grâce à cette stratégie qu'elle a pu donner à cet homme le temps d'exprimer ce qu'il attendait d'elle : une belle histoire d'amour. La divination avait indiqué la meilleure possibilité au moment où la question se posait. Quand bien même la situation semblait absurde. Quand bien même Marie était fondée à se demander si son « ami » ne jouait pas tout simplement avec ses sentiments. Car la divination permet de voir la réalité en coupe, non en surface. Sans la divination, nous ne percevons du monde que l'apparence extérieure, la superficie des choses ; grâce à elle, nous visitons des couches plus profondes qui, pour être invisibles en temps ordinaire, n'en jouent pas moins un rôle déterminant. C'est ainsi que nous réussissons quelquefois à créer des harmonies que nous n'aurions pas saisies sans elle.

# 18

## L'oracle et le présent

La compassion que je ressentais enfant pour la souffrance des animaux devait inévitablement me pousser vers le bouddhisme, une philosophie qui accepte de regarder toutes les créatures vivantes comme des êtres à part entière.

En 1997, je vis *Kundun*, le film de Martin Scorsese, qui me captiva notamment par la scène dans laquelle on découvre Nechung, l'oracle d'État du Tibet, et ses extraordinaires performances divinatoires. En 1959, en pleine invasion chinoise, alors que des menaces pesaient sur la vie de Sa Sainteté le Dalaï-Lama, Nechung fut pris d'une transe spontanée, et dessina un « plan ». Ce plan comportait des indications si précises qu'elles permirent à Sa Sainteté de s'évader. Comme des milliers de spectateurs à travers le monde, j'avais pu observer que le Dalaï-Lama consultait un oracle et attachait la plus grande attention aux prédictions et aux conseils de celui-ci. Mais qu'était devenu ce moine ? Était-il encore vivant ? Ses transes spectaculaires m'avaient ébranlée. Je l'ignorais encore, mais dans la tradition tibétaine, ce moine ne servait que de support physique à « Péhar », l'esprit protecteur du Tibet et des quatorze dalaï-lamas ayant existé jusqu'à ce jour. Cette « entité », gardienne du Tibet et de son chef spirituel, a pour particularité de s'exprimer en incorporant un bonze, lors d'une transe volontaire ou spontanée.

À vingt-six ans, avec ma fille Lorène,
âgée de deux ans. En médaillon,
une photo de moi au même âge.

Sauvages ou domestiques, les animaux sont indispensables à mon bonheur.

En 1992, sur le plateau de l'émission « Mystères », présentée par Alexandre Baloud, je viens de découvrir que la pierre provenait du mur de Berlin.

En 2001 pour l'émission « Normal/Paranormal », je me laisse guider les yeux bandés vers une destination inconnue. Une vingtaine de minutes plus tard, je découvre que je suis sur l'emplacement de l'ancien cirque Medrano.

Dans *Le Sixième Sens*, un film de Marie-Monique Robin, diffusé à la télévision en 2004 et 2006, je réussis un exercice de « remote viewing » précognitif (vision à distance) : avant qu'elle ne soit tirée au sort, je dois deviner et décrire la destination où un expérimentateur se rendra.

En Belgique, en 2005, pour l'émission « Y croire à tout prix », conduite sur un lieu que je ne connais pas, je dessine l'ancien hôpital militaire dans lequel je vois « des gens qui ne peuvent plus marcher ». La production retrouvera une photo de l'endroit qui correspond en tous points à ma description.

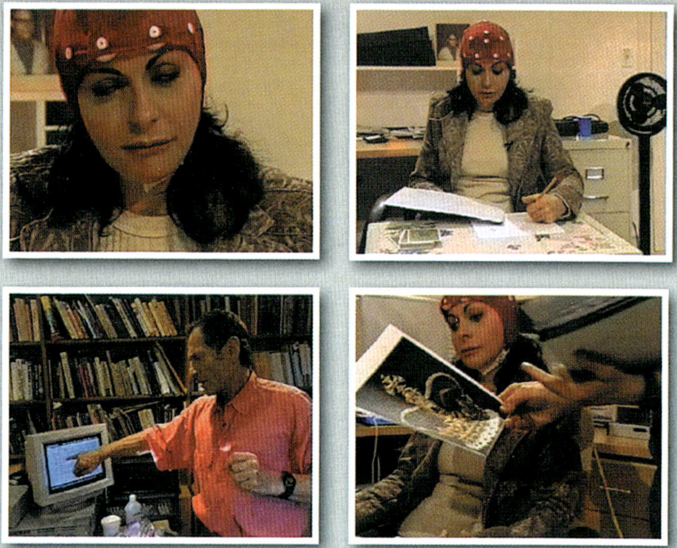

Dans *Le Sixième Sens*, pendant un exercice de voyance à travers des enveloppes closes, avec le Pr Norman Don. Mes fréquences cérébrales seront analysées par l'électroencéphalogramme.

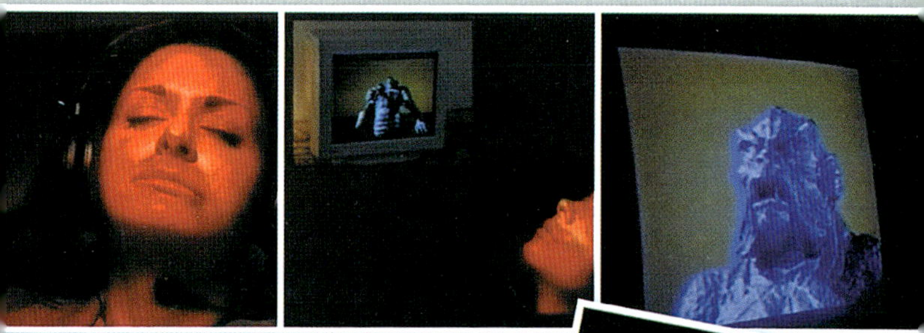

Toujours dans *Le Sixième Sens*, au cours d'une expérience de Ganzfeld, à Édimbourg. Je ne vais pas tarder à rencontrer télépathiquement le « Sea Monster ».

En 2001, je participe au tournage de *Clairvoyance et spiritualité*, un film produit par Inspiration Productions. Nechung, l'oracle officiel du Tibet et de Sa Sainteté le Dalaï-Lama, bénit une Tibétaine qui a traversé la montagne pour le rencontrer.

Avec Nechung et ses moines, dans la montagne lors du pèlerinage de Rewalsar.

Ma rencontre avec Khamtrul Rinpoché, grand maître réalisé qui veille sur les oracles de Sa Sainteté le Dalaï-Lama.

lechung en transe urant le Telo Tsechu ui a lieu tous les ouze ans.

Janvier 2007. Signature sur un salon à New York, à
l'occasion de la sortie aux États-Unis de mon jeu de Tarot.

Mais je savais à quel point Nechung, son actuel *kuten* (« support » en tibétain), était précieux pour Sa Sainteté. Jamais je n'aurais imaginé qu'il me serait possible de le rencontrer et d'avoir l'immense honneur d'être reçue par lui.

Étrangement, il m'arrivait de penser à lui, depuis que j'avais vu une photo de son visage plein de douceur et de bonté. Cependant ce fut une surprise pour moi, que de recevoir un jour un appel de Françoise Bottereau.

— Dites-moi, Maud, ça vous plairait de rencontrer l'oracle du Dalaï-Lama ? J'ai peut-être un projet de film à vous proposer...

Françoise produisait des documentaires. Sa réputation n'était plus à faire, ni celle de son mari Michel Gardey. Ayant tourné un premier reportage intitulé *Un peuple en exil* pour le compte du ministère des Affaires intérieures de l'administration tibétaine à Dharamsala, ils avaient eu l'occasion de rencontrer Nechung dont l'ouverture d'esprit et la générosité les avaient éblouis. Depuis, ils n'avaient plus qu'une hâte : revivre l'expérience à travers un reportage sur une rencontre entre Nechung et moi.

C'était l'époque où je dévorais tout ce qui me tombait sous les yeux concernant Ven Thupten Ngodup – tel est le nom civil de l'homme qui, aujourd'hui, sert de *kuten* à l'esprit de Nechung. J'avais découvert que son prédécesseur, Lobsang Jigme, dont Scorsese relate les exploits, avait quitté ce monde en 1984. Durant trois longues années, Péhar était resté silencieux. Tout le monde attendait qu'il se manifeste à nouveau. Et Nechung avait connu sa première transe le 31 mars 1987, alors qu'il décorait une statue au fond d'un monastère. Coïncidence ou synchronisme, 1987 était l'année où j'avais moi-même fini par prendre – presque à contrecœur – la décision d'exercer mon métier de voyante. Or Françoise ignorait tout de mon intérêt pour Nechung ! C'est pourquoi je considérai son appel comme un signe. J'eus tout de suite la certitude que ce voyage serait important pour moi – même si j'étais encore incapable de dire en quel sens exactement. Avec le recul, je considère qu'il s'agit d'une des expériences majeures de ma vie.

Après de longues heures de route à bord d'un 4 × 4, l'équipe du reportage arriva à Rewalsar, haut lieu de pèlerinage depuis le VIIe siècle. En effet, c'est de là que Guru Rinpoché – appelé Padmasambhava par les Indiens – s'est mis en route à cette époque pour aller répandre le bouddhisme au Tibet. Le spectacle offert par les pèlerins me déconditionna brutalement, en ce sens qu'il fit exploser tous mes repères occidentaux. Je me mêlai à la foule qui marchait autour du lac, chantait, priait dans la nuit. Je ne comprenais rien à leurs chants, ni aux mantras qu'ils récitaient, et pourtant je m'intégrais naturellement à eux, émerveillée par leur ferveur et par la gaieté qui régnait au cœur de ces montagnes. Le ciel était si clair que je voyais briller les étoiles. Ces hommes, ces femmes, ces enfants avaient tous traversé l'Inde afin de venir jusqu'ici se recueillir sur les traces de ce grand maître réalisé. Pour avoir effectué de nombreuses voyances sur des lieux dont j'étais chargée de découvrir l'histoire, je sais à quel point il existe une « mémoire » des sites. Était-ce la présence des grottes où Padmasambhava avait médité qui éveillait en moi une telle sensation de paix ?

Le lendemain, levée à l'aube sans le moindre effort, je partis à la rencontre de Nechung. Mon métier m'a permis de connaître intimement un certain nombre de personnalités. Et j'ai la chance de n'éprouver en leur présence aucune dévotion ni timidité. Le travail qu'il m'est demandé d'accomplir avec eux consiste à traverser les couches extérieures de leur personnalité – un peu comme le chirurgien viscéral voit l'enveloppe charnelle disparaître et révéler de ce qu'elle cachait. Il reste ensuite à opérer vite, en déployant habileté et technique, pour recueillir un maximum d'informations et en faire bon usage. Or à Rewalsar, avec Nechung, j'ai connu pour la première fois de ma vie une crise de timidité. Je l'ai attendu sur une place, debout au pied d'un escalier. Mes jambes tremblaient un peu. J'étais si seule au milieu de ce paysage si beau, si intemporel ! Et ces puissantes montagnes qui nous entouraient, à peine éclairées par un soleil sur le point de se lever. Comment ne pas se sentir minuscule ? C'est alors que j'ai vu venir un homme radieux. Et cet homme me tendait la main avec un grand sourire. Le temps qu'il descende les marches, toute appréhension avait disparu ; j'étais emportée par un sentiment d'admiration qui ne devait plus me quitter.

À ma grande surprise, Nechung m'a proposé de l'accompagner dans l'une de ses journées de pèlerinage à Rewalsar. C'est ainsi que j'entrepris avec le moine mon ascension vers les grottes de méditation qui avaient abrité Guru Rinpoché. J'eus le sentiment d'être capturée par la force de la montagne, l'étrangeté des drapeaux de prière, l'odeur de l'encens qui brûlait au pied des arbres. Je découvrais la joie, l'incroyable joie des Tibétains. Plus le temps passait, moins j'avais l'impression de participer à un pèlerinage. C'était bien plutôt à une fête que j'étais conviée – une fête empreinte d'une telle énergie que je n'éprouvais aucune fatigue, en dépit de l'altitude et des kilomètres parcourus.

Intérieurement, j'étais partagée entre une grande paix et un bonheur enivrant. Tout ce que je voyais me semblait parfait – comme était parfait mon bonheur spirituel. Pour la première fois de ma vie, je vivais un « état de grâce » ailleurs qu'à un arrêt de bus ou du fond de ma chambre, ailleurs qu'en ces lieux improbables où soudain, pour une raison inconnue, ma conscience se « dilatait » le temps d'une courte illumination solitaire.

Était-ce la présence de Nechung ? Était-ce la découverte de sa patience et de sa bonté ? Arrivé au sommet, il s'était assis, adossé à la montagne bénie. Après un bref repos, il commença, avec d'autres moines et quelques laïcs, une cérémonie de bénédiction à laquelle il souhaita que je participe. Autour de nous, plus d'une centaine d'hommes et de femmes priaient et chantaient. Je tentai de suivre leur mélodie, bercée par leur voix, hypnotisée par les *lungtas*, ces drapeaux de prière tendus entre les cimes des arbres. Ils étaient des milliers à se balancer ainsi au gré du vent sur l'horizon infini, dans le mouvement de leurs couleurs rouge, verte, jaune, bleue et blanche. Il y avait cinq couleurs comme il y a cinq éléments. Comme les cinq sens offrent plus de puissance encore aux prières dispersées dans le ciel par les pèlerins. Au terme de la cérémonie, Nechung me tendit de la farine bénie que je lançai dans les airs, avec les autres participants, en criant : « Les dieux sont vainqueurs. »

Ce jour-là, cette phrase prit tout son sens pour moi. Partageant la paix qui illuminait tous les visages autour de moi, je découvrais un bonheur spirituel jusqu'alors inconnu. La cérémonie terminée, certains Tibétains échangèrent des gâteaux et du thé. Puis, à ma grande surprise, une foule d'hommes et de femmes se rapprocha de Nechung. Indiens, Coréens ou Tibétains, ils avaient parfois marché durant plusieurs semaines dans le seul but de le rencontrer. J'ignorais encore que l'oracle obtenait des succès en tant que guérisseur. Par ses prières et ses bénédictions, il aidait les gens à se soigner, et cela depuis des années, au point que sa réputation s'étendait à toute l'Inde et au-delà. Des heures durant, au sommet de la montagne comme au fond d'une grotte sacrée, je le vis bénir et prier sans jamais se lasser, s'impatienter ni accepter aucune rémunération. Avec bienveillance, il écoutait le récit des symptômes et il imposait les mains. Quelquefois, un pèlerin lui tendait son *khatas*, cette écharpe bénie à laquelle il faisait des nœuds protecteurs ou encore un cordon de prière. Il lui arrivait aussi de se livrer à un rituel long et complexe, comme quand il s'employa à tenter de guérir une jeune fille atteinte d'épilepsie. Je devais apprendre six mois plus tard que l'adolescente avait repris le chemin de l'école ; ses symptômes avaient disparu, et elle menait désormais une existence normale entourée de ses amis.

Bien sûr, je ne manquai pas d'interroger Nechung sur ses guérisons que les pèlerins jugeaient miraculeuses.

Il me confia qu'il n'avait pas le sentiment de posséder un pouvoir spécial. Il se contentait de prier pour les enseignements de vérité et le pouvoir de l'infinie compassion de Bouddha. Animé d'une réelle volonté de guérir et d'aider, encouragé par la confiance des pèlerins, il estimait que la rencontre de sa motivation et de la foi des malades suffisait à créer les conditions de la guérison. Nechung ne se prenait pas pour Dieu, plutôt pour un canal. Ses prières devaient comprendre trois éléments essentiels qui se complétaient : le matériel, la concentration et les mantras. Pour le matériel, il utilisait principalement des grains de riz bénis qu'il distribuait ou de l'encens qu'il faisait brûler. Pour parvenir à la concentration, il visualisait une déité particulière, ce que sa grande expérience de la méditation ne pouvait que faciliter.

Je vécus d'ailleurs grâce à lui une petite expérience très concluante. Par respect envers le protocole diplomatique tibétain, j'avais dû rester assise en tailleur durant les trois heures passées à réaliser l'interview[1]. Aussi éprouvai-je quelque peine à me relever. Je vis que ma souffrance n'avait pas échappé à Nechung. Il me proposa de venir à lui. Il me demanda de lui tendre les mains. Et il commença de réciter des mots sacrés. Il n'y avait dans la pièce ni encens ni grains de riz, pourtant je sentis se propager dans mon corps une chaleur incroyable. Cette sensation partait de mes mains pour se répandre en moi en effaçant au passage toutes les tensions musculaires et toutes les douleurs articulaires. J'étais stupéfaite ; et lui semblait ravi de pouvoir me soulager.

Le spectacle de ses transes aussi me passionna. Tous les douze ans, l'année du singe, a lieu un rassemblement particulier des oracles du Dalaï-Lama. On y voit Nechung, Gadong, Yudon Ma et d'autres dont certains

1. *Spiritualité et clairvoyance*, film de Michel Gardey, Françoise Bottereau et Dawa Thondup, Inspiration Production, 2004 (www.inspiration-production.com).

sont des laïcs. Françoise et Michel eurent le privilège de filmer cette extraordinaire manifestation appelée « *Télo Tséchou* », durant laquelle les oracles entrent en transe après un rituel composé de danses, de musiques et de prières – dont certaines sont prononcées à des fins protectrices, tandis que d'autres sont des invocations.

Nechung dansait, en dépit du lourd costume de cérémonie et de la coiffe dont il était couvert. Et il parlait une langue étrange qu'il murmurait aux oreilles de Sa Sainteté le Dalaï-Lama, soutenu par deux moines qui dirigeaient ses pas incertains. La coiffe était si lourde qu'elle aurait risqué de lui briser la nuque s'il avait cessé d'être en transe ; aussi les moines s'empressèrent-ils de la lui ôter dès qu'il s'effondra, comme évanoui, à l'instant où l'esprit de Péhar s'en allait de son corps.

Mais le caractère spectaculaire de la rencontre n'a pas été le plus important à mes yeux. J'ai surtout été frappée par la douceur de ce moine, et par sa joie. Elle était surprenante chez un homme que l'invasion chinoise avait arraché à l'insouciance de l'enfance. Je fus marquée aussi par la générosité qu'il manifestait envers tous, y compris envers les plus humbles. Nous partagions lui et moi le même amour des animaux. Il me raconta un épisode de son enfance au cours duquel il avait recueilli des souris orphelines pour les nourrir au biberon, alors que ses maîtres chinois, à l'école, exigeaient que soient tués le plus d'animaux possible, y compris les oiseaux. Je le revois jouant tendrement avec ses chiens. Et je n'oublie pas qu'il préférait trouer le toit de sa maison plutôt que de couper l'arbre qui y poussait. J'ai eu le grand plaisir de le revoir à l'été 2006, quand il fut invité en France, à l'Assemblée nationale, pour la présentation d'un nouveau film sur sa vie[1].

Mais d'autres surprises m'attendaient à Dharamsala. Il y eut notamment une consultation avec Yudon Ma,

1. *L'Oracle d'État du Tibet*, film de Michel Gardey, Françoise Bottereau et Dawa Thondup, Inspiration Production, 2006.

une autre divinité tibétaine qui possède le corps d'une vieille dame, Péma, lorsque celle-ci entre en transe. Pour une fois, c'était moi qui devais me préparer à rencontrer un oracle. Et il ne s'agissait pas d'un oracle ordinaire. Yudon Ma est de ceux dont Sa Sainteté elle-même sollicite parfois les conseils. Elle était âgée de soixante-treize ans lors de notre rencontre. Et pourtant, quelle énergie émanait d'elle ! Elle vit à Dharamsala où elle est également consultée par des Tibétains laïcs venus entendre ses précieuses prédictions.

Pour ma part, je n'avais jamais vu de transe. Quand commença la préparation de la séance, j'ignorais tout de ce qui m'attendait. Je vis que son mari l'aidait à s'habiller, et à mettre sur sa poitrine le miroir d'oracle, tout en disposant sur une petite table différents objets rituels. Yudon Ma commença par chantonner doucement. Puis elle chanta et pria. Enfin elle se transforma. J'assistai alors à une métamorphose complète. En quelques secondes, le regard de l'oracle s'était transformé. Il était devenu étrangement fixe et vitreux. Son souffle s'était accéléré. L'oracle grognait, grondait et semblait ne plus maîtriser l'espace de la même manière. Yudon Ma se déplaçait par saccades, et effectuait des gestes imprécis. Soudain le fameux regard se posa sur moi, perçant comme celui d'un fauve, énigmatique comme celui d'un poisson. Yudon Ma semblait découvrir ma présence. Je frémis. Une seconde plus tard, Yudon Ma laissa échapper un cri perçant. Elle se saisit d'une coupe emplie d'eau et me la jeta à la figure. Je songeai qu'il devait s'agir d'un acte de purification, ce qui du reste me fut confirmé par la suite ; mais j'avoue avoir été terrorisée sur le moment. Dans ma culture chrétienne, il n'existe pas de *bonne* possession. Dieu reste au ciel. Il peut inspirer, mais ne possède pas. C'est son adversaire, Satan, qui possède – Satan et son armée d'anges déchus voués à s'emparer du corps des mortels. Or je voyais soudain ces yeux tantôt fixés sur moi, tantôt révulsés, cette bave au coin des lèvres de l'oracle, cette force soudaine, ces grognements, ces cris… Et une pareille vision, pour moi, relevait davantage du film d'horreur que d'un dispositif d'aide ! Mais j'eus beau sentir mes cheveux se dresser sur ma tête, je refusai de me laisser impressionner. Je tenais à garder confiance. Et j'avais raison. Car tout ce que m'a dit Yudon Ma par la bouche de Péma devait se réaliser trois ans plus tard – tant ce qui me concernait que ce qui concernait mes proches.

Le miracle de la voyance et des oracles ne tient-il pas aussi à l'incroyable possibilité d'*universalité* de leurs messages ? La question, pour moi, n'est pas de savoir si c'est vraiment la divinité Yudon Ma, ou l'inconscient de Péma, qui m'a annoncé quelles études seraient choisies par ma fille, Lorène. Car il est impossible de parler de psychologie, ou même de simple intuition, tant se sont avérées les révélations de cette femme humble, illettrée, qui ne connaissait même pas un mot d'anglais. Que pouvait-elle « capter » de ma fille ? C'était pourtant un fait. À mon départ de Paris, je venais d'avoir avec Lorène un échange à propos de son orientation. Brillante élève, elle envisageait d'intégrer après son bac une grande école de commerce, ou une préparation à Science Po. Je décidai d'interroger Yudon Ma sur ce point. Et l'oracle me fit la réponse suivante :

— Elle s'intéresse au droit. Si elle continue ses études, et les achève, elle aura de profondes satisfactions.

J'avoue avoir douté de ces propos quand ils me furent traduits. Mais quelle ne fut pas ma surprise, le soir même, d'entendre Lorène m'annoncer au téléphone qu'elle voulait faire du droit ! Elle avait dîné avec son père. Ils avaient parlé de son avenir.

— Tu sais, maman, me dit-elle, je crois que les grandes écoles de commerce, ce n'est pas pour moi. Je préférerais devenir avocate. Je peux tenter Sciences Po en parallèle...

Je n'avais pas eu le temps, bien sûr, d'évoquer avec elle ma rencontre avec Yudon Ma. Je compris que l'oracle avait deviné le projet de ma fille – laquelle étudie à la faculté de droit à l'heure où j'écris ces lignes, et s'y sent parfaitement heureuse.

Mais mon intention était aussi de mieux comprendre la place de la divination dans la société tibétaine. Aussi eus-je la chance et l'insigne honneur d'être reçue par Khamtrul Rinpoché, un des plus grands maîtres de la tradition Nyingmapa. Cet homme exceptionnel, âgé de quatre-vingts ans, est considéré comme un maître réalisé, et entretient avec les oracles des relations particulières. C'est Sa Sainteté le Dalaï-Lama qui lui a confié cette mission. Khamtrul Rinpoché les aide à perfectionner leur état de transe. Il clarifie leurs canaux d'énergie pour permettre aux divinités de se manifester d'une manière plus compréhensible. Il veille à améliorer leur relation aux divinités concernées en les guidant dans leurs prières et leurs méditations. Il a également été chargé d'authentifier certaines transes. Ainsi a-t-il suivi l'actuel Nechung depuis ses premières transes. Le travail de Khamtrul Rinpoché s'apparente à celui d'un professeur, ou d'un entraîneur, dans la mesure où il permet aux médiums d'ouvrir ce qu'il appelle « les canaux de la parole ». Il maîtrise également des pratiques permettant de provoquer les transes chez les médiums.

Au cours de la longue interview qu'il me consentit se trouvèrent confirmés certains éléments que j'avais devinés, tandis que s'ouvraient devant moi de nouvelles pistes de réflexion. Selon Khamtrul Rinpoché, l'état de clairvoyance et la précognition sont des états de conscience parfaitement *naturels* pour un esprit « purifié ». Seul le bruit de fond de notre mental – désirs, craintes – est responsable de la *pollution* qui nous conduit à perdre notre sixième sens. Lire à travers des enveloppes closes, voir des images du futur, anticiper un événement ou encore recevoir une information par télépathie – tout cela, aux yeux des Tibétains, relève des possibilités *normales* de la conscience. Ce qui en Occident est nié, ou considéré comme un phénomène presque miraculeux, en tout cas singulier, n'est pour Khamtrul Rinpoché qu'un épiphénomène relevant de la croissance spirituelle. Une pratique pointue de la méditation permet de devenir conscient de ses pensées tout en cessant de s'identifier à elles ; dès lors, voyance et précognitions peuvent apparaître. Encore faut-il réussir à n'être plus ébloui – tel le lapin dans les phares de la voiture – par les nombreuses idées et émotions que nous produisons sans cesse et qui nous poussent à nous fourvoyer. Soit par accident, soit par l'effet d'un entraînement régulier, nous pouvons nous connecter à ce silence intérieur qui nous permet d'être en prise directe avec notre conscience supérieure ; dès lors, nous devenons voyants. J'interrogeai Khamtrul Rinpoché sur l'origine de mes capacités psychiques. Sa réponse fut qu'elles provenaient sans doute d'une évolution spirituelle acquise dans une vie antérieure…

Comme Nechung, ce grand maître avait connu des épisodes de clairvoyance et de précognition spontanées, et ce depuis l'enfance. Avec un rire joyeux, il ajouta qu'il pouvait toujours savoir, s'il le désirait, qui sonnait à la porte du monastère. Il me raconta plusieurs anecdotes au sujet de précognitions réussies dès son plus jeune âge. Il me décrivit également de nombreuses formes de mancies pratiquées par les voyants tibétains. Durant leurs consultations, ces voyants semblent ne jamais perdre totalement le contrôle d'eux-mêmes. Ils connaissent seulement une faible modification de leur état de conscience. Ils induisent probablement une transe légère en fixant les yeux sur un miroir ou sur le dessus de l'ongle de leur pouce, et, sur ces supports, apparaissent des « images ». D'autres méthodes de divination consistent à « interroger » de la terre, de l'air ou de l'eau. On prélève ces éléments en pensant à une question. Les observations, compilées au fil du temps, permettent d'établir des « formes », et de leur attribuer une correspondance symbolique qui aboutit à la création d'une grille de lecture de plus en plus précise et simplifiée. Ce type de mancie me rappela cette méthode employée dans la Chine ancienne, qui consistait à brûler des ossements et des carapaces de tortues. Les marques produites pas le feu, leur disposition, permettaient d'établir peu à peu un lien entre certaines configurations et les événements qui advenaient par la suite. Ces « motifs » devaient d'ailleurs être reproduits sous forme de dessins et devenir les premiers trigrammes du *Yi king*, le célèbre livre de divination chinoise.

Si je ne doute pas de la réalité d'une correspondance entre l'apparition des capacités psychiques et le niveau d'évolution spirituelle dans la culture tibétaine, je suis beaucoup plus sceptique en ce qui concerne les voyants occidentaux. Pour ma part, je suis persuadée que le développement de mes capacités, compte tenu de mon histoire, relève simplement d'un mécanisme d'adaptation destiné à permettre ma survie. Je vis ma voyance comme une mutation brutale effectuée par mon psychisme parce que l'environnement l'exigeait. J'ai longtemps reçu les lettres d'un homme qui était interné en hôpital psychiatrique après avoir tenté d'agresser plusieurs personnes qu'il considérait comme « possédées ». Les lettres de cet homme étaient pleines de haine et d'orgueil. Et, pourtant, il voyait. Il voyait étonnamment. Il voyait avec précision nombre d'événements qui ne manquaient jamais de se produire. Bien sûr, ses voyances ne m'apportaient rien. Il décrivait par exemple le spectacle comique auquel je serais bientôt invitée par un « homme brun et très beau » ; et, en effet, je me rendais à ce spectacle quelques jours plus tard avec un ami ressemblant en tout point à sa description. Pour le reste, ses courriers se limitaient à ses confidences de « dieu vivant inégalé et inégalable », ainsi qu'à de longs délires racistes semblables à ceux de H. P. Lovecraft – écrivain dont il était loin d'avoir le talent, soit dit en passant. Je sais qu'il a fini par se suicider, une de ses parentes m'ayant rendu visite après avoir trouvé, dans les affaires restituées par l'hôpital, les doubles des lettres qu'il m'avait écrites en cachette.

Je commence à croire que la voyance, comme l'intelligence, se développe chez les individus en fonction des besoins de leur culture. Les facultés logiques d'un

Papou ne s'exprimeront pas de la même façon que celles d'un Européen. Pour moi, qui suis chrétienne de souche, la possession par un esprit ou un dieu est une idée difficilement tolérable. J'ai beau être convaincue de posséder les dispositions naturelles permettant de servir de support à une « entité », la simple évocation de cette éventualité me donne la nausée. Les causes d'une telle aversion sont culturelles – je les ai déjà évoquées – mais aussi biographiques.

Mes aptitudes se sont probablement développées à une période de ma vie où je devais traverser en permanence des phases d'extrême vigilance et de profond abattement. Ma voyance a pris la forme d'une *résistance* au monde extérieur, d'une arme qui m'a permis le *contrôle* progressif d'un environnement menaçant. Entrer en transe exige un abandon, une confiance auxquels il m'est tout simplement impossible d'accéder. Toute ma vie, j'ai connu un état de veille aussi aiguisé que possible. Dès ma tendre enfance, j'ai pris l'habitude de rester sur mes gardes, d'être prête aux coups du sort, de résister au moindre relâchement. Certes, dans mon métier, je voyage chaque jour dans l'espace et le temps, mais avec une conscience parfaite de ce que je suis en train de faire, et en pouvant même m'interrompre comme s'il s'agissait d'une activité ordinaire.

Lors des expériences auxquelles j'ai accepté de me livrer pour Bertrand Méheust, celui-ci s'est étonné de ma capacité à m'arrêter en pleine voyance pour aller ouvrir à un livreur ou répondre au téléphone. Ainsi je pouvais reprendre ma vision sous enveloppe close comme on reprend son tricot ! Mon grand « abandon », c'est la confiance totale que j'ai dans des réponses obtenues à mes questions par un curieux procédé divinatoire que je n'emploie que pour moi-même. Ce procédé consiste à ouvrir successivement plusieurs livres – essais, romans, biographies, manuels – en décidant que la réponse sera contenue dans la phrase inscrite au-dessus de mes pouces. En répétant l'opération une dizaine de fois, j'obtiens des textes extrêmement précis, au champ lexical clair, qui sont des voyances remarquables avec lesquelles je guide ma propre vie depuis plus de quinze ans. Je suis obligée de reconnaître que ces textes, dont la clarté progresse d'année en année, ressemblent vraiment à une *parole* et ont l'air d'être *pensés* par une « *Intelligence* ». Ils contiennent des descriptions précises des situations à venir, mais aussi des rappels à l'ordre moraux ; ils suggèrent des pistes de réflexion, recadrent parfois mes questions, et surtout font preuve d'un humour massacrant.

Mais ma façon de me connecter à cette « Intelligence supérieure » passe par de lents recopiages à travers lesquels se forme peu à peu une parole à peine cryptée. Cela n'a donc rien à voir avec les danses, la musique et les transes tibétaines. Mais si ma méthode semble se situer à l'opposé des rituels du Télo Tséchou, ce qu'elle fait apparaître est assez similaire. Il s'agit d'un message formé de mots ; message bizarre dont tout un chacun est à même de comprendre les grandes lignes, mais dont il faut avoir l'habitude pour apprécier toutes les subtilités. Comme la parole des oracles…

Est-ce un hasard si ce que je nomme l'« Intelligence » – je n'ai pas trouvé de meilleur mot pour qualifier un tel prodige – s'exprime non à travers mon corps et ma voix, mais par le truchement de l'écrit ? Non, car j'avais une vocation d'auteur ; c'est par accident que je suis devenue voyante.

Je donnerai tout de même raison à Khamtrul Rinpoché en ce qui concerne l'influence du développement de la spiritualité sur la clairvoyance… Mon voyage à Dharamsala m'aura-t-il aidée à améliorer ma relation avec mon propre guide, avec la part supérieure de moi-même ? Les faits sont là : je me rends compte, trois ans après, que j'ai nettement progressé dans l'utilisation de mes capacités psychiques grâce à la pratique de la méditation et de la prière.

Tout commença un matin que je parcourais le Lingkor, le chemin qui fait le tour de la résidence de Sa Sainteté. J'y croisais des dizaines de Tibétains qui marchaient en récitant des mantras, rituel qu'ils accomplissent quotidiennement. Et c'est là qu'eut lieu pour moi un miracle bien supérieur aux transes et aux divinations dont j'avais été le témoin. D'abord, je n'avais jamais eu l'occasion d'observer autant d'expressions de délicatesse et de civisme que sur ce petit chemin. Les vieillards y avaient des visages généreux et épanouis, les femmes y semblaient parfois douces et pudiques, parfois animales et fortes, mais toujours nobles. Les hommes surprenaient par leur humanité et la profondeur de leur regard. Tout leur être témoignait d'une extrême humilité. Adolescente, si je me suis peu intéressée à la philosophie occidentale, c'est que les figures harassées, souvent haineuses, que je rencontrais au quotidien me paraissaient être la démonstration même de son inefficacité. Notre philosophie nous avait peut-être permis de dominer le monde, mais cela ne semblait pas nous rendre très heureux. À l'inverse, ces exilés, ces hommes et ces femmes qui avaient tout perdu rayonnaient d'*équilibre*. Comment était-ce possible ? Comment faisaient-ils pour conserver en eux une telle force de vie, pour ne pas céder à la violence, au découragement, à la haine ? Au moment de me poser la question, j'eus envie moi aussi de réciter les mantras. Juste pour essayer. Parce que les hommes et les femmes que j'observais depuis une semaine ne ressemblaient pas à ceux et celles que j'avais croisés jusqu'alors. En quelques jours, ma vie spirituelle a changé. Ma conscience de moi-même et des autres s'est modifiée. D'abord, j'ai eu la sensation de devenir plus présente à moi-même, à ce que j'étais en train d'accomplir. Je pourrais exprimer cela en disant que je me sentais à la fois plus vivante, plus solide. Comme si tout ce que je vivais était soudain frappé d'évidence ; comme si tout fut à sa place et important. Mon esprit cessait peu à peu de se comporter comme un chiot qui tire sur sa laisse, distrait, impatient, turbulent. Bien sûr, j'avais déjà connu des états similaires, mais ils n'avaient jamais duré si longtemps.

Un jour que je marchais sur mon chemin de prière en récitant un mantra – *om mani padmé hum, om mani padmé hum* –, je m'arrêtai pour faire une pause. J'allai m'asseoir. Autour de moi, de jeunes moines riaient. Dharamsala était une ville qui semblait avoir été conçue dans un rêve, tant elle comprenait d'éléments architecturaux disparates. J'avais rencontré l'oracle de Nechung. Je pris conscience de la chance qui était la mienne de pouvoir vivre une telle expérience. Assise au bord d'une route, j'ai cru revivre en quelques minutes toute ma vie ; le film de mon existence défilait devant mes yeux. Mon enfance, l'école, les jardins autour de la résidence, mes vinyles de rock, mon premier amour, mes parents – chaque scène était là. Bien sûr, cette succession d'événements m'appartenait. Elle représentait mon histoire. Mais était-elle si importante ? Certes, on m'avait parfois fait du mal, cependant j'en avais fait moi aussi, ne fût-ce que par ignorance. Et j'étais maintenant dans cette ville. Ce chemin-là m'avait permis de développer mes capacités psychiques, d'aimer la nature et les animaux, de vibrer grâce à la musique et de savoir me défendre. Il n'y avait pas une seule de mes joies présentes ou passées dont je pouvais me réjouir sans devoir accepter *en même temps* l'ensemble de mes peines. Tout était lié. Il ne servait à rien de regretter ce qui n'avait pas été, d'imaginer ce que j'aurais fait de mon existence si le parcours avait été différent, si j'avais été une autre femme. À quoi bon se soucier de la femme que j'aurais pu être dans d'autres circonstances, dans le cours d'une autre histoire ? La seule femme qui existait aujourd'hui, c'était moi – celle qui vivait ici et maintenant. De même, à quoi bon continuer de nourrir une forme de ressentiment envers mes parents ? Pourquoi leur en vouloir encore, sinon pour alimenter ma propre colère et un sentiment d'injustice inutile ? Cette amertume n'était-elle pas en définitive une façon de leur rester attachée ? Avais-je réellement envie, ou besoin, d'un tel lien ? Comme ces sentiments me semblaient loin ! Combien de milliards de cellules mon corps avait-il perdues en près de vingt années d'existence ? Combien de milliers d'autres avait-il fabriquées ? Une vie, pensai-je, ressemble à un tissu fait de fils dissemblables. Et ce tissu forme une unité, au-delà des multiples différences qui le composent. Cette écharpe serait-elle toujours la même écharpe si je décidais subitement d'en supprimer les fils qui me déplaisent ?

J'étais en train de vivre un des plus beaux moments de ma vie. Je séjournais à Dharamsala, et les autorités tibétaines me faisaient l'honneur de m'accorder leur confiance en m'autorisant à interviewer leur oracle. Sans les blessures de mon histoire passée, aurais-je développé ainsi mes capacités ? Aurais-je rencontré Michel et Françoise, qui me permettaient de réaliser l'un de mes rêves ? Oui, pensai-je encore, tout est à prendre – le juste comme l'injuste. Ou tout est à laisser. Certes, il convient de connaître son passé, et surtout de ne rien oublier. Bien sûr, le travail de remémoration est nécessaire. Mais à condition que le but soit de toucher la vérité de sa propre histoire, non d'en rester prisonnier. Pour moi comme pour les autres, il n'existait qu'une seule façon de négocier avec la réalité : en l'acceptant. Et cela n'était possible qu'à condition d'admettre que le présent possède sa propre puissance. Nous devons investir dans le présent toute notre *attention* puisqu'il est la seule modalité temporelle sur laquelle il soit vraiment possible d'exercer un *pouvoir*. Soi-même, ici, maintenant – voilà de quoi nous devons être conscients. Cessons de vouloir modifier les autres et de spéculer sur un avenir meilleur. Autrement dit, cessons de souffrir en étant les esclaves de nos peurs et de nos désirs. Cessons de vouloir reconstruire un passé sur lequel nous n'avons aucune prise ; employons-nous plutôt à le regarder comme un chemin, une succession d'étapes.

Ma vie, après ce voyage, changea progressivement. Je réussissais enfin à employer utilement mon hypervigilance. Au lieu de perdre du temps à m'interroger sur ce que pensaient ou faisaient les autres, j'apprenais à me détacher toujours davantage de ce que je ressentais, à observer mes émotions sans me laisser dominer par elles. J'apprenais aussi à accorder une attention égale à *tout* ce que je faisais – qu'il s'agisse de la vaisselle ou de la rédaction d'un article. Grâce à la méditation et à la répétition des mantras, je vivais plus intensément l'instant présent ; j'acceptais de l'*habiter*.

Bien sûr, je continue d'interroger l'« Intelligence » – il s'agit pour moi d'un exercice quasi quotidien – sur tous les sujets, qu'ils soient graves ou futiles. Au bout de quinze années de pratique, les messages qu'elle me délivre sont toujours vrais et de plus en plus limpides. Aussi ai-je appris à leur obéir. Et s'il en est qui contrarient mes plans, ou me blessent, ce n'est plus mon désir qui aura le dernier mot, car je sais que laisser le dernier mot à mon désir signifie être perdante au bout du compte. L'« Intelligence » *saura* toujours mieux que moi ce qu'il faut faire ; je sais qu'elle m'indiquera toujours le chemin le moins douloureux, le plus juste et le plus fécond.

Le prix de ce savoir est parfois cher payé dans la mesure où il n'autorise aucun aveuglement, aucune illusion. Il m'arrive de verdir de déception après avoir posé une question qui me tient à cœur.

Mais grâce à ma pratique spirituelle – grâce à cette attention au présent – mes voyances ont gagné en efficacité ; elles sont plus directes, plus synthétiques, plus précises, à l'image de mon esprit en voie d'apaisement. Et l'idée me vient quelquefois qu'en priant les bouddhas ou pour la longue vie de Sa Sainteté j'ai découvert un bien qui m'avait été refusé enfant, et dont j'avais pourtant cruellement besoin : des êtres à aimer et à respecter inconditionnellement.

# 19

# La Vierge et le Bouddha

Mon ami était lui aussi du voyage à Dharamsala, en 2004. Parvenu à un tournant de sa carrière, il avait une question à poser à Yudema. Je lui servis d'intermédiaire.

— Que doit-il faire ? demandai-je.

— Il y a des obstacles, répondit-elle. Pour les surmonter, il faudra prier Tara.

Tara est une déesse tibétaine, un principe féminin de bonté et de compassion sans limites. Comment faire pour la prier ? Quels mots lui adresser ? Mon ami décida de soumettre le problème à l'un de nos accompagnateurs, lequel lui fit cette réponse surprenante :

— Tu n'as qu'à prier la Sainte Vierge. Ce sera la même chose.

Cette incroyable absence de prosélytisme me permit de comprendre à quel point ma sensibilité spirituelle était voisine de celle des Tibétains.

En effet, je crois moi-même au pouvoir de la prière quelle qu'elle soit. À Tanger, lors d'un précédent voyage, j'avais été émue par le recueillement des Arabes à la mosquée, quand bien même je n'étais pas musulmane. La spiritualité qui émanait des fidèles m'avait touchée. En somme, je partageais l'avis de notre accompagnateur tibétain. Je pensais moi aussi que ce n'est pas la nature de la religion qui donne son prix à la prière, mais la ferveur de la prière elle-même. Car la prière, selon moi, est un exercice destiné à modifier notre état de conscience. Les divinités utilisées stimulent notre esprit, l'« élargissent », lui permettent de dépasser l'état dans lequel il se trouve habituellement, afin d'entrer dans un autre où la pensée influe sur la réalité, voire la transforme. La divinité devient alors un « modèle » qui permet de raccorder notre esprit à un champ de forces, au lieu de le lancer dans le vide. Partant de ce point de vue, on peut prier indifféremment Tara ou la Vierge Marie. Les effets produits seront sensiblement les mêmes. L'important est que la prière entre en résonance avec des champs d'énergie particuliers – et nous rejoignons ici la notion de « champs morphiques » chère à Rupert Sheldrake. Si différentes que soient les pratiques cultuelles, les « fréquences » spirituelles sont similaires. Tara et la Vierge Marie représentent au même titre le dévouement, la bonté et la féminité, la patience, l'amour sans faille. Mais s'adresse-t-on à elles en tant que « personnes » ou en tant que « principe agissant » que telle religion ou philosophie nommera comme bon lui semble ? Il suffit d'imaginer le nombre de gens qui ont prié Marie depuis deux mille ans pour se représenter la puissance du rayonnement créé autour d'elle.

Ayant grandi dans un monde catholique, mon psychisme est naturellement habité par des images d'églises, de calvaires, de croix et de Vierges. Aussi mon patrimoine culturel – peut-être même génétique – est-il davantage en résonance avec le champ « Vierge Marie » qu'avec le champ « Tara ». Je suis certaine que la science découvrira tôt ou tard que nos ancêtres peuvent nous transmettre autre chose que des caractéristiques physiques et des maladies. La comparaison pourra choquer, mais il me fallut un jour empêcher mon bull-terrier de se jeter sur des vaches qu'il apercevait dans un pré. Il n'en avait jamais vu de sa vie. Il était pris d'une rage délirante. Lui qui d'ordinaire se montrait si joueur en présence des chevaux et des ânes ! Comment expliquer un tel comportement, sinon par une sorte de mémoire génétique ? Au XIXe siècle, les ancêtres de mon chien n'étaient-ils pas utilisés par les bouchers pour contraindre les taureaux et les vaches à monter dans des charrettes ?

Imaginons que j'aille demain vivre en Inde. Peu à peu, je me mettrai moi aussi à prier Tara, quand bien même ce sera encore à la Vierge Marie que je m'adresserai. En effet, je verrai partout des représentations de Tara ; et ces représentations, progressivement, imprégneront mon psychisme.

La pratique religieuse, telle que je la conçois, s'inscrit dans la durée et se développe au même titre qu'une autre relation. Pour des raisons philosophiques et politiques, j'ai peu d'affinités avec les religions monothéistes – les trois religions du Livre, comme on les appelle – qui m'apparaissent essentiellement destinées à maintenir un ordre social archaïque peu compatible avec l'épanouissement individuel. Mais je ne saurais nier qu'à l'intérieur de chacune il existe des figures spirituelles susceptibles d'êtres utiles à la prière. Si demain vous priez le Christ, il pourra vraiment vous aider. Il deviendra vivant pour vous. Vous pourrez même ressentir sa présence à vos côtés. Non pas parce que l'Église est une bonne institution, mais parce que tant de gens ont prié le Christ avant vous qu'un champ d'énergie opérant s'est créé. La prière, selon moi, est réellement une pratique capable de modifier notre vie. Comme il m'arrive de le dire quelquefois : « La prière, ça marche. Essayez et vous verrez ! »

Sur un plan personnel, la dévotion que je porte à Sa Sainteté le Dalaï-Lama, aux bouddhas et, depuis peu, à la Vierge Marie, m'a permis de combler le manque de confiance creusé en moi par les tourments de mon enfance. Grâce à Marie, j'ai découvert un principe d'amour accueillant, consolant, apaisant ; ce principe m'a apporté la protection et le réconfort qui sont normalement procurés par une mère, et qui m'ont été refusés petite. Cette question de la confiance en l'autre est l'un des problèmes les plus impérieux auxquels j'ai été confrontée. La sécurité affective ne m'ayant pas été donnée par mes parents, j'ai dû me construire « autour de moi-même », d'une manière autarcique. J'ai puisé ma force dans la confiance que j'avais dans ma propre perception du monde, bien avant de savoir qu'il s'agissait de voyance. J'ai également construit mon système de valeurs en privilégiant l'expérimentation personnelle qui seule me permettait de faire le tri entre le « vrai » et le « faux ». Lorsque mon professeur de philosophie m'expliquait que Descartes considérait les animaux comme des machines, mon esprit n'était pas traversé une seconde par l'idée que cette théorie pût contenir une once de vérité. En regardant un chien, j'étais capable d'échanger avec lui. Je savais bien que je ne pouvais pas en faire autant avec un lave-vaisselle. J'étais indifférente à ces idées qui prétendaient se substituer à mon expérience sans être en mesure de rien prouver. Cette constatation me suffisait pour prendre mes distances, comme je les prenais également avec les sociétés spirituelles où se bousculaient tant de réincarnés prestigieux. En revanche, je compris assez tôt que certains philosophes pouvaient avoir *intérêt* à penser le monde ainsi, afin de soulager notre conscience et de légitimer nos crimes. Bref, l'autorité avait sur moi peu de prise, dès lors qu'elle ne résistait pas au banc d'essai des *choses telles qu'elles sont,* pour reprendre l'expression de Krishnamurti.

Je ne comprenais donc pas ce qu'était l'abandon à un « Autre » plus grand que soi, comme un parent ou un maître. Je l'ai peu à peu découvert par mes prières aux bouddhas et à la Vierge. J'ai pu alors apprendre à me reposer un peu… Il était temps : le trésor de la confiance en autrui n'existait absolument pas chez moi jusqu'à ce développement de ma vie spirituelle.

Je me trouvais un jour en Irlande, à Ballycotton Bay, près de Cork, alors même que je traversais une sorte de crise morale dans laquelle je n'éprouvais plus que colère et chagrin. Les kilomètres à pied faits chaque jour au bord de la mer – plus de quinze – n'en venaient pas à bout.

Ce jour-là, j'entre dans cette petite église en granit dressée au-dessus de l'océan, appelée « Mary Star of the Sea ». Sans trop savoir pourquoi, je me dirige vers une statue de la Vierge, une sculpture du XIXe siècle pas spécialement jolie, et même un peu abîmée par endroits. Cependant cette statue était touchante – peut-être justement parce qu'elle n'était pas parfaite. L'église elle-même porte ce nom émouvant, poétique, où l'on imagine le rayonnement de Marie mêlé à celui du ciel étoilé reflété sur les flots. Un psychanalyste lacanien à qui je racontai cette aventure me fit remarquer que *sea*, en anglais, veut dire « mer ». Mon inconscient l'avait probablement traduit par « mère ». Le psychanalyste ajouta que j'avais peut-être opéré un rapprochement phonétique entre *sea* – la « mer » – et *to see* qui veut dire « voir ». Selon lui, ces mots étaient pour moi lourds de sens ; et parce qu'ils étaient lourds de sens, ils avaient déclenché mon expérience mystique...

Pourtant, seule dans l'église silencieuse, j'étais loin de ces subtilités psychanalytiques. J'arrivais exténuée au terme de la marche épuisante qu'il m'avait fallu accomplir pour atteindre ces hauteurs. Je me suis assise aux pieds de Marie. J'avais mon iPod sur les oreilles, qui diffusait de la musique bouddhiste, des bols tibétains exactement. J'ai regardé la Vierge, puis j'ai fermé les yeux. J'ai pensé : « Si tu pouvais me débarrasser de ma rage et de mon chagrin, ce serait bien... » C'est alors que j'ai senti quelque chose, une présence, un accueil presque palpable et très doux qui aurait pu se traduire par un simple mot : « Bonjour. »

Manifestement, on avait pris acte de ma présence.

J'étais bouleversée. Le contact s'était établi si vite ! Je distinguais très bien l'énergie qui opérait à mes côtés. Je n'en avais jamais rencontré de semblable. C'était une énergie pleine de pudeur, de douce joie, d'indulgence et de pureté. Elle semblait tout voir et tout connaître en moi. Tout de suite, je fus apaisée.

Près du socle de la statue, une prière était inscrite. J'ai commencé à la lire à haute voix : *Mary, star of the sea, I come to you today in place, at your feet there is that oppressors*... Je me suis mise à genoux et j'ai ressenti aussitôt un grand soulagement, une vraie plénitude. J'avais l'impression de pouvoir me blottir contre le cœur de la Vierge, comme si elle m'avait ouvert les bras. Émerveillée par sa grâce, je me suis sentie minuscule et protégée. Non, je n'avais jamais croisé une telle bonté, une telle humilité, ni ressenti une telle compassion. Derrière mes paupières closes, je *voyais* son beau visage. Pour la première fois de mon existence, j'étais enveloppée de cet amour maternel qui m'avait toujours fait cruellement défaut. J'éprouvais soudain au plus profond de moi-même la protection, l'aide et la consolation dont est capable une « vraie » mère – la mère idéale, sans doute, dont la Vierge est la représentation. Est-ce Marie de Nazareth, la personne qui m'est apparue ainsi ? Sincèrement, je ne le crois pas. C'est plutôt comme si, par la voyance, j'avais été mise en contact avec Marie recréée par l'Église et rencontrée par les mystiques. Une Marie vivante, cependant, et agissante. Ma Vierge, « vue » comme dans une voyance, ressemblait à s'y méprendre à celle de Bernadette Soubirous, la « belle dame » dont j'ai lu par la suite le récit. Et sans savoir que ce thème était présent dans l'amour que les catholiques lui portent, je me suis entendue penser : « Tu peux tout soulager, car tu as vu ton fils endurer les pires souffrances. Ayant survécu à pareille épreuve, que ne peux-tu comprendre ? »

En sortant de l'église, toute colère m'avait quittée définitivement...

Depuis cette expérience irlandaise, j'ai pris l'habitude de m'intéresser aux représentations artistiques de Marie, de cultiver mon amour pour elle, et de la prier. Je lui demande de soulager les prisonniers, tous ceux et celles qui sont victimes d'injustice, qui souffrent dans leur corps et leur âme. Toujours, partout, dès que je la prie, je sens sa présence, son amour. C'est une énergie qui modifie toute chose. Coincée dans les embouteillages, en promenade avec mes chiens, marchant dans la nature, je dis secrètement des *Ave Maria* entre deux mantras. Dès que j'ai une émotion vraiment douloureuse, j'appelle Marie à mon aide. Et jamais elle ne me refuse son soutien – il est vrai que la relation, avec le temps, n'a fait que se renforcer.

Pourtant je considère que ce lien spirituel et ces prières n'ont aucun rapport avec l'exercice de mon métier. Certes, j'ai conscience de devoir à mes capacités psychiques plus qu'à mon mérite personnel, d'être entrée en connexion immédiate avec Marie, mais je ne mélange jamais ma vie spirituelle et mon travail. Je ne m'autorise pas à « vouloir » quoi que ce soit pour mes clients. Si je leur donne des outils pour s'orienter, jamais je ne laisse mon désir empiéter sur le leur. Récemment, dans une église, j'ai rencontré une femme étonnante. Il s'agit d'une catholique pratiquante qui a hésité à devenir religieuse avant d'opter pour la médecine. Elle est aujourd'hui anesthésiste à l'hôpital. Elle m'a confié qu'elle priait pendant ses gardes, car le calme de la nuit favorisait sa concentration. Bien sûr, elle demandait parfois à la Vierge de l'inspirer pour faire son travail avec amour et patience – les malades inquiets sont parfois agressifs –, mais elle n'a pas besoin de Marie pour savoir soulager ses patients. Elle sépare les deux choses : sa foi d'un côté, son travail de l'autre.

Cette distinction est au cœur de ma pratique et de mon éthique. Lorsque le perroquet observé par Rupert Sheldrake se livre à un exercice de télépathie étonnant avec sa maîtresse[1], il n'a pas non plus besoin de la Vierge, évidemment. Il se sert juste d'une part de sa conscience dont la science n'a pas encore découvert le

1. « [...] les expériences menées par Sheldrake et son équipe sur les chiens qui attendent leur maître, ou sur le perroquet N'kisi, laissent peu de doute quant à la réalité de la télépathie animale. » Bertrand Méheust, *100 mots pour comprendre la voyance*, Les Empêcheurs de penser en rond, Paris, 2005.

fonctionnement. Il n'est pas un élu de Dieu qui, grâce à des pouvoirs « spéciaux », aurait des droits « spéciaux » l'autorisant à devenir un gourou...

La relation que j'entretiens avec l'« Intelligence » qui guide ma vie en s'exprimant à travers des livres m'a également ouverte à la prière. Cette « Intelligence » me l'a parfois conseillée. Mais, indépendamment de ces recommandations, la relation mystérieuse et quotidienne que j'entretiens avec mon guide m'épargne tant de doutes, tant d'erreurs, qu'il m'est difficile de ne pas « rendre » à l'univers, par mes prières pour tous les êtres vivants, un peu de ce que chaque jour il me donne...

J'ai la conviction profonde que l'éveil spirituel fait partie de la croissance d'un être humain, au même titre que l'acquisition de la marche ou du langage.

Parce que notre psychisme est capable de prier et de méditer, il doit à mon sens s'y employer, ne fût-ce que pour vivre mieux, plus pleinement. Un terre-neuve dont les pattes palmées facilitent la nage n'est-il pas plus heureux au bord de la mer que dans un appartement parisien ? Bien sûr, s'il ne voit jamais les vagues, elles ne pourront pas lui manquer. Pareillement, des milliers d'hommes et de femmes ignorent que leur vie en serait transformée s'ils développaient leurs capacités spirituelles. Sa Sainteté le Dalaï-Lama accepte depuis de nombreuses années d'avoir des contacts avec des chercheurs et des médecins de haut niveau. La conclusion de certaines expériences réalisées en étudiant des moines en méditation semble démontrer que la pratique régulière de celle-ci renforce notre système immunitaire. Puisque nous sommes les seuls mammifères à pouvoir prier et méditer, c'est probablement que nous en avons besoin pour notre santé psychique et physique. Nous le *pouvons* parce que nous le *devons*...

Plus que n'importe quelle théorie, le contact avec des vieillards tibétains m'a convaincue des bienfaits de la méditation. Ces hommes et ces femmes étaient ouverts, forts et joyeux. Leur résistance physique m'a paru étonnante. Beaucoup, qui parcouraient plusieurs kilomètres par jour, n'en gardaient pas moins une authentique ouverture aux autres. Et ils semblaient heureux d'exister. Les vieillards occidentaux, souvent noyés dans l'égoïsme, l'illusion ou la détresse, m'avaient donné de l'âge une vision angoissante que les Tibétains ont apaisée. Comme le reste de ma vie, mon engagement spirituel s'est fondé sur des évidences faciles à observer : de même que chacun d'entre nous, je mourrai un jour. Entre aujourd'hui et cet instant inévitable, il me faudra vivre un certain nombre de mois, d'années, durant lesquels je serai confrontée à des joies et à des peines. Or j'ai remarqué que la méditation et la prière modifiaient positivement ma perception des événements en me permettant de négocier de mieux en mieux avec la tyrannie de mes désirs. Elles m'apprenaient à les observer sans m'y identifier, ce qui leur faisait perdre jour après jour leur pouvoir coercitif. Je gagnais en liberté. J'éveillais ma lucidité, ma confiance en l'autre, ma qualité de présence. Qui choisirait de vivre dans un deux pièces insalubre s'il lui était possible d'occuper une villa luxueuse ? Pourquoi supporter d'étouffer dans l'angoisse, le désir, la haine, la peur, l'illusion, le manque, alors que certaines pratiques permettent d'atteindre progressivement un état de paix dans lequel la vie prend de plus en plus de sens ? Ma quête n'a pas pour vocation de me conduire au Paradis. C'est ici et maintenant que je veux vivre mieux et souffrir le moins possible. Les enseignements bouddhistes – contrairement à ceux des églises – ne nous demandent pas de « croire », seulement d'expérimenter. Je ne suis qu'au début de cette expérience dont je dois reconnaître qu'elle a déjà considérablement modifié la qualité de ma vie.

# 20

# Le prix de la voyance

Un ami psychanalyste venu boire un café à la maison après les fêtes fut surpris de voir les quantités de boîtes de chocolats qui s'entreposaient dans ma cuisine.

— Je ne savais pas que tu aimais tant le chocolat ! s'exclama-t-il.

Je lui répondis que mes clients m'apportaient souvent des fleurs ou des chocolats, surtout à cette époque de l'année.

— Tu devrais augmenter tes tarifs, reprit-il.

Il ajouta, plaisantant à demi et usant des concepts de sa profession :

— Si les gens se croient obligés de te faire tant de cadeaux, c'est peut-être que tu ne demandes pas assez cher…

Une question souvent posée aux voyants est de savoir pourquoi ils font payer leur consultation. Est-il licite de réclamer de l'argent pour accomplir la volonté divine ? Je répondrai que s'il s'agit d'accomplir la volonté divine, alors en effet il ne peut être question de se faire payer. Si la voyance était vraiment un acte d'amour envers l'humanité, il devrait effectivement être frappé du sceau de la gratuité. Mais la voyance est-elle un acte d'amour ou l'exercice d'une compétence ? Pour bien répondre aux interrogations – d'ailleurs légitimes – sur les rapports de l'argent et de la voyance, il faut commencer par définir la nature de l'activité.

Il est vrai que certaines manifestations de voyance s'inscrivent dans une perspective religieuse. Je pense à Marthe Robin, par exemple, cette grande mystique qui a passé l'essentiel de sa vie sur un lit de malade. Marthe Robin était stigmatisée. Elle était dotée de cette capacité de vivre sans manger. On dit qu'elle s'est nourrie des années durant de deux hosties par semaine. Il semble qu'elle ait connu de surprenants accès de clairvoyance, comme nombre de grands mystiques. Elle était également capable de faire preuve d'un étonnant discernement, en trouvant pour chacun le mot juste et en pénétrant le secret des âmes. Or ceux qui venaient lui demander conseil savaient qu'ils s'adressaient à une grande figure chrétienne, peut-être à une sainte catholique. L'auraient-ils payée, elle n'en aurait eu que faire puisqu'elle vivait en dehors des contingences matérielles. Il en va de même pour le padre Pio – autre exemple – dont on a redécouvert la personnalité après que le pape Jean-Paul II l'eut canonisé en 2002. Le *padre* était un capucin qui avait lui aussi des stigmates depuis l'âge de quinze ans. Il accomplissait des guérisons. Lui non plus ne demandait pas d'argent aux pèlerins qui se pressaient en grand nombre dans son monastère de San Giovanni Rotondo. Ses miracles marquaient les étapes d'une existence qui n'avait d'autre signification que spirituelle ; et ils étaient accomplis au sein d'une église.

Pour ce qui me concerne, je n'ai pas choisi la voie religieuse. Je n'exerce pas dans le cadre d'une église. Je n'ai prononcé aucun vœu, ni choisi de prendre la robe. J'ai une vie spirituelle, je l'ai dit, mais qui ne sort pas du cadre privé de mon existence. Et, surtout, les gens qui franchissent la porte de mon cabinet ne viennent jamais chercher un secours religieux. Même si certains sociologues ont eu le tort de le penser, les Français, je le répète, ne sont pas des imbéciles. Ils savent à quelles portes frapper. Mes clients, pour leurs besoins spirituels, s'adressent à des prêtres, des rabbins, des pasteurs, des maîtres bouddhistes ou hindouistes. Ce en quoi ils ont raison, car ces « prêtres » seront toujours plus compétents que moi. En cas de crise psychologique, ils savent aussi très bien se diriger vers des psychiatres – dont les consultations seront remboursées en partie par la Sécurité sociale.

Mes clients viennent me voir parce qu'ils se posent un certain type de questions sans rapport avec la voie qu'il conviendrait de suivre pour devenir un bon catholique, un bon juif, un bouddhiste réalisé ou un musulman fidèle. Ils s'interrogent sur leurs relations amoureuses et familiales, lorsqu'ils les comprennent mal ou qu'elles deviennent insatisfaisantes. Ils espèrent également réussir à mieux gagner leur vie et à progresser socialement. C'est tout à fait respectable – j'interroge moi aussi la divination sur tous ces aspects de la vie. Mais il ne s'agit de leur part ni d'un acte spirituel, ni d'un acte altruiste. Ils savent que mes capacités peuvent leur permettre de gagner en connaissance, en temps, en argent. Ils ne veulent plus faire d'efforts inutiles. Ils cherchent à s'épargner des déboires. Ils souhaiteraient ne pas manquer les opportunités qui se présentent. Ils tentent de démêler des situations dans le domaine relationnel ou dans celui des affaires. Non, ils ne viennent pas me prier de guider leur âme – quand bien même ils ont autant de sens moral et civique que tout un chacun. En d'autres termes, ma prestation n'est pas l'expression d'une volonté divine ; c'est un travail qui s'adresse à des laïcs et concerne des questions purement séculières, voire strictement matérielles. Dans la très grande majorité des cas, mon intervention permet effectivement à la personne venue consulter d'améliorer sa vie matérielle, ou de savoir ce qui sera ou non possible dans le domaine affectif, et parfois comment l'atteindre.

Au fond, je suis une sorte de GPS auquel ils s'habituent très vite car il leur permet de ne plus tourner en rond. Je les accompagne dans leurs efforts pour dénouer des problématiques difficiles, pour reconquérir leur liberté, ou pour atteindre un objectif industriel.

C'est pourquoi mes honoraires sont ceux d'un avocat d'affaires. Avec cette différence toutefois que je reçois beaucoup moins de monde. Car pratiquer la divination est une opération psychique bien particulière. Des expériences sur lesquelles je reviendrai ont montré qu'au cours de la voyance certaines zones du cerveau, qui devraient travailler successivement, fonctionnent simultanément. La voyance plonge le voyant dans un état psychique particulier. À la fin d'une séance, je suis dans un état étrange. Je me sens « grillée ». Est-ce comparable à une performance artistique ? Peut-être. Des chanteurs lyriques m'ont raconté que lorsqu'ils sortent de scène, après deux heures de chant, ils sont à la fois transportés et exténués – or c'est exactement ce que je ressens moi-même. Je ne me contente pas d'une écoute détachée, paisible et bienveillante. L'opération qui se déclenche quand je suis face à mon consultant met en jeu une expérience mentale spécifique. En ce qui me concerne, je suis incapable de dépasser le chiffre de trois consultations au maximum. Et je ne travaille pas tous les jours... Au-delà, j'estime que je ne serais plus apte. J'ai essayé autrefois de travailler davantage, mais j'ai très vite été épuisée. On comprendra que si mon avocat d'affaires peut se permettre de travailler dix heures par jour sur ses dossiers, moi non.

Reste que beaucoup se demandent pourquoi mes honoraires ne sont pas accessibles aux personnes défavorisées. D'accord, disent-ils, vous n'accomplissez pas un acte d'amour, vous exercez une compétence utile ; cependant cette compétence ne pourrait-elle s'exercer plus « démocratiquement », être ouverte au plus grand nombre ? J'admets volontiers que la question mérite d'être posée. Peut-être en effet faudrait-il trouver une solution. Mais laquelle ? Je ne suis pas responsable du système économique et des convenances sociales du monde dans lequel j'exerce mon métier. Chacun sait que je reçois beaucoup de personnalités et d'hommes de pouvoir. Certains se déplacent de l'autre bout du monde. Il me faut bien les accueillir ! Et comment s'étonner que mes tarifs soient les mêmes que ceux d'un autre conseil reconnu et expérimenté, puisque je reçois les mêmes personnes et que mon travail est soumis aux mêmes charges ?

Je conseille aussi nombre de gens dont la position sociale est tout ce qu'il y a de plus « normal ». Certains d'entre eux viennent me voir chaque année depuis vingt ans. Une jeune femme, employée de banque, me disait récemment que j'étais son « cadeau d'anniversaire », et qu'elle préférait investir dans cet éclairage annuel que dans un sac griffé, comme elle le faisait auparavant. Malgré tout, je comprends cette polémique qui d'ailleurs s'explique aisément. Les néophytes ignorent ce qu'est une consultation. S'il ne s'agissait que d'un petit coup de brosse dans le sens du poil et d'une aimable écoute... mieux vaudrait alors investir dans une coupe, brushing et manucure chez un grand coiffeur parisien. Le client, pour le même prix, aurait la garantie d'y gagner un meilleur moral, résultat qui n'est jamais certain chez un vrai voyant...

En revanche, j'accepte volontiers de faire des voyances gratuites pour des associations à but non lucratif dont le combat me touche personnellement, parce qu'il concerne la protection des animaux, la défense des femmes et des enfants, ou encore des causes écologiques. Certaines de ces associations sont jeunes et ont peu de moyens. Ceux qui me consultent en leur nom viennent chercher des stratégies pour mener à bien leur lutte. Leur démarche est altruiste. La mienne peut alors le devenir, sans mettre personne en dette. Je le fais volontiers, avec le sentiment d'aider un tant soit peu des militants dévoués à des idéaux que je partage. Mais si je devais décider de donner des consultations gratuites à des particuliers, les trois cent soixante-cinq jours de l'année, en trois-huit, n'y suffiraient pas. Il m'arrive dans la même semaine de recevoir des dizaines de demandes en ce sens. Certaines me bouleversent par leur sincérité, d'autres sont empreintes d'un certain égocentrisme. Mais sur quel critère devrais-je les choisir ? Pourquoi Untel plutôt qu'Untel ? Comment les bénéficiaires s'acquitteraient-ils psychologiquement de leur dette ?

Les faits sont là, et je n'y peux rien : en étant rémunérée, je traverse des périodes de plusieurs semaines durant lesquelles il m'est tout simplement impossible de recevoir de nouveaux clients. Parce que mon temps est déjà pris par les rendez-vous donnés prioritairement à ceux et celles qui souhaitent me revoir, ainsi qu'à ceux, nombreux, qu'ils m'adressent. Je suis donc dans l'obligation, parfois douloureuse, de refuser de voir des hommes et des femmes qui auraient pourtant besoin de moi. Certains en éprouvent de l'amertume, et je les comprends très bien. Cependant cette situation s'explique par une simple règle arithmétique : beaucoup de mes clients souhaitent me revoir une fois tous les un, deux, trois, cinq ou dix ans. Il suffit de multiplier cette donnée par vingt années de pratique pour comprendre mon indisponibilité.

Mon principe, en somme, est que j'ai des compétences – certes marginales et rares – et que je les assume. Je les assume d'ailleurs d'autant mieux qu'elles ne sont pas infaillibles. Dès lors que j'agis dans un cadre temporel et matériel, il est normal qu'il y ait rémunération. Celle-ci semble être jugée à son juste prix par mes clients puisqu'ils sont plus nombreux que je n'ai de rendez-vous disponibles.

Pourquoi l'argent de la voyance serait-il l'argent de la honte ? C'est ce que certains de mes confrères semblent penser. Il est vrai que tout fait honte dans la voyance, y compris le fait d'appeler cette pratique par son nom. Il y a quelque temps, alors que je participais à une émission de télévision, la présentatrice me demanda d'un air gêné :

— Euh… Maud… On met quoi sous votre nom en régie ? Voyante, ça fait un peu… Vous n'auriez pas autre chose ?

Je sais que cette remarque ne trahissait rien d'autre qu'une attention respectueuse de sa part. Hélas ! je ne connais pas d'autre nom pour qualifier la voyance. Et je n'ai pas envie d'en chercher. Ce que je fais est pratiqué depuis la préhistoire et sur tous les continents par des hommes et des femmes que leur communauté respecte. Non, je ne suis pas une amie. Je ne suis pas non plus une psychologue. Ni un guide spirituel. Je suis voyante. Et j'en suis plutôt fière. En effet, c'est grâce à mes perceptions extrasensorielles que je recueille les informations sur les situations présentes, passées, et futures – non parce que je bavarde aimablement avec mes clients en pratiquant une thérapie sauvage.

Je suis donc bien voyante : c'est le mot. Le seul. Désolée s'il ne fait ni chic, ni sérieux, ni correct.

Certes, la méthode a ses limites et ses ratés, comme toutes les méthodes. Mais compte tenu du pourcentage d'hommes d'affaires – entre quatre-vingt-cinq et quatre-vingt-dix pour cent – que je revois régulièrement alors qu'ils ne me consultent que pour des raisons professionnelles, j'ai tendance à penser qu'elle est moins discutable qu'elle n'en a l'air.

Je résumerai mon point de vue de la façon suivante. Ou bien la voyance est un outil efficace pour mieux gérer sa vie, et son prix peut être celui d'un autre conseil de haut niveau, ou bien elle ne sert à rien, et dans ce cas même des honoraires très faibles seraient trop élevés. Les consultants ne s'y trompent pas. Au cours de cette même émission de télévision, j'ai fait la connaissance d'une jeune femme qui avait été ruinée par d'innombrables consultations téléphoniques. Elle s'était laissée piéger par leurs publicités racoleuses. Je lui demandai sur le plateau :

— Comment pouviez-vous croire, au vu de leurs publicités, que ces voyants possédaient de vrais dons ?

— Je ne le croyais pas ! me répondit-elle avec la plus parfaite honnêteté. Bien sûr que non ! J'appelais seulement pour qu'on me dise ce que j'avais envie d'entendre. D'ailleurs je téléphonais jusqu'à y parvenir.

Elle ajouta :

— Jamais je ne serais allée voir quelqu'un comme vous, car je n'ai pas du tout envie de savoir ce qui va se passer.

J'ai poussé un grand ouf de soulagement, puis j'ai remercié cette jeune femme pour sa franchise. Elle exprimait, au fond, la vérité. Une vérité que beaucoup refusent de regarder en face, à seule fin de pouvoir continuer à pratiquer un amalgame. Car il existe bien deux types de demande distincts. Il y a la demande des personnes en détresse. Ces gens ont besoin de réconfort. Ils veulent reprendre espoir. Ils font appel aux services de « voyants » qui jouent pour eux une comédie – une comédie dont le consultant a besoin, mais dont il n'est pas dupe. Il sait qu'il paie en échange d'un service, et que la relation avec le « voyant » ressemble peu ou prou à celle que le toxicomane entretient avec son dealer. C'est pourquoi il n'y a pas grand sens, en pareil cas, à poser le problème de la rémunération. Comme le dealer, le pseudo-voyant « accroche » son client en lui offrant des minutes gratuites ; et le client n'a de cesse que d'essayer d'en avoir toujours plus pour moins cher. Et puis il y a le client « sérieux ». Et il s'agit alors de tout autre chose. Le consultant sérieux sait que la voyance existe. Il accomplit une démarche authentique, en choisissant des praticiens honnêtes, crédibles, exerçant le plus souvent en cabinet et sans publicité – non pas au téléphone et à la minute. Ce client-là règle les honoraires du voyant comme il s'acquitte de la facture de son expert-comptable.

Entre ces deux extrêmes, on trouve la catégorie des « consultant-touristes ». Ce sont des gens qui souhaitent « aller voir », qui croient à la voyance sans y croire vraiment. Mes confrères, quand ils sont intègres, les jugent particulièrement difficiles à gérer. En effet, il s'agit d'un cas de figure où l'on a souvent affaire à des personnes narquoises, voire irrespectueuses. J'en ai moi-même fait l'expérience à mes débuts. Leur ambivalence a pour effet de stériliser les capacités psychiques. Ils plongent le voyant dans une forme de « double contrainte » : ils affirment qu'ils veulent savoir, mais n'acceptent d'entendre que ce qui leur fait plaisir. Ainsi passent-ils d'un praticien à l'autre sans trouver de satisfaction nulle part. « X » n'a pas prévu la rupture qui s'annonçait – donc il n'a rien « vu ». « Y » s'est montré odieux... Les gens de cette catégorie aussi recherchent des voyants bon marché qu'ils mépriseront même – et surtout – s'ils sont compétents. Dans la plupart des cas, il s'agit de femmes qui considèrent le cabinet du voyant comme un espace où venir déverser leur rancœur, un espace de non-droit où il est permis d'exprimer son agressivité envers les autres, envers Dieu ou envers le destin. Le voyant n'est plus alors qu'un bouc émissaire. À lui de payer pour les amants mariés, les maris volages, les enfants ingrats et les employeurs tyranniques ! À lui de composer avec un être imperméable à la simple question de savoir s'il n'est pas lui-même un tant soit peu responsable de ce qui lui arrive.

Étrange procès ! Le voyant est mis en demeure de prouver, par ses dons, qu'une autre dimension existe. Mais s'il vient à effectuer une divination juste, il déçoit et énerve. En refusant de promettre gloire, fortune et amour, il devient le complice d'un Dieu injuste et redoutable. Pour un peu, on exigerait de lui qu'il présente des excuses...

# 21

## Personnes célèbres

Une célèbre actrice française croisée dans le hall d'un grand hôtel m'avoua un jour qu'il lui était arrivé de consulter des services de voyance par téléphone. C'était au cours d'une période de sa vie particulièrement troublée. Elle s'adonnait à cette pratique le soir, pour échapper à la solitude. Bien sûr, l'expérience ne lui avait rien apporté de concret. Aucun de ces prétendus voyants n'avait deviné son métier. Quant à leurs divinations, elles ne s'étaient jamais réalisées. L'affaire remontait désormais à plusieurs années, et mon actrice en riait encore.

— En tout cas, me dit-elle, c'était plus efficace qu'un antidépresseur !

Preuve que les gens connus du grand public, dans le secret de leur vie privée, ne se distinguent guère du commun des mortels.

Je me suis longtemps demandé pourquoi un si grand nombre de mes confrères se revendiquaient comme le ou la « voyant(e) des stars ». Fallait-il chercher dans cette attitude une raison historique ? Les rois et les empereurs avaient jadis leurs astrologues et leurs devins comme ils entretenaient des portraitistes et des orfèvres attachés à leur cour. L'explication ne me semble pas valable. Prenons l'exemple des avocats qui plaident la cause des gens célèbres. Si nous les admirons, ce n'est pas du fait des relations personnelles qu'ils sont supposés entretenir avec leurs clients, mais parce qu'ils gagnent leurs procès.

La clé du mystère m'est apparue un jour que je regardais à la télévision l'interview de l'homme qui a créé la célèbre chaîne de clubs de strip-tease connue sous le nom de « Stringfellows ». Cet homme affichait une soixantaine satisfaite. Il devait être particulièrement soucieux de son image car il se teignait les cheveux. Son sourire mécanique semblait ne jamais le quitter. Il disait posséder plusieurs clubs dans le monde et ne se montrer qu'au bras de jolies filles. Pourtant, sa plus grande fierté était ailleurs. Sa fierté, c'était la célébrité de ses clients. On voyait chez lui, dans toutes les pièces, les photos des stars qui avaient défilé dans ses établissements, quand bien même elles ne s'y étaient arrêtées que quelques minutes. Les photos, en effet, représentaient la plupart des stars du showbiz, ainsi que les grands de ce monde et autres princes consorts.

Soudain, pour moi, tout devint clair. Comme le voyant, cet homme exerçait une activité contestée, regardée comme douteuse, voire méprisée. Certes, personne ne pouvait l'accuser d'être un escroc, mais son activité était perçue comme étant à la lisière de la moralité. Autrement dit, il avait besoin d'une caution morale. D'où cette attitude qui consistait à insister auprès du journaliste sur la présence des célébrités dans ses établissements. Le message était le suivant : « Tu estimes peut-être que mon activité n'est pas honorable… Mais qui es-tu pour me juger, alors que tant de gens célèbres sont venus chez moi ? » Sauf que l'interview, en définitive, était bien faite, dans la mesure où le personnage apparaissait pour ce qu'il était vraiment : un opportuniste qui vivait dans le luxe grâce à des femmes qui dansaient nues pour ses clients. Nul doute que monsieur Stringfellows aura pu regarder l'émission sans rougir ; mais aucun jeune garçon, à la vue de ces images, ne risquait d'avoir envie de l'imiter plus tard.

Depuis quinze ans, j'ai très souvent été sollicitée par des journalistes pour faire des révélations sur la vie de célébrités dont ils savaient que j'étais le conseil. D'autres fois, on tentait par mon intermédiaire d'amener Untel ou Untel à témoigner. Ma réaction a toujours été de refuser. Tant que notre société refusera de considérer les capacités extrasensorielles comme des objets d'études, et donc ma pratique comme honorable, je me devrai de protéger mes clients célèbres en m'abstenant de tirer profit de leur notoriété. À qui rendrais-je service en sollicitant leur témoignage ? À eux ou à moi ? Mes clients me paient. Autrement dit, ils ne me doivent rien. C'est à moi qu'il revient d'imaginer d'autres stratégies pour accéder à la reconnaissance. Et puis les préjugés sont tenaces au pays de Descartes. Imaginons qu'un baron de l'industrie ou des affaires avoue compter parmi mes clients. Cet aveu, aussitôt, le desservirait. Je connais les arguments de mes détracteurs lorsque l'on aborde la rubrique « clients célèbres ». Au pire, ils les imaginent sous l'emprise d'une femme manipulatrice qui abuse d'une faiblesse psychologique passagère, au mieux sous son charme.

Pourtant je reçois régulièrement des dirigeants de sociétés cotées en Bourse, ainsi que des personnalités du spectacle, de la politique et des affaires dont l'influence est déterminante, ou encore des investisseurs capables de placer des dizaines de millions d'euros. Comment pourrais-je nier avoir une réelle influence dans les affaires privées et parfois publiques ? Là encore, soyons honnête : s'ils viennent me voir, c'est le plus souvent pour appliquer mes conseils, car ils n'ont ni temps ni argent à perdre.

Je ne lis jamais la presse économique, sauf dans les aéroports. Ainsi ai-je remarqué que je pouvais ouvrir un journal sans y reconnaître le visage d'hommes et de femmes que je voyais depuis de nombreuses années. D'autres fois, en faisant mes courses, j'aperçois au kiosque les gros titres, et il m'arrive de me dire : « Bon, ils l'ont faite, cette fusion », ou encore, « Voilà ! Il a des ennuis ! Je l'avais pourtant prévenu ! Et il n'a pas voulu faire attention ! » Il est vrai que je sais beaucoup de choses, et bien souvent avant tout le monde, mais je m'efforce de ne jamais commettre la moindre indiscrétion. L'année dernière, un célèbre chasseur de têtes qui prenait sa retraite s'est donné pour ultime et courageuse mission de dire « toute la vérité » sur sa profession. Il a révélé qu'il avait parfois fait appel à mes services[1]. Il a témoigné publiquement de ce que je fais très régulièrement : influer sur des recrutements, parfois pour des multinationales.

Il m'arrive aussi des anecdotes amusantes. J'étais un jour en avion. Observant mon voisin, je m'aperçus que je le connaissais bien... J'avais vu sa photo et son CV quelques mois auparavant. Je savais qu'il venait d'être nommé directeur général d'un laboratoire mondialement connu. Son P-DG était mon client. Il avait hésité entre lui et un autre candidat. Et c'est lui que j'avais recommandé... À un moment, il me dévisagea et me reconnut à son tour. Une conversation s'engagea. Il semblait dépourvu d'*a priori*, et même très intéressé par mes services. Était-il en train de faire de la télépathie ? Avait-il une soudaine inspiration ?

— Vous faites des recrutements ? me demanda-t-il d'un air innocent. Je ne vous cache pas que ça pourrait m'intéresser. Par curiosité, disons. Mais je compte sur votre discrétion, bien sûr. Je ne crois pas que ça plairait beaucoup à mon P-DG, s'il venait à apprendre que...

*Ouf !* La télépathie avait ses limites.

Si je me permets de raconter cette anecdote aujourd'hui, c'est que les deux hommes ont fini par parler de moi ; ils sont même venus me consulter ensemble au sujet d'un dossier difficile.

Les hommes politiques influents, eux, sont extrêmement méfiants – beaucoup plus que les hommes d'affaires. Ils sont aussi moins nombreux à venir en consultation, en dépit de la légende qui veut que les

1. Jean Claude Lasanté et Bernard Lalanne, *Attention, chasseurs de têtes !* Bourin Éditeur, Paris, 2005.

puissants passent leur temps dans le cabinet des voyantes. En général, ils commencent par envoyer un « éclaireur » pour « tâter le terrain ». Souvent, ils ont été séduits par une de mes prestations télévisées. Ensuite passe un délai. Je n'entends plus parler d'eux. Jusqu'au jour où ils se décident à venir en personne. Je vois alors défiler les dossiers – choix d'un collaborateur, stratégies de prise du pouvoir, évaluation des chances de succès, réactions de l'opinion publique après telle décision. Je surprendrai peut-être en disant que mon rôle, dans ce cas, est quasi technique. Où, quand, comment. Aucune personnalité politique n'a jamais attendu de moi le moindre « soutien », comme on le croit trop souvent. Lors de la première consultation, je leur demande quelquefois de « coder » leurs questions. Les personnages publics auxquels il est fait allusion deviennent « X » ou « Y ». Ainsi ils peuvent juger de mes capacités et s'autoriser à s'ouvrir de ce qui les intéresse. En général, j'aime travailler avec les hommes politiques. Ce sont des gens tactiques, donc particulièrement aptes à tirer parti de mes conseils. J'ajouterai ceci. Il est beaucoup plus facile de prédire une défaite à un présidentiable qu'au maire d'une petite commune. Tout se passe comme si l'exercice du pouvoir à un haut niveau se conjuguait avec un certain recul, et avec le sens du jeu. En revanche, à quelques rares exceptions près, les mécanismes qui me permettent de « voir » ne les intéressent pas. Ils s'émerveillent, mais le mystère ne les gêne pas. L'un d'eux, qui avait fait du droit et n'avait pas de formation scientifique, me dit un jour :

— Franchement, je ne sais pas comment vous faites, mais ça ne me dérange pas puisque ça marche. Il y a tellement de choses que j'utilise sans savoir comment elles fonctionnent ! À commencer par mon téléphone portable.

Les artistes et les créateurs aussi consultent beaucoup. Et ils sont tout de suite en confiance, contrairement aux hommes d'affaires qui affichent d'emblée un certain scepticisme. Il y a d'ailleurs une raison à cela.

Nombre d'artistes connaissent des épisodes de voyance spontanée. Il semble en effet exister un lien entre disposition artistique et clairvoyance[1]. Souvent ce que j'annonce à un artiste correspond à tel rêve qui lui est venu, à tel pressentiment qui l'a visité. Certains écrivains m'ont confié avoir vécu point par point l'histoire parfaitement imaginaire qu'ils avaient écrite plusieurs mois auparavant. Je connais bien cette expérience dont j'ai déjà parlé[2].

Comme tout un chacun, il m'arrive de mentir pour des raisons diplomatiques. Une de mes relations insista un jour pour me faire rencontrer un auteur à succès qui ne m'attirait guère. Pour tenter d'échapper à cette rencontre, je lâchai la première invention qui me traversa l'esprit :

— Désolée, pas ce soir, c'est impossible. J'ai une amie qui débarque à Paris. Une amie que je n'ai pas vue depuis dix ans. Elle veut me présenter son mari et son fils…

J'étais un peu honteuse en raccrochant le téléphone, mais le stratagème avait fonctionné. Bientôt, l'incident était oublié, et le prétexte inventé aussi. Moins d'une semaine plus tard, le téléphone sonne. C'est l'amie disparue depuis dix ans à laquelle j'avais pensé en commettant mon petit mensonge. Je m'étais seulement trompée sur un point : elle avait deux fils, et non un seul. En mentant, j'avais fait sans le savoir un acte de voyance.

Nombre d'artistes font des rêves prémonitoires. Du fait de leur extrême sensibilité, ils perçoivent souvent les « vibrations » des choses, des lieux, des êtres. Je suis persuadée que certains d'entre eux pourraient faire d'excellents voyants avec une pratique régulière. En

1. Les prédispositions naturelles des artistes pour la clairvoyance et la précognition ont été étudiées par Erik Pigani dont il faut lire *PSI, enquête sur les phénomènes paranormaux,* Presses du Châtelet, Paris, 1999 – Il s'agit d'un ouvrage de référence sur le paranormal, abondamment documenté et agrémenté d'interviews passionnantes.
2. Maud Kristen, *Fille des étoiles,* J'ai Lu, Paris, 1999.

consultation, il m'arrive de leur décrire la musique qu'ils sont en train de composer, le décor dans lequel ils viennent de tourner une scène. Parfois je leur raconte un film que je découvre à l'affiche quelques mois plus tard.

Si mon métier m'offre le privilège de côtoyer les hommes et les femmes qui font aujourd'hui l'Histoire, je me suis fixé pour règle de ne pas entrer dans leur vie. Il peut m'arriver de déjeuner avec certains d'entre eux, mais je refuse d'aller plus loin. C'est la condition, si je veux pouvoir rester leur conseil. Des personnalités ou des clients fortunés m'ont invitée quelquefois à venir dans leur villa ou sur leur bateau. J'ai toujours décliné. Comment pourrais-je encore les conseiller après avoir sympathisé avec leurs proches ? Si j'étais chirurgien orthopédique, j'accepterais sans risque de passer huit jours à l'île Moustique avec la star dont j'aurais opéré le genou. Je pourrais plaisanter avec sa femme et ses enfants. Mais je ne serais jamais en situation d'avoir peut-être à lui annoncer bientôt que sa chère compagne – cette dame qui m'a si gentiment reçue – vit une folle passion avec son meilleur ami !

Mon travail, parce qu'il touche à l'ensemble de la vie d'une personne, exige de conserver une liberté et une distance totales avec les proches de ceux et de celles qui me confient leur vie. Je n'ai pas toujours le courage d'expliquer cette position. Aussi certains ont-ils pu s'offusquer. C'est pourtant à ce prix que je peux continuer de leur dire la vérité.

Cependant, des hommes de pouvoir et des artistes ne m'ont pas caché leur désappointement devant le comportement de certains de mes confrères qui n'avaient pas hésité à réclamer leur protection, voire à leur demander d'investir financièrement dans leurs projets ou dans ceux de leurs proches. Cela ne m'a pas vraiment étonnée et j'ai plaidé l'indulgence envers ces confrères entreprenants... J'ai moi-même perdu quelques amis en refusant de jouer à ce petit jeu. L'un d'eux me lança un jour, avant de se fâcher définitivement avec moi :

— Je ne comprends pas... Tu connais les hommes les plus importants de ce pays et tu n'as jamais réussi à placer mon CV !

Non. Ni le sien, ni aucun autre. Je n'ai pas non plus usé de mon influence pour conseiller à mes clients d'investir dans le projet de mes rêves en matière de protection animale...

Une femme d'affaires qui compte parmi mes plus fidèles clientes m'a annoncé récemment que si telle opération financière réussissait, et dépassait un certain montant, elle ferait don de cet excédent à la cause tibétaine. Nous étions en pleine consultation. Croyant qu'elle m'interrogeait sur le bien-fondé d'un tel geste, je me suis empressée de lui dire que je ne pouvais répondre à cette question. En effet, étant bouddhiste, je commettrais une erreur en acquiesçant, non pas en tant que femme, car je ne peux que m'en réjouir, mais en tant que voyante... Où serait ma neutralité dans un tel conseil ?

Cette rigueur, selon moi, est indispensable. Peut-être est-ce grâce à elle que je suis parvenue à jeter les bases d'une pratique de la voyance qui soit moralement acceptable. Il est vrai que les capacités psychiques ont mauvaise presse ; et c'est incontestablement lié au problème qu'elles posent en matière de pouvoir. Il est donc indispensable de réfléchir à un cadre qui en définisse les limites.

## 22

# Erreurs et dérapages

Mais, en dépit de ces précautions, la voyance peut quelquefois se révéler décevante, voire dangereuse.

Il existe en effet des situations délicates qu'aucune éthique ne saurait prévenir. Il y a d'abord des scénarios – inévitables et heureusement fort rares – dans lesquels je me retrouve en situation de travailler à la fois pour un mari et sa femme. Il m'est arrivé de recevoir la même année une femme, son mari et la maîtresse de ce dernier ! Le lien entre les protagonistes s'est découvert en pleine consultation. Que faire en pareil cas ? M'interrompre et expliquer à la maîtresse que son amant me consulte ? Ce serait violer le secret professionnel. Un avocat peut refuser un dossier parce qu'il est le conseil de quelqu'un d'autre, moi non.

Pourtant, le problème moral qui se pose en pareil cas n'est pas celui de la voyance. J'ai commencé ma consultation en décrivant précisément le partenaire en question et la relation existante. Je ne joue pas le jeu de « celle qui voit » pour ne dire en fin de compte que ce que je sais. Il s'agit en réalité d'un conflit d'intérêts. Dans ce cas précis, mon client, s'il n'était pas amoureux de sa maîtresse, trouvait auprès d'elle un équilibre érotique qui manquait cruellement dans son couple. Sa femme, très directive, mais qu'il adorait, fermait les yeux et se consacrait essentiellement à l'éducation de leurs quatre enfants. L'homme était inquiet des sentiments de plus en plus passionnés que lui vouait sa maîtresse. Il était bienveillant vis-à-vis d'elle, même s'il ne la considérait que comme une amie avec laquelle il avait des relations sexuelles. Je lui avais conseillé d'agir aussi honnêtement que possible, en évitant toute ambiguïté, mais pas de rompre avec elle puisque tel n'était pas son intérêt. La jeune femme en question, elle, souffrait un martyre tout en étant persuadée qu'il finirait par quitter femme et enfants. Avant d'avoir découvert l'identité de son amant – sans pouvoir le lui dire –, je lui avais fait part de mes craintes. Elle avait pleuré longuement, tout en reconnaissant que la situation était telle que je la voyais. Il me fallut lui conseiller de mettre un terme à cette relation puisque son équilibre en dépendait. Elle décida de rompre à la suite d'une longue conversation au cours de laquelle il reconnut n'avoir aucune intention de changer sa vie. Grâce à l'honnêteté des protagonistes, je réussis à ne trahir personne tout en aidant chacun, mais je reconnais que la situation était vraiment délicate.

Parfois, je suis utilisée à mon insu. Je me souviens d'avoir fait une description épouvantable d'une femme à un homme inconditionnellement amoureux d'elle. J'ai insisté sur son égoïsme, son matérialisme, ses changements d'humeur et ses absences. J'ai parlé de son secteur d'activité, de ses voyages, je l'ai décrite physiquement. Tout se passait parfaitement bien jusqu'à ce que mon client, qui n'avait pas apporté de photo, se rappelle qu'il en avait une dans son téléphone portable. Il me la montra. C'était une de mes relations ! Je dus cacher mon trouble. J'étais abasourdie. Mais j'avais tort de m'inquiéter. Je reçus le lendemain un appel de cette femme. Elle tenait à me remercier chaleureusement :

— Tu ne peux pas savoir le bien que ça lui a fait… Voilà des mois que je lui répète que je ne l'aime plus, mais il revient toujours à la charge… Impossible de me débarrasser de lui. Tu as réussi en quatre-vingt-dix minutes ce que je n'ai pas su faire en six mois. Tu l'as découragé pour de bon… Bravo, Maud !

Mon amie ajouta :

— Pour être honnête, je dois t'avouer une chose. C'est moi qui lui ai offert cette consultation. Sans lui dire que nous nous connaissions, bien sûr. Et sans t'en parler non plus. Tu n'aurais pas osé m'assassiner de la sorte, et pourtant il le fallait !

Comment éviter ce type d'interactions ? Le profane s'étonnera : comment ai-je fait pour ne pas « voir » ces manœuvres ? J'ai déjà tenté de décrire la nature de mes perceptions. La voyance ne permet pas de dire : « L'auteur de ce crime s'appelle Pierre Dupond, il habite au 6 avenue du Général-de-Gaulle à Clamart. » Elle peut seulement brosser un portrait de Pierre Dupond, parler de ses habitudes, de son cadre de vie. Je suis souvent consultée par des policiers. J'accepte de travailler avec eux, non sans réserve toutefois, ni sans m'être assurée qu'ils sont conscients de mes limites, et des risques d'erreur qu'elles engendrent. J'avais réussi notamment à décrire la vie de Guy Georges, son histoire et son mode de vie. Mais ce n'est pas mon travail qui a permis son arrestation… C'est pourquoi, lorsque je suis consultée sur des disparitions, j'oriente systématiquement les familles vers les radiesthésistes. J'ai beau posséder certaines capacités psychiques, je trouve au fond plutôt rassurant et humain de pouvoir être trompée de temps en temps, comme tout le monde. N'importe qui peut m'envoyer sur une fausse piste. Mais n'en est-il pas de même pour n'importe quel spécialiste ? Un de mes amis médecin fut abusé un jour par les déclarations d'une patiente qui prétendait avoir été violée. Elle semblait en état de choc. Son cou portait de légères griffures. La suite montra que cette femme, gravement déséquilibrée, répétait régulièrement ce scénario et simulait ces traces d'agression. Doit-on en conclure que mon ami est un mauvais médecin ou un charlatan ?

Parfois, ce n'est ni la situation, ni la responsabilité du client qui rend l'exercice de mon métier périlleux. Les erreurs existent, et elles peuvent être lourdes de conséquences. Je ne pourrai jamais les éviter totalement. La chose est plutôt rare, mais pas suffisamment pour être passée sous silence.

J'annonce un jour à un entrepreneur une bonne nouvelle : il doit s'attendre à gagner beaucoup d'argent avec une société qu'il vient de racheter. L'affaire est promptement conclue. Hélas ! cette société fait rapidement faillite. Revenu me voir quelques mois plus tard, il se demande en toute honnêteté s'il n'a pas trop attendu pour se débarrasser des deux personnes que je lui avais conseillé de licencier. Nous nous connaissons depuis de nombreuses années, et cette prédiction est ma première erreur. Il n'arrive tout simplement pas à imaginer que je puisse m'être trompée. Pourtant l'erreur est commise. Honnêtement, je suis incapable de comprendre ce qui s'est réellement passé. Les lois de la divination ne sont peut-être pas si différentes de celles de la nature : elles ont leurs exceptions et leur mystère. Mais les choses auraient peut-être été plus douloureuses si je m'étais trompée en conseillant ce client dans sa vie affective, où les fiascos peuvent être encore plus lourds de conséquences.

Un professeur spécialisé dans les problèmes de fertilité m'avoua qu'au bout de vingt ans d'expérience il ne comprenait toujours pas pourquoi certaines femmes réussissaient à tomber enceinte alors que d'autres, dont les analyses étaient bonnes, n'y arriveraient jamais. Dans la majorité des cas, il savait prévoir ce qui allait se passer, mais le dénouement d'un certain nombre lui échappait totalement. Il se sentait responsable des faux espoirs qu'il donnait à des femmes qui ne réussiraient jamais à mettre un enfant au monde ; il avait l'impression d'être porteur d'un mauvais sort en décourageant celles qui réussiraient un jour à être mère.

Mieux vaut ne pas commencer à utiliser la voyance si l'on n'est pas prêt à accepter la possibilité d'une marge d'erreur. Car, pour dix prédictions justes, il y en aura fatalement une ou deux qui se révéleront fausses, et qui auront une grande importance. Moi-même, qui suis la première utilisatrice de ma discipline, j'ai toutes les peines du monde à accepter les erreurs de prédiction ! Mais l'expérience m'a appris à regarder ce dysfonctionnement comme relevant de la normalité. Je le répète, une personne qui vivrait comme insupportable l'échec d'une prédiction ne doit pas consulter. Elle doit même fuir la voyance ! Car la déception peut se révéler une expérience abominable. En principe, je suis en mesure d'anticiper nombre d'embûches, pourtant il en est que je ne verrai pas. La voyance fonctionne comme un parapluie plutôt que comme un scaphandre – la protection, pour être effective, n'est jamais garantie à cent pour cent.

D'abord, il y a les « drames », ces décès tragiques qu'il ne m'est pas toujours permis de voir, encore moins d'annoncer. À ce propos, je suis convaincue de deux choses. D'abord, ces drames sont inévitables. Ensuite, des révélations à leur propos risqueraient de gâcher la vie de ceux qui auraient à les assumer. J'ai cru voir un jour, sur une photo de famille, un accident de voiture dans lequel périrait le mari d'une cliente. Je voyais une nuit noire, une route de campagne, une collision suivie d'un incendie gigantesque. Je voyais ma cliente pleurer à un enterrement. Je savais que son mari, directeur commercial, sillonnait la France. J'ai passé ma soirée à imaginer le drame qu'elle risquait de traverser, dont je ne pouvais pourtant pas l'avertir. Cette dame est revenue me voir deux années plus tard, très affectée. Elle venait de perdre son frère, décédé une nuit d'hiver après avoir percuté un camion-citerne rempli de fioul. Elle me tendit en pleurant la photo de deux hommes que je connaissais déjà : j'y reconnus son mari, au coude à coude avec son frère, le défunt... L'information que j'avais reçue était juste. Je l'avais seulement mal interprétée. Je m'étais laissé influencer par la profession à risque de son conjoint, perdue dans la violence de ce flash.

Certaines erreurs d'interprétation peuvent quelquefois provoquer des drames psychologiques. Il arrive en effet que je distingue un contenu d'événements sans parvenir à déterminer exactement ce qu'ils vont signifier pour mon client. Ainsi j'annonce à une femme de cinquante ans, célibataire, qu'elle est probablement sur le point de faire une rencontre amoureuse. Je lui décris la personne avec précision : un homme de grande taille, érudit, parlant plusieurs langues, s'exprimant d'une voix grave, et qui aura un bras handicapé que je suis même capable de mimer. Le mime, en voyance, est un mode d'expression qui me permet fréquemment de traduire ce que je ressens. Je prends les postures ou les intonations de la personne que je décris. Durant quelques secondes, je *deviens elle*, comme un acteur imprégné de son personnage.

— Vous allez beaucoup parler avec lui, dis-je. Il sera très bienveillant, très disponible. Comme vous, il est très attaché aux valeurs familiales et il aura connu l'exil... À moins que ce ne soit sa famille ? J'ai l'impression qu'il viendra de l'Est... C'est drôle, vous avez un balcon qui donne sur des jardins ?

— Oui, je vis devant un parc...

— Je vous vois chez vous, l'été, sur votre balcon. Je vous vois en train de vous occuper de vos fleurs, et vous attendez qu'il vous appelle.

Je perçois nettement l'importance que prendra cet homme dans la vie de ma cliente. Celle-ci vient d'enterrer sa mère, avec laquelle elle avait toujours vécu. Ce deuil et la solitude l'ont conduite à une dépression. Un an après m'avoir rendu visite, elle décidera, pour tenter de s'en sortir, de prendre contact avec un thérapeute recommandé par une collègue. Elle se retrouvera bientôt dans le cabinet d'un homme d'origine russe. L'homme est grand. Il a une voix profonde. Il travaille entouré de livres coûteux imprimés dans des langues étrangères. Et une ancienne hémiplégie l'a privé de l'usage de sa main droite. Au début, ma cliente, très fermée aux hommes, ne pense plus du tout à la divination : elle est venue consulter un thérapeute et ne fait pas le lien entre cet homme et la visite qu'elle m'a rendue. Au bout de quelques séances, elle sent qu'elle s'éprend de lui. Elle n'a même jamais ressenti une telle émotion amoureuse pour quelqu'un. Elle relit alors les notes qu'elle a prises en sortant de chez moi. C'est lui ! se dit-elle. La grande taille, la voix, l'érudition... et la main invalide ! Ma cliente se déclare. Le psy lui explique qu'il ne pourra rien faire pour elle si elle subit ce type de transfert. Assez froidement, il l'oriente vers un confrère. La cliente revient me voir, abasourdie par la précision de ma description. Elle ne peut croire que cet homme ne l'aime pas. Tout ce que j'ai vu était si clair... J'apprends aussi que, conformément à ma prédiction, elle a passé des heures sur son balcon, à attendre que cet homme la rappelle. Aussitôt je comprends mon erreur : j'avais vu un contenu d'informations juste, sans en percevoir les vrais aboutissants. C'était grave. Hélas, il n'y avait plus rien à faire, ma cliente était désespérée. Voyant cet homme lui parler si fréquemment, et avec douceur, je n'avais pas imaginé une seconde qu'il puisse s'agir d'une simple relation thérapeutique. J'avais compris la place qu'il prendrait pour elle, non la place qu'elle prendrait pour lui. J'avais vu une partie seulement de la vérité, ce qui me parut injustement douloureux alors qu'elle était déjà dans une période de si grande fragilité.

J'annonce un jour à un client, jeune chef de cuisine, qu'il partira travailler aux États-Unis ou en Australie.

— Vous allez rencontrer un anglophone, lui dis-je. Un homme blond, corpulent, à la peau très blanche. Il adorera votre cuisine et vous proposera une association.

Mon client est ravi car cette voyance corrobore ses rêves secrets. Effectivement, l'association se présente, mais beaucoup plus tard, près de quatre années après notre entretien. Lors d'un concours, il rencontre effectivement un homme d'affaires américain qui l'attire en Floride. Mon client s'envole pour l'Amérique et commence à travailler. Hélas, l'« homme blond » se révèle d'une grande malhonnêteté et d'un caractère insupportable. Je n'avais pas été capable de déceler ses travers. Heureusement, mon client sut rebondir et réaliser tout de même son rêve américain : il habite aujourd'hui la maison que je lui ai décrite il y a près de sept ans.

Dans ce cas-là, une deuxième consultation aurait été utile, compte tenu du laps de temps qui s'était écoulé entre sa visite et la rencontre de cet homme. En effet, la voyance fonctionne souvent « par embranchements ». Lorsque j'annonce à mon client qu'il arrivera bientôt à un carrefour de sa vie, l'anglophone à la peau blanche se trouve à un point P de l'histoire. Et j'ai vu clairement ce point P assez lointain. Ce que je n'ai pas vu, c'est la direction que prendrait la route après P. Mon client serait-il revenu me voir peu avant le point P, j'aurais pu lui offrir une vision de la suite – et je l'aurais finalement dissuadé, non de partir pour les États-Unis, mais de s'associer avec cet homme.

Gardons-nous de considérer la voyance comme un phénomène linéaire. Les événements semblent plutôt s'écrire petit à petit. Les images produites par la divination ressemblent à l'horizon tel qu'il nous apparaît quand nous voyageons en voiture. On aperçoit au loin une église. Mais qu'y a-t-il au-delà de l'église ? Mystère. Peut-être une vallée agréable, ou un complexe industriel, ou encore – pourquoi pas ? – une autre église. Nous l'ignorons. Nous ne pourrons en avoir une idée que lorsque l'horizon se sera « déplacé », quand nous nous serons rapprochés de l'église. Or l'histoire n'est pas écrite intégralement à notre naissance, elle se construit au fur et à mesure des rencontres et des choix de chacun.

Il m'est arrivé, après certaines erreurs, de m'interroger sur le bien-fondé de ma pratique. Au fond, même en ayant toujours été transparente sur les risques d'échec[1], était-il moral d'intervenir ainsi dans la vie d'autrui en l'illusionnant ? Au bout de vingt ans d'exercice, je puis dire que j'aide à peu près quatre cents personnes à y voir plus clair, tout en conduisant trois

1. Maud Kristen, *Pour en finir avec Madame Irma*, Calmann-Lévy, Paris, 1990.

d'entre elles vers de mauvais choix… Je ne désespère pas de trouver encore d'autres garde-fous pour réduire cette marge que j'accepte mal, et qui m'inhibe parfois. C'est elle qui me pousse – nous y reviendrons – à prendre de nombreuses précautions avant de commencer une consultation.

Il est d'autres circonstances où la voyance échoue sans que ma responsabilité puisse être mise en cause. Certains clients ne viennent pas consulter pour résoudre leur problème, mais pour essayer inconsciemment de mettre le voyant en échec. Rien ne serait pire, pour eux, que de voir leur difficulté disparaître ! Ils ont fait d'elle le centre de leur vie et ne sauraient s'en débarrasser sans risquer de se retrouver dans un vide plus terrifiant encore. Bien souvent, ils ont déjà consulté partout, et dans toutes les disciplines, sans réussir à comprendre que leur vie ne s'accomplissait que dans la plainte. Ils affirment au début qu'ils sont en face de moi parce que je leur suis apparue comme la plus célèbre, et aussi comme la meilleure… Ils disent vrai sur leur motivation, sans en connaître toutefois tous les ressorts. C'est – hélas ! – parce qu'ils me considèrent comme la meilleure qu'ils ont décidé de me faire échouer… Aussi notre relation commence-t-elle souvent par une réaction de mauvaise foi.

— Je ne vois que des maisons, dis-je à une femme. Des maisons de toutes sortes et de toutes les époques. Certaines ont des jardins, d'autres non. C'est l'univers de travail de votre mari. Il passe de l'une à l'autre. Je ne sais pas ce qu'il y fait… Il est dans le bâtiment ?

— Pas du tout !

Après plusieurs réponses de ce type, je propose d'arrêter. Je suis manifestement dans l'erreur, autant en tirer les conclusions qui s'imposent et interrompre l'entretien.

— Madame, dis-je, je ne vous capte pas. Tant pis…

— Attendez ! Ce que vous avez vu est juste, mais ce n'est pas assez précis. Mon mari dirige une agence immobilière… Alors les maisons, oui, si on veut, on peut dire ça…

Allons, je n'étais pas tombée si loin. Mais la course d'obstacles continue. La même consultante s'acharnera bientôt à me signaler tous les faits qui m'auront échappé. Certes, j'ai été en mesure de lui décrire avec précision les travaux qu'elle vient de faire effectuer dans son appartement. Je lui ai parlé de la polyarthrite de sa mère – dont je n'ai pas la photo. J'ai évoqué la passion de son fils pour les chevaux. Mais je n'ai pas su voir que sa sœur était en train de divorcer !

À ce stade, j'estime qu'il vaut mieux interrompre l'expérience. La mauvaise foi, par définition, est ingérable. Mon métier consiste à ouvrir des horizons, mais il ne peut être utile qu'à des hommes et des femmes capables de comprendre les informations que je leur transmets. Certaines personnes sont-elles réellement inaptes à saisir une métaphore, ou animées d'une vraie volonté de me faire échouer ? Il est difficile de répondre à cette question. Quoi qu'il en soit, ces personnes-là ne me permettront pas de les aider. Elles sont d'ailleurs bien souvent la terreur des psychothérapeutes et de tous les praticiens en général, car elles ne tardent pas, en toutes circonstances, à révéler leur tempérament insatisfait.

Une autre forme de mauvaise foi peut pousser le consultant à refuser de regarder la réalité en face.

— Désolée, dis-je à une jeune femme. Mais je ne vous vois pas réussir à établir une authentique relation amoureuse avec cet homme. D'abord parce qu'il est marié, ensuite parce qu'il ne vous donnera jamais beaucoup de temps.

La cliente est surprise, ce que je conçois parfaitement puisqu'elle est amoureuse. Quatre ans plus tard, je reçois d'elle une lettre disant que tout se passe à merveille avec son amant. Le message subliminal est limpide : « Vous vous êtes trompée, Maud Kristen. » Cependant elle décide de revenir me voir. Si l'on met de côté cette erreur, j'ai parfaitement prévu d'autres événements de sa vie et anticipé sa nouvelle orientation professionnelle. Pourtant sa visite m'étonne un peu. Bien souvent, les

« mauvaises choses », qui correspondent à des directions barrées, arrivent presque toujours, tandis que les « bonnes », qui demandent notre participation, sont plutôt écrites en filigrane. Néanmoins l'expérience m'a appris que la prédiction a aussi ses miracles – même s'ils sont rares. En tout cas je suis ravie pour cette jeune femme, et désolée de m'être trompée.

— Alors tout va bien avec votre ami, dis-je. C'est formidable. Vous vivez ensemble ?

— Non, non. Son fils passe son bac, et c'est un bon père. Il ne souhaite pas quitter sa femme maintenant. Mais je sais qu'il le fera…

— C'est ce qu'il vous dit ?

— Non, il me dit le contraire. Mais c'est de la pudeur, j'en suis sûre. Ce que nous vivons est trop fort.

— Vous vous voyez souvent ?

— Une ou deux fois par mois, il vient passer l'après-midi chez moi. Parfois, nous nous voyons davantage l'été, lorsque sa femme est en vacances et qu'il reste à Paris.

— Ce n'est pas beaucoup…

— Il se débrouille tout de même pour me téléphoner une fois par semaine… Il est très pris par son travail, vous comprenez. L'année dernière, nous sommes restés six mois sans nous voir. Pourtant nous travaillons dans le même quartier. Sur le coup je n'étais pas très contente, mais bon, je le comprends, il a tellement de responsabilités…

Comment aurais-je pu annoncer à cette jeune femme une relation épanouissante ? Je peux comprendre que ses sentiments la conduisent à spéculer sur un futur radieux, mais je ne peux en aucun cas cautionner son aveuglement. Encore une fois, imaginons qu'un médecin, parce que tel est son devoir, conseille à son patient d'arrêter de fumer. Le patient n'en demeure pas moins libre de continuer à griller des cigarettes ! Et le médecin n'aura pas à intervenir davantage. Il arrivera peut-être que le patient atteigne finalement un âge vénérable en fumant ses deux paquets par jour. Mais qu'on le veuille ou non, un médecin est dans une position qui l'oblige à s'exprimer sur les dangers du tabac. Il est de son devoir d'empêcher le patient de se détruire. Toutes proportions gardées, le voyant devrait occuper une place analogue. J'estime de mon devoir de révéler certains faits à la personne qui est venue me consulter. C'est le contrat moral que je passe avec elle, même si elle reste libre, bien sûr, de mener sa vie comme bon lui semble.

## 23

## Une consultation

Je souhaite aussi m'inscrire en faux contre une autre idée reçue. Certaines personnes, qui ne peuvent être considérées comme des toxicomanes de la voyance, ont régulièrement recours à mes services. Ayant observé que le filtre de la divination leur faisait gagner beaucoup de temps, elles ont pris l'habitude de l'employer pour toutes les décisions importantes qu'elles ont à prendre. Et la liberté de l'homme ? objectera-t-on. Je répondrai qu'il est des aveugles de naissance qui réussissent à mener une vie très autonome et compensent leur handicap par le développement d'autres sens... Néanmoins, lorsqu'ils recouvrent la vue à la suite d'une opération, ils sont ravis de la liberté supplémentaire dont ils jouissent, et de l'agrément qu'il y a à pouvoir se diriger dans le monde sans se cogner aux meubles. En ce qui me concerne, je préfère renoncer à la liberté d'agir aveuglément, et il semble que la majorité de mes clients ont opté pour le même choix. Je comprends que cette conduite puisse choquer, et je reconnais qu'intégrer vraiment la voyance dans sa vie n'est pas toujours simple, y compris sur le plan diplomatique... Combien de fois mon assistante m'entend-elle lui tenir des propos qui seraient jugés affolants par un observateur extérieur ? Il m'arrive par exemple de refuser de réserver des billets à quinze jours du départ, sachant que le voyage, de toute façon, n'aura pas lieu. Je puis justifier facilement mes décisions par ces simples mots : « L'Intelligence me l'a dit. » Mais nombre de ceux qui me consultent doivent fatalement se heurter à l'incrédulité et à la stupéfaction de leurs collaborateurs.

Je suis persuadée que la voyance permet d'atteindre une vie de meilleure qualité. Pourtant je suis éloignée de tout prosélytisme. Je respecte le choix de ceux et celles qui mènent leur existence en se servant seulement de la raison. Ils agissent conformément à notre culture, laquelle les influence en ce sens.

Certaines personnes me consultent tous les mois, sans d'ailleurs jamais poser deux fois la même question. Bien sûr, quand il s'agit d'enjeux affectifs ou familiaux, une consultation tous les deux ou trois ans peut suffire ; mais lorsque l'on entre dans le domaine de l'industrie et des affaires, des stratégies exigent d'être mises en place et doivent être actualisées en permanence.

Mais comment les choses se passent-elles concrètement ?

J'invite le consultant à s'asseoir en face de moi. Je lui demande son prénom et sa date de naissance – ce sont mes deux seules questions. Je commence par le photographier avec un Polaroïd. Le geste peut sembler paradoxal, mais je me suis aperçue que la voyance perd de sa force lorsque je dois assumer une relation avec autrui. Or mon but est d'obtenir une connexion avec la part la plus secrète de la personne, et cette connexion est plus efficace si je passe par un objet. Je pourrais naturellement lui demander de me confier sa montre, ou n'importe quel autre objet qui lui appartienne, mais je préfère mon Polaroïd. C'est moins traumatisant pour la personne que de se séparer d'un médaillon ou d'un bracelet. Et l'image m'offre une fenêtre grande ouverte sur ce qui la constitue réellement, *à ce moment de sa vie*, sans que mes facultés se dispersent dans l'effort de la relation. Encore une fois, il ne s'agit pas d'observation morphologique. À bien des égards, la voyance est même le contraire de l'observation. Il s'agit plus d'une fouille archéologique, d'une tentative de faire remonter des informations enfouies. Le cliché fonctionne comme un témoin énergétique, et avec une telle efficacité que je comprends pourquoi certains Africains refusent encore d'être photographiés : le tirage exprime véritablement l'âme de l'être humain. Naturellement, à la fin de la consultation, je restitue au consultant son image. Je « vois » bien d'autres choses que le visage de mon client en regardant son image… Apparaissent autour de lui maisons, animaux de compagnie, proches décédés, enfants…

D'autre part, depuis vingt ans, je commence invariablement ma consultation en tenant le propos suivant :

— Je vais vous parler précisément de votre situation présente et passée, en vous donnant des points de repère précis. Si je ne suis pas en mesure de vous donner des détails que vous puissiez valider, nous arrêterons immédiatement et vous ne me devrez rien.

Il peut m'arriver de tomber à côté de la plaque. Dans ce cas, je mets fin à l'expérience, et le consultant repart sans payer. Cela arrive deux fois sur dix. Pourquoi ? Je l'ignore. J'avoue n'avoir aucune explication, sinon que la prise de certains médicaments, les psychotropes notamment, aurait tendance, me semble-t-il, à nuire à la voyance. Mais j'ai l'humilité d'admettre qu'en vérité j'ignore pourquoi je fais fausse route dans un nombre non négligeable de consultations.

Il est cependant des cas où c'est d'une « fausse fausse route » qu'il s'agit. Je me souviens par exemple d'avoir dit à une femme que je la voyais entourée de chevaux. Ma cliente répond qu'elle travaille dans une administration, à Paris, et qu'il n'y a pas de chevaux dans sa vie. J'insiste. Je décris des montagnes rouges, un désert, un ciel bleu. Nous cherchons dans plusieurs directions – en vain. J'étais pourtant tombée juste avec elle en disant qu'elle venait de subir un deuil important – elle avait enterré sa mère quelques jours auparavant. Mais de chevaux, point ! Je prends acte de mon erreur. Ma cliente partie, j'allume la télévision. Je m'aperçois que l'on diffuse un western. Sur l'écran, des chevaux s'élancent… Je comprends soudain que j'ai probablement vu mon propre futur, et qu'il s'est mêlé à mes voyances…

Pourtant, dans la grande majorité des cas, ce que je dis à la personne semble correspondre exactement à ce qu'elle vit ou a vécu. J'utilise pour cela différents jeux de cartes. Par exemple un oracle appelé « Belline », qui « scanne » tout de suite l'ordre du jour. Je recommande aux néophytes qui souhaiteraient s'en servir de le manier avec prudence. En effet, plus encore que le tarot, il est facilement faussé et influencé par nos désirs ou nos craintes… Pour qu'un tirage de cartes « marche », et ne débouche pas sur un résultat qui serait seulement le produit de notre imagination, il doit être effectué dans un état de neutralité émotionnelle. Sinon, ce n'est pas le futur qui apparaîtra, mais le reflet de nos fantasmes. Cet oracle m'aide à m'orienter dans les informations que la photo a permis de faire remonter. Parfois, j'utilise aussi mon propre tarot[1]. Je décris à mon client certaines situations qu'il a traversées, des personnes qu'il a rencontrées. Pour que la consultation puisse continuer, il faut que mes descriptions soient précises. Rien de ce que je dis à cette étape du processus ne doit ressembler à des généralités. Un consultant ne m'entendra jamais lui dire : « À certains moments, vous avez confiance en vous, à d'autres moments, c'est le contraire. » C'est en effet le genre de remarque qui s'applique à tout un chacun. Je me dois au contraire de décrire des éléments distincts et des situations détaillées. Par exemple, je dis à une consultante que je la vois en conflit permanent avec un homme. Je décris sa maison, les scènes de ménage qui l'opposent à son mari, le mutisme de celui-ci…

---

1. J'ai la chance d'avoir pu concevoir mon propre jeu de tarot, conçu avec Alika Lindberg, peintre de grand talent et éthologue. Végétaux, animaux, hommes et femmes de tous peuples enrichissent ce tarot traditionnel et lui confèrent une portée universelle. Alika Lindberg, Maud Kristen, *Tarot de l'Éden,* Agmuller, Urania, 2005. Version anglaise : *US Games,* 2006.

— Ah ! s'exclame-t-elle. Je me dispute tous les jours avec mon époux. Ça dure depuis vingt ans. D'ailleurs il se referme de plus en plus.

Étant parvenue à découvrir l'essentiel de la vie de mon consultant, je peux poursuivre la consultation. En effet, je n'aborde jamais le futur sans avoir examiné d'abord la situation présente. Je la dissèque. Puis je la résume. Et pour en finir avec une autre idée reçue, je réponds rarement aux questions de façon instantanée. Je ne dis jamais tout de go : « Madame, quittez cet homme ! » même s'il peut m'arriver de conclure par ces mots. Comme n'importe quelle opération intellectuelle, la voyance demande du temps – le temps de l'analyse. Il me faut échantillonner la foule d'images, d'odeurs, de pensées, de mots qui se présentent à moi, et qui ressemblent à des souvenirs, alors même qu'ils portent sur le futur. Commence alors un patient travail de construction. L'effort consiste à saisir une thématique et à la déployer jusqu'au bout. Des conclusions se dessinent peu à peu, accompagnées de balises qui jalonnent l'histoire, comme des signes. Parfois, je relie des éléments importants à d'autres qui, eux, sont accessoires, mais viendront marquer le temps. Il n'est pas rare que je m'entende dire : « Vous obtiendrez votre mutation au moment où il y aura de gros travaux dans le parking de votre bureau, et après que vous aurez fait un voyage en Égypte. » Si étrange que cela paraisse, de nombreux consultants m'ont rapporté avoir observé les coïncidences chronologiques annoncées. Dans d'autres cas, je reviens sur des traumatismes passés en mettant le doigt sur les problématiques qui bloquent aujourd'hui leur évolution. Beaucoup de personnes m'ont dit et écrit avoir gagné, grâce à cela, de nombreux mois de thérapie, même si la thérapie leur reste indispensable pour métaboliser leurs souffrances et se reconstruire.

Parfois, les évolutions que je décris paraissent évidentes, alors que d'autres surprennent et déroutent. Hélas ! je ne suis pas toujours en mesure d'expliquer pourquoi je vois… ce que je vois ! Certaines images restent totalement mystérieuses au moment où je les annonce puisqu'elles ne sont reliées à aucun élément du présent. Même, lorsqu'elles sont positives, il semble que ce soit les plus difficiles à entendre. Heureusement, peu à peu, chaque réponse appelant une nouvelle question, nous voyons une orientation prendre forme. Une trame se construit entre le possible et l'impossible. La distinction se fait entre les stratégies qu'il faudra utiliser et celles qu'il vaudra mieux abandonner. Un puzzle se met en place, dont certaines parties sont presque complètes, alors que d'autres demeureront incertaines. La consultation dure environ une heure quinze, parfois un peu plus. Il y a dix ans, elle ne durait qu'une heure. Mais je me suis aperçue qu'un peu plus de temps était parfois nécessaire pour trouver les bons mots, ceux qui seront compris et entendus.

La question m'est posée quelquefois de savoir si j'enregistre mes consultations sur cassettes. Il s'agit d'une méthode que j'ai employée par le passé, mais qui s'est révélée par trop périlleuse, compte tenu des informations extrêmement factuelles que je pouvais parfois délivrer, mais aussi des confidences que les gens exprimaient sans y prendre garde. C'est ainsi qu'une femme, un jour, me montre la photo de son fils.

— Il n'a pas un problème avec son père ? demandai-je. À moins que l'homme avec lequel vous vivez ne soit pas son père… C'est comme si son père l'avait abandonné, et qu'il ne le sache pas.

— C'est vrai. Son père est parti quelques semaines après sa naissance. Mon fils l'ignore.

— Vous ne devriez pas lui en parler ? Il a quinze ans…

— Oh ! j'ai des soucis plus graves en tête en ce moment ! Rien ne presse.

Quelques mois plus tard, l'adolescent nettoie la voiture de sa mère, ouvre la boîte à gants et tombe sur la cassette enregistrée dans mon cabinet, au milieu d'autres. Elle n'est pas étiquetée. Pensant qu'elle contient de la musique, le garçon l'introduit dans l'autoradio. Aussitôt, la vérité le frappe de la façon la plus brutale. Il découvre en quelques secondes que son père n'est pas celui qu'il croit, mais aussi que sa mère fait preuve de ce qu'il considère comme une profonde désinvolture. Déjà fragile, il décidera d'avaler un tube de barbituriques la semaine suivante. Heureusement tiré d'affaire, il n'en restera pas moins prostré dans un silence total durant de longs mois. Affolée, sa maman revient me voir, décidée à aider son fils. Mais que se serait-il passé si son frère aîné ne l'avait pas trouvé inanimé et n'avait alerté les secours ?

Dans le même ordre d'idées, je dis un jour à une femme que je vois deux hommes dans sa vie. Elle me répond qu'en effet elle a pour amant le parrain de son fils. À l'issue de la consultation, elle emporte la cassette où notre conversation est enregistrée. À quelque temps de là, elle est hospitalisée pour une appendicite. Son mari, cherchant dans un tiroir des papiers de Sécurité sociale, découvre la fameuse cassette qu'il écoute par curiosité. Là encore, la vérité se révèle d'une façon inopinée par le simple jeu des circonstances. La réaction du mari est de me téléphoner sur-le-champ. Il part pour l'hôpital, me dit-il, avec l'intention de tuer sa femme. Ensuite, il assassinera le coupable. Enfin il retournera l'arme contre lui.

La chance veut que l'homme soit velléitaire. Il est stoppé dans son élan par son meilleur ami. Il se contentera finalement de demander le divorce.

Au terme de cette dernière expérience, j'ai jugé que les cassettes ne feraient plus partie de mes outils de travail. Elles risquaient en effet de compromettre ma liberté de parole. Elles étaient devenues des mines antipersonnel capables d'exploser à tout moment, même des années plus tard, ou après le décès de leur propriétaire. Tels des rapports top secret qu'il ne faudrait jamais déclassifier, elles pouvaient également être utilisées à des fins malveillantes.

Plusieurs années après m'avoir consultée, un homme décida de divorcer. Rendu amer par l'infidélité de sa femme, il lui laissa une cassette sur laquelle il la dénigrait, physiquement et moralement, et dans laquelle je lui disais que sa compagne ne répondait pas à ses exigences, ce qui était vrai. Il accompagna ce cadeau empoisonné de ces mots : « En espérant que ton nouveau chéri ne découvre pas ce que Maud Kristen et moi savons de toi... » L'exemple, je crois, se passe de commentaire.

Mais si je suis devenue réfractaire à l'enregistrement des séances, j'encourage la prise de notes. D'abord, parce que personne n'écrira ses propres secrets – il les connaît déjà. Ensuite, parce que j'ai pu observer qu'une autocensure salutaire se mettait en place. Tout se passe comme si le consultant se divisait une fois dans mon cabinet. D'un côté son « conscient » choisit d'écrire ce qui lui est supportable, ce qu'il peut retenir, ce qui est susceptible de l'aider ici et maintenant ; de l'autre, son inconscient enregistre la totalité du message. De nombreuses personnes, étonnées de n'avoir pas pris davantage de notes, m'ont confié avoir brutalement repensé à ce que je leur avais dit – et qu'ils n'avaient donc pas écrit – trois ou quatre années après notre rencontre, alors que se présentait dans leur vie la situation que je leur avais annoncée.

— Tout m'est revenu, m'ont-ils dit. Mot pour mot. Je croyais vous entendre.

# 24

## Parler avec les morts

Reste à répondre à une question qui m'est souvent posée sur la survie de l'âme et la communication avec les proches décédés. Là encore, je préfère partir de mon expérience pour arriver à certaines conclusions. Il m'arrive régulièrement de ressentir la présence de défunts et de pouvoir les décrire avec précision. Je suis alors en mesure de révéler à la personne assise en face de moi des choses qu'elle ignore au sujet du disparu, et qui se vérifieront ensuite ; je puis aussi lui transmettre ce qui ressemble à des messages.

— Votre mère m'envoie l'image d'un joli cadran, dis-je par exemple à un homme venu me consulter. C'est peut-être une pendule en or… Très ouvragée… Très jolie. Il semble qu'il s'agisse d'un signe à votre intention. En outre, j'entends ceci : « Il faut que tu vives, Pierre, il faut que tu vives coûte que coûte… »

Mon client, d'abord, se montre perplexe ; puis l'émotion le gagne.

— Mon Dieu ! C'est ma mère qui m'a offert toutes mes montres, dont certaines ont de la valeur. Or, le jour de sa mort, j'ai eu tant de chagrin que j'ai décidé de cesser d'en porter. Pour moi, le temps s'était arrêté avec le décès de ma mère. Depuis qu'elle est partie, je ne vis plus…

À une mère qui a perdu sa fille je tiens ce propos :

— Je vois quelque chose qui ressemble à une feuille d'arbre, une feuille rouge sur fond blanc. C'est stylisé. Et très insistant. Ça vous parle ?

— Ma fille est morte il y a trois ans au Canada où elle avait choisi d'aller faire ses études. Le dessin que vous décrivez représente le drapeau canadien qu'elle avait dans sa chambre depuis l'adolescence.

Mais puis-je dire que ce sont vraiment les morts qui me parlent ainsi ? Honnêtement, je n'en suis pas toujours certaine, même si leur présence est presque *palpable*. C'est ce ressenti ineffable qui m'a convaincue de la survie de l'âme, jamais la précision des informations obtenues. En effet, si la voyance permet de décrire des vivants avec exactitude, je ne vois pas pourquoi elle ne permettrait pas de décrire tout aussi précisément des morts... De là à *imaginer* qu'ils vous parlent, le pas doit être franchi avec prudence...

Il m'est arrivé un jour de travailler pour un historien sur la vie agitée d'un homme illustre dont il écrivait la biographie. J'ai préféré ne pas voir la photo de l'homme célèbre ni connaître son identité. Je me suis contentée d'un objet – une plume – qui lui avait appartenu. Pour ma part, je ne pourrais travailler *consciemment* sur des personnages historiques sans être influencée par ce que je peux savoir d'eux, par certains détails de leur vie que je connais, quand bien même je pense les avoir oubliés. Mon historien se déclara très satisfait. Et il me confia deux ans plus tard qu'il avait découvert la preuve de certains faits ignorés de lui au moment où je les lui avais révélés. Il voulut aussi lever le mystère sur l'identité du grand homme. En effet, il était persuadé que je lui avais « parlé ». Pour ma part, je suis convaincue du contraire. Lors de cette séance, je n'avais senti aucune « présence » ; j'avais seulement dénoué une intrigue, comme cela m'arrive tous les jours. Certes, ce héros était mort depuis longtemps, et personne sur cette terre ne pouvait connaître les informations en question, mais nul ne connaît non plus les situations que je vois se dessiner dans le futur, et qui se réaliseront...

Non, la voyance dans le passé n'est pas la preuve de la survie de l'âme. S'il m'arrive de recevoir ce que je considère comme des messages de personnes défuntes, je n'accepte de parler avec les morts que lorsque l'objet de cette communication n'est pas la raison principale de la consultation. En effet, si un contact avec un disparu peut être apaisant et bénéfique, voire transformer la vie d'un consultant, je crois que mon rôle n'est pas de rester dans le passé, mais d'aller vers une meilleure perception du présent et du futur. Est-il bon de centrer sa vie sur la poursuite de relations avec des proches qui, même s'ils existent *ailleurs*, ne sont plus *ici* où nous devons pourtant continuer à vivre ? J'ai rencontré il y a trois ans une femme qui avait perdu son compagnon en 1994. Peu de temps après le décès, elle avait pris l'habitude de consulter régulièrement un médium qu'elle jugeait performant. Si performant que l'histoire d'amour ne cessa jamais. Ma cliente enchaîna ensuite des relations avec plusieurs hommes dont aucun n'arrivait à la cheville, disait-elle, du compagnon défunt. Ainsi se trouva-t-elle en situation d'avoir à supporter des vivants décevants tout en communiquant avec un mort idéalisé. Son médium lui proposait des séances hebdomadaires gratuites. Il exigeait pour seule contrepartie la permission de prêcher sa philosophie personnelle, une doctrine fondée sur le spiritisme. Ma cliente a aujourd'hui dépassé la quarantaine. Elle est parvenue de justesse à se lier à un homme grâce auquel elle peut réaliser son rêve de fonder une famille harmonieuse. Et encore cette rencontre n'a-t-elle pu se produire qu'au terme d'un long et douloureux parcours. L'enchaînement des déceptions sentimentales avait fini par déséquilibrer ses enfants, au point de l'obliger à commencer une thérapie familiale. La thérapie lui permit de prendre conscience de son addiction, et elle cessa de fréquenter le fameux médium. Puis elle fit dire des messes pour son compagnon défunt. Peu après, elle rencontrait l'homme qu'elle devait aimer. Le compagnon mort lui apparut alors en rêve – ce qui ne s'était jamais produit

– et lui donna sa bénédiction. Ma cliente est aujourd'hui la maman d'une ravissante petite fille, et elle file le parfait amour avec son nouvel ami qu'elle a d'ailleurs épousé.

Il est cependant des cas où la parole d'un défunt, entendue lors d'une consultation, peut changer bien des choses. À une femme d'une bonne soixantaine d'années je décris durant plus d'une heure les problèmes familiaux qu'elle rencontre, et les solutions susceptibles d'être employées pour en sortir. Au terme de la séance, cette femme se prépare à partir. Mais elle hésite soudain.

— J'ai oublié de vous demander quelque chose, dit-elle. Que ressentez-vous, si je vous dis : « Olivier » ?

— Avez-vous une photo ?

— Non. Pas sur moi. Tant pis, si vous ne voyez rien. Je reviendrai vous consulter l'année prochaine…

— Attendez… Oui, je vois quelque chose. Mais c'est bizarre. Je vois un jeune garçon debout dans la cour d'une vieille maison. Un enfant d'une dizaine d'années. Il est très agité. Il me dit que ce n'est pas votre faute… Il hurle, comme s'il craignait de ne pas être entendu… Il me dit qu'il vous aime, vous et un homme qu'il me montre… Un homme grand et gros… Il insiste : « Ce n'est pas leur faute, pas leur faute… »

Ma cliente fond en larmes – mais ce sont des larmes de joie.

Olivier est son neveu. Il avait onze ans, à la fin des années soixante-dix, quand il est mort accidentellement à la suite d'une fausse manœuvre effectuée par une machine agricole ; et c'était le propre frère de ma cliente qui conduisait l'engin.

# 25

## Ma vie de sujet psi : savoir que l'on ne sait pas

J'ai expliqué au long de cet ouvrage pourquoi il me semblait capital de travailler avec des chercheurs. Dès 1990 – trois ans après l'ouverture de mon cabinet –, je voulus tenter mes premières expériences en rencontrant des parapsychologues. Je découvris à cette occasion que la France faisait preuve, dans ce domaine, d'un retard considérable. La parapsychologie, pourtant reconnue aux États-Unis comme une discipline scientifique depuis 1969 par la très respectable American Association for the Advancement of Science[1], était encore considérée comme une pseudoscience par la majorité des scientifiques français. Les plus prestigieuses universités anglo-saxonnes et européennes ont beau avoir leurs laboratoires de parapsychologie, cette exception hexagonale subsiste. Pourquoi ? Princeton, Stanford, Édimbourg, Cambridge, Bologne, Berlin, Liverpool et tant d'autres consacrent d'importants crédits à l'étude de phénomènes paranormaux choisis

1. L'American Association for the Advancement of science (AAAS) existe depuis 1848. Elle est l'une des plus anciennes fédérations d'organisations scientifiques, avec 275 organismes scientifiques affiliés et dix millions de personnes concernées. Elle est l'éditeur de la prestigieuse revue *Science Magazine.*

chaque année comme sujet de thèse par des dizaines d'étudiants, mais ces sujets demeurent inabordables ici. Qui sait seulement, au pays de Georges Charpak[1], qu'un autre prix Nobel de physique, Brian Josephson, professeur à Cambridge, travaille là-bas sur un projet d'« unification de l'esprit et de la matière », et considère certains résultats déjà obtenus par des chercheurs comme tout à fait dignes d'intérêt ? Les causes historiques et politiques de cette exception française ont été démystifiées par le spécialiste Bertrand Méheust[2].

Lors d'une conférence à l'École de la magistrature, je rencontrai le célèbre parapsychologue Yves Lignon[3]. À l'occasion d'une rencontre quelques mois plus tard, il me tendit un piège amusant. Ayant acheté le jour même un stylo, il voulut savoir ce que je « verrais ».

— Rien du tout, lui répondis-je.

J'avais senti tout de suite que l'objet était vierge.

Je m'offris ensuite de brosser le portrait d'un de ses étudiants dont je ne connaissais que le prénom. Le test se révéla concluant puisque les camarades du garçon réussirent à l'identifier en lisant ma description. Hélas ! Yves Lignon travaille à l'université de Toulouse, et ce n'est pas la porte à côté. D'autre part, il ne dispose d'aucun crédit de la part de son établissement, bien qu'il se batte courageusement depuis plus de trente ans. Aussi n'est-il pas en mesure de poursuivre des travaux, lesquels exigeraient beaucoup de temps avant de déboucher sur des résultats tangibles.

Plus tard, en 1991, je fis la connaissance de Monique et Marcel Odier, les créateurs de la Fondation de psy-

---

1. Le professeur Georges Charpak, prix Nobel de physique, est l'auteur avec Henri Broch de *Devenez sorciers, devenez savants*, Odile Jacob, Paris, 2002.

2. Bertrand Méheust, *op. cit.*

3. Yves Lignon, *L'Autre Cerveau : la part du vrai dans le paranormal*, Albin Michel, Paris, 1999.

chophysique, sise à Genève, et qui porte leur nom[1]. Cette fondation compte parmi ses conseillers scientifiques les très éminents professeurs Rémy Chauvin et Olivier Costa de Beauregard. M'ayant vue à la télévision, Monique Odier me demanda si j'accepterais de me prêter à des expériences de clairvoyance et de précognition. Je n'avais encore jamais travaillé dans le cadre d'un laboratoire. Aussi me fallut-il d'abord les rencontrer, afin de leur montrer « ce que je savais faire » sans être certaine de réussir à adapter mes capacités à leurs objectifs. Notre premier dîner me mit en confiance. Je me livrai à de nombreuses démonstrations qu'ils jugèrent concluantes. Dès lors, la décision était prise : nous travaillerions ensemble. J'allais devenir un « sujet psi », quelqu'un qui possède des capacités extrasensorielles particulières et accepte de travailler avec des scientifiques.

C'est ainsi que j'ai tenté avec la Fondation Odier de nombreuses expériences dont certaines sont relatées dans le dernier livre de Marcel Odier[2]. Bien sûr, j'ai fait pour eux des voyances sur des photos sous enveloppes scellées. Mais j'ai aussi tenté des tests plus conventionnels en parapsychologie, comme ceux qui consistent à deviner des chiffres par télépathie. Je me rappelle m'être retrouvée un jour isolée dans une pièce, seule devant un PC. Monique Odier, assise dans une autre pièce, devant un écran d'ordinateur, choisissait des nombres de 1 à 6. L'exercice consistait à deviner le chiffre sélectionné, et à le choisir à mon tour. Plusieurs séries affichèrent des

1. « La Fondation Marcel et Monique Odier a pour but l'étude méthodique et scientifique des relations entre : a) la conscience et la matière et, d'une manière plus générale, entre le domaine de la psychologie humaine ou animale et celui de la physique ; b) consciences et consciences hors des moyens de communication habituels ; c) la conscience et l'espace-temps. L'utilisation, à ces fins, de toutes méthodes notamment de celles utilisant l'électronique et l'informatique. [...] », extrait des statuts de la Fondation Marcel et Monique Odier, 1992.

2. Marcel Odier, *Phénomènes insolites, les étonnants pouvoirs de l'esprit,* Favre, Paris, 2006.

résultats si époustouflants que nous crûmes à un dysfonctionnement des ordinateurs. Le message m'arrivait cinq sur cinq !

C'est grâce à leur fondation que j'eus la chance de rencontrer en 1998 le professeur Paul-André Despland, chercheur en neurosciences à l'hôpital universitaire de Lausanne. J'y ai subi mon premier examen sous « neuroscan », un appareil sophistiqué qui enregistrait, à l'aide de capteurs, ce qui se passait dans mon cerveau tandis que j'étais en état de voyance. Des séries d'enveloppes scellées avaient été préparées, dont je devais deviner le contenu, ce que je réussis à faire pour la majorité d'entre elles. Le professeur Despland enregistra scrupuleusement les phases durant lesquelles je « voyais ». Ainsi pouvait-il tenter de les différencier des autres phases durant lesquelles je parlais avec des assistants ou attendais l'exercice suivant. Sa conclusion fut que mon cerveau procédait *simultanément* à des opérations qu'un cerveau « normal » effectue *successivement*. Mais pour continuer les expériences, la Fondation Odier devait examiner d'autres sujets sur lesquels des mesures auraient pu être faites en état de voyance. Hélas ! les autres tentatives furent décevantes, même avec des sujets doués, qui furent inhibés par l'examen ou par l'atmosphère de l'hôpital, malgré l'excellent accueil du professeur, de son équipe et des Odier. Par la suite, la fondation devait s'orienter vers l'étude d'autres objets de recherche, dont la psychokinèse[1].

En France, l'Institut métapsychique international[2] est le seul organisme reconnu d'utilité publique qui étu-

---

1. Marcel Odier, *ibid.*, « Psychokinèse et télékinèse », p. 34.

2. « L'Institut métapsychique international est une fondation privée reconnue d'utilité publique qui se consacre à l'étude scientifique des phénomènes dits paranormaux : la télépathie, la clairvoyance, la précognition (ou prémonition) et la psychokinèse (ou télékinésie). Fondé en 1919, l'Institut a été l'un des premiers organismes dans le monde à étudier ces phénomènes psi avec une approche à la fois rigoureuse et ouverte, libre de tout parti pris religieux ou philosophique (extrait du site Internet de L'IMI, www.metapsychique.org/).

die les phénomènes paranormaux. Plusieurs programmes de recherche y sont en cours, sous l'impulsion de son comité directeur. Je participe à certains d'entre eux. Malheureusement, l'Institut ne reçoit aucun financement de l'État, et ses recherches sont affectées par le manque de moyens. C'est néanmoins dans le cadre de cet organisme que j'ai eu la possibilité de réaliser une expérience de « vision à distance précognitive » réussie – expérience relatée dans le film de Marie-Monique Robin, *Le Sixième Sens : science et paranormal* [1].

Marie-Monique, grand reporter, a été récompensée par le prix Albert-Londres en 1995 pour un documentaire, *Voleurs d'yeux*, qui traitait du vol d'organes en Amérique latine. Elle ne craint pas les sujets polémiques. Est-ce son intérêt pour les dossiers brûlants qui l'a poussée à vouloir réaliser un documentaire sur les rapports entre la science et le paranormal ? Lorsqu'elle m'a contactée, je ne savais pas qu'elle avait été témoin d'une démonstration effectuée dix ans plus tôt, par téléphone, pour l'une de ses consœurs. Il semble que j'aie été capable, ce jour-là, de décrire précisément à cette autre journaliste ce qu'elle voyait à la minute même par la fenêtre de son bureau. Marie-Monique, interloquée par ce résultat, entra en relation avec moi et me fit la proposition suivante. Elle m'offrait la possibilité de me rendre aux États-Unis et en Écosse afin de rencontrer les grands noms de la recherche, à condition que j'accepte de me soumettre à des expériences qui deviendraient, en partie, l'objet de son film. Le risque était énorme. Même « entraînée » par la Fondation Odier, par les séances avec Bertrand Méheust[2], j'allais me retrouver à l'étran-

1. Film produit par Idéale Audience.

2. Pour permettre à Bertrand Méheust d'observer les mécanismes de clairvoyance, je me suis prêtée pour lui à des démonstrations dont il est question dans son étude sur le cas d'Alexis Didier (1826-1866), surnommé « le plus grand voyant de tous les temps ». *Alexis Didier, un voyant prodigieux,* Les Empêcheurs de penser en rond, Paris, 2003.

ger, avec des chercheurs que je ne connaissais pas. Et il me faudrait réussir. Impérativement.

J'ai accepté. Depuis des années, j'avais fait de nombreuses démonstrations de mes capacités lors d'émissions télévisées. Si personne n'osa jamais remettre en cause la probité des journalistes ou des animateurs, certains détracteurs laissèrent entendre que seule la fraude pouvait expliquer mes résultats. Ici, la démonstration se déroulerait dans un cadre scientifique, et en présence d'un illusionniste. Je compris que l'occasion m'était offerte d'aller plus loin dans la « preuve » que je voulais établir de mes capacités en matière de « communication non conventionnelle ». Si je réussissais, le grand public serait informé de l'existence, à l'étranger, de recherches dans le domaine de la parapsychologie. De même, la conscience des politiques et de l'élite intellectuelle s'éveillerait ; ils auraient enfin davantage envie d'étudier la voyance.

Marie-Monique Robin a commencé une longue enquête et une minutieuse préparation au terme de laquelle nous nous sommes envolées pour l'Amérique. Je n'ai jamais oublié la crise d'angoisse qui m'a saisie outre-Atlantique, la veille de l'expérience, dans ce restaurant où je dînais avec elle et Robert Gamel[1]. Le voyage nous avait fatiguées, ainsi que les efforts exigés par la mise au point des détails de la rencontre, et le déplacement de l'équipe. Marie-Monique, soudain, plongea son regard dans le mien en prononçant ces mots :

— Et si demain ça ne marchait pas ?

J'étais bien placée pour savoir que la voyance est une capacité fragile, surtout pratiquée dans des contextes déstabilisants, ou lorsque la pression est trop forte. J'avais vraiment de quoi me faire du souci, même si Robert, grâce à une séance de magnétisme particulièrement réussie, était parvenu à me relaxer. Marie-

1. Robert Gamel, guérisseur du Sud de la France aux résultats étonnants, a accepté de suivre Marie-Monique Robin et d'être filmé dans son travail en présence de chercheurs.

Monique avait raison, et je le savais. Il pouvait fort bien ne rien se passer. Il était possible que l'expérience se solde par un échec – sans même savoir pourquoi. Je songeai aux fonds investis dans le projet par Idéal Audience, la société de production. À Marie-Monique qui avait dû déplacer des montagnes pour parvenir à le mener à bien ! Et je fus saisie de vertiges en réfléchissant à ma propre carrière. Pourquoi avoir accepté cette aventure ? Nous étions en 2002. J'exerçais depuis quinze ans, et je n'avais pas besoin de clients. J'avais été invitée par tous les animateurs de télévision et de radio à l'occasion de débats, mais aussi de la sortie de mes livres, dont certains étaient traduits à l'étranger. De grandes figures des arts, de la politique et de l'industrie venaient déjà me consulter. N'avais-je pas fait mes preuves ? Qu'avais-je encore à démontrer ? Qu'avais-je besoin de prendre de nouveaux risques ? Je regardai Marie-Monique. Nous partagions les mêmes craintes. Et de nouveau une petite voix se fit entendre en moi : « Il faut le faire. Il faut le faire parce que c'est utile... » Rassemblant le peu de courage qui me restait, je souris à Marie-Monique.

— Écoute, lui dis-je, nous aurons trois lieux de tournage : l'université d'Édimbourg, Chicago et Paris. Je n'ai plus qu'à prier mon ange gardien pour que quelques expériences, au moins, réussissent !

Mis à part mes prières, j'avais tout de même passé mes week-ends à m'entraîner avec mon ami. Voyance sous enveloppe au petit déjeuner, description et dessin du lieu où un tirage aléatoire était censé nous conduire l'après-midi, et test de télépathie avant le coucher ! Un vrai programme militaire dans lequel il ne restait guère de place pour nos loisirs. Heureusement, sa formation d'anthropologue, son parcours l'avaient conduit à se passionner pour les capacités psychiques... La plupart de mes résultats étaient probants. Cependant, il fallait compter avec le lien affectif qui nous unissait. Ce lien n'avait-il pas grandement contribué à mes performances ? Que resterait-il de mes capacités dans un laboratoire situé à l'autre bout du monde ?

Le lendemain matin, je rencontrai le professeur Norman S. Don, de l'université de Chicago. Norman S. Don était spécialiste du fonctionnement du cerveau durant les états de conscience modifiés. Depuis plus de trente ans, il étudiait des voyants et des guérisseurs aux États-Unis et en Amérique latine. Membre de la Parapsychological Association, elle-même affiliée à l'American Association for the Advancemnent of Science, il avait publié de très nombreux articles sur ces sujets. Son assistant me brancha sur le crâne un électroencéphalogramme destiné à analyser les ondes de mon cerveau pendant que je serais en état de voyance. Il avait fait préparer des enveloppes closes dont lui-même ignorait le contenu, afin d'écarter toute suspicion de télépathie. Je devais d'abord dessiner et/ou écrire ce que je percevais à l'intérieur d'une enveloppe unique ; puis l'assistant du professeur me présenterait quatre photos, en me demandant de reconnaître celle qui, d'après moi, correspondait au contenu de cette enveloppe. J'avais pris l'habitude d'écrire mes descriptions plutôt que de parler à mes interlocuteurs, notamment lors des expériences réalisées avec Bertrand Méheust. Je préfère cette technique car elle me permet de faire un plus grand silence en moi, de sorte que les images mentales affluent et reconstituent peu à peu la « cible » – c'est le nom donné en parapsychologie à ce que l'on cherche à deviner. Je l'appliquai donc avec le professeur Norman S. Don.

Je commençai par décrire un navire porté par les flots. Hélas ! l'enveloppe unique contenait l'image d'un champ de blé… Pourtant, j'avais eu la sensation de flotter, j'avais senti des vagues… J'échangeai un regard anxieux avec Marie-Monique qui se taisait derrière la caméra. Était-ce l'échec tant redouté ? Oui et non. Car, lors de la seconde phase, celle où quatre enveloppes m'étaient présentées pour que je choisisse parmi celles-ci celle que je croyais avoir « vue », je retrouvai mon navire sur les eaux. Que s'était-il passé ? L'explication est fort simple. L'exercice de mon métier m'ayant habituée à la précognition, je faisais plus facilement de la précognition que de la clairvoyance. Résultat, mes visions anticipaient les événements à venir, à défaut de voir le présent. En l'occurrence, au lieu de dessiner le contenu de l'enveloppe unique, j'avais dessiné celui d'une des quatre enveloppes suivantes. Victime du stress, troublée par les caméras, impressionnée par la présence du professeur, et rendue anxieuse sans doute par la peur de l'échec, je n'arrivais plus à faire réellement de la clairvoyance. Je ne faisais plus que de la précognition.

Heureusement, tout s'arrangea très vite. Je réussis plusieurs tests dont les plus intéressants concernaient un animal préhistorique, un poivron et une couronne. Pour le premier j'ai parlé de « quelque chose d'un peu inquiétant qui avance un peu comme un insecte, ou d'une machine avec des trucs sur les côtés qui ressemblent à des pattes. Une machine ou un animal... mais ce n'est pas une intelligence supérieure, c'est une intelligence un peu binaire ».

L'image représentait la tête d'un diplodocus (moulage ?) photographiée de trois quarts, l'œil impitoyable...

Pour le poivron, je dis : « Je sens un rond et quelque chose d'affaissé ou d'écrasé, une sensation de champignon ou de bouillotte au toucher... quand c'est mou... On s'enfonce un peu... du rond mou... c'est difficile de voir si c'est de l'ordre du végétal, c'est l'idée de quelque chose de gros avec des trous dedans dans lequel on peut rentrer. J'ai aussi la notion de point de rencontre, comme une place en étoile, quelque chose en étoile. » J'avais dessiné une sorte d'« étoile molle ». En ouvrant l'enveloppe, je découvris que j'avais dessiné le dessous du poivron, qui était photographié couché et représentait exactement mon étoile. J'avais eu l'impression de « visiter » ce poivron : d'abord sa forme globale, puis sa consistance au toucher, et enfin la manière dont il était fait intérieurement, avec ses alvéoles vides qui convergeaient toutes vers les deux extrémités. Pour la couronne, j'ai fait un dessin assez précis de sa forme d'ensemble et j'ai ajouté : « J'ai vu des fioritures, des contours flous, quelque chose de creux comme un bassin, ou, alors, c'est un vase très ornementé ? Je vois aussi, c'est bizarre, un drapé. » La couronne était dorée, incrustée d'une pierre précieuse, tapissée de velours.

Je me prêtai également à d'autres tests que l'on ne voit pas dans le film. Norman S. Don était très satisfait. Il m'écrivit en octobre 2002 une lettre disant que j'avais « obtenu des résultats impressionnants malgré les conditions défavorables ». Puis, après avoir analysé certains tracés de l'électroencéphalogramme, il me contacta à nouveau en mars 2003, et me fit part de ses conclusions : « Votre cerveau a répondu différemment aux images cibles qu'il ne l'a fait aux images qui n'étaient pas des cibles. La différence était grande. En effet, une partie de votre esprit et de votre cerveau *savait* inconsciemment quelles images seraient les images cibles dans le futur. » Norman Don souhaitait poursuivre nos expériences, et je le souhaitais moi-même. Mais la distance géographique était trop grande. La publication du « Tarot de l'Éden » aux États-Unis, les signatures de livres organisées à New York et à Orlando cet hiver, à Denver et à Los Angeles l'été prochain, nous permettront peut-être de nous rencontrer à nouveau.

D'autres aventures m'attendaient à l'université d'Édimbourg, dans le département de parapsychologie dirigé par le professeur Robert L. Morris, l'un des pères fondateurs de la parapsychologie. Ce grand chercheur américain décédé en 2004 – peu après notre rencontre – avait su faire d'Édimbourg l'un des centres de recherche les plus pointus et les plus dynamiques du monde dans ce domaine. Il n'hésitait pas à inciter ses étudiants à écrire leurs thèses sur les techniques de fraudes, afin de les prémunir des charlatans. Il avait su instaurer avec les sceptiques un dialogue constructif, ce qui semble aujourd'hui impensable en France.

Par une pluvieuse matinée d'hiver, je me préparais sans le savoir à l'expérience de voyance la plus traumatisante de ma vie. Heureusement pour notre film, elle fut tout de même réussie. Compte tenu de la rareté des sujets psi capables de se plier aux contraintes de l'expérimentation, les chercheurs tentent d'orienter la recherche dans une perspective universaliste. Ils inventent donc des dispositifs censés révéler les capacités psychiques de chacun. C'est dans cette perspective qu'a été mise au point la technique du Ganzfeld[1].

Enfermée dans une pièce, allongée dans un fauteuil, j'avais un casque sur les oreilles, tandis qu'une lampe rouge éclairait mon visage. Dans une seconde salle, une expérimentatrice pouvait me parler à distance. Après m'avoir soumise à un exercice de relaxation, elle m'expliqua ce qu'elle attendait de moi. Lorsque je lui en donnerais le signal, elle choisirait au hasard, par ordinateur, un clip entre cent. Ni elle ni moi ne saurions de quoi parlait le clip. Mais elle m'invitait à me concentrer sur l'écran qui le diffusait dans une troisième salle à laquelle personne n'avait accès. Il me faudrait tout d'abord tenter de deviner le contenu du clip, et dire à haute voix tout ce que je ressentirais. Je devrais ensuite le reconnaître, au milieu de trois autres films.

Comme l'expérimentatrice me l'avait suggéré, j'ai fermé les yeux. Je me suis relaxée profondément. Et j'ai

1. « Le Ganzfeld (champ sensoriel uniforme) est le protocole le plus utilisé en parapsychologie à l'heure actuelle. Il a notamment été développé et amélioré par des chercheurs comme Charles Honorton et Robert Morris pendant de très nombreuses années. Le protocole se déroule de la sorte : le percipient est confortablement installé dans un fauteuil, il a les yeux fermés et porte un casque audio émettant un bruit blanc. Il décrit ce qu'il perçoit tandis qu'un agent, situé dans une autre pièce, regarde une cible (une image ou un film en général) sélectionnée aléatoirement. Le percipient doit ensuite classer quatre cibles (la vraie cible + trois leurres) selon leurs similitudes avec ce qu'il a pu voir et ressentir lors de la session de Ganzfeld. S'il classe en première position la cible initiale, c'est un "hit", dans l'autre cas, c'est un "miss". » (source : site Internet de l'IMI, *ibid.*)

écouté le « bruit blanc » – un son strident, continu, censé me débarrasser de mes défenses et me permettre de percevoir plus facilement les images mentales qui me traverseraient. Hélas ! j'étais naturellement « débarrassée » de mes défenses ; aussi ce traitement ne me réussit-il pas du tout. Par manque de chance, le film choisi par l'ordinateur s'appelait *The Sea Monster*. C'était un extrait d'un film de science-fiction des années cinquante. Un gigantesque monstre marin jaillissait de l'eau pour attaquer un homme impuissant mais courageux qui tenait à la main une tête de méduse aux yeux phosphorescents. Je dus m'identifier complètement au personnage en décrivant toute l'horreur de la scène. Mais au lieu de la « voir », comme je le fais habituellement, je me suis mise à vivre la situation *pour de bon*, comme si elle se déroulait dans la réalité. Deux ans plus tard, je ferais encore des cauchemars dans lesquels j'étais attaquée par le monstre ! Cependant ma description fut parfaite. Je dis que je me sentais regardée par une tête au regard extrêmement perçant, en évoquant les statues qui représentent le troisième œil. J'ai ajouté que mon cœur battait comme dans une situation de danger, que j'avais l'impression d'être toute petite, comme au pied de la tour Eiffel, face à une force absolument énorme.

Là encore, ma description intégrait plusieurs éléments se rapportant aux trois autres films qui seraient choisis plus tard par l'ordinateur – les « leurres » parmi lesquels je devais reconnaître le bon. Mais ce ne fut pas trop difficile de reconnaître mon agresseur ! En le voyant à l'écran, j'ai poussé un cri, avant d'ajouter : « C'est horrible, c'est exactement ce genre de truc que j'ai senti. » Je l'ai sélectionné sans hésiter. J'en conclus deux choses. Primo, mon métier m'avait tellement conditionnée à voir le futur que celui-ci se greffait sur mes exercices de clairvoyance. Secundo, certains exercices pouvaient parfois se révéler traumatisants sur le plan émotionnel…

Une troisième expérience fut tentée dans le cadre de l'IMI, sous la direction de Mario Varvoglis[1]. Il s'agissait cette fois d'une expérience de « vision à distance » au cours de laquelle Marie-Monique Robin demanda le concours de Ranky[2].

La vision à distance est un exercice dans lequel le voyant est censé décrire l'endroit où se trouve un expérimentateur à un moment donné. Le lieu où devra se rendre l'expérimentateur est tiré au sort. Marie-Monique Robin demanda à Joseph McMoneagle de participer à l'expérience, sachant qu'il était l'un des « espions psychiques » les plus célèbres d'Amérique. En effet, Joseph McMoneagle a reçu de nombreuses décorations de l'armée américaine pour avoir collaboré avec succès au projet « Stargate » – un programme mis en œuvre de 1970 à 1995, financé par le gouvernement américain dans le but de repérer et de surveiller à distance, grâce à la clairvoyance, des sites militaires. Sans jamais nous rencontrer, Joseph McMoneagle et moi-même avons donc réalisé ensemble un « duo psychique » sur la même « cible ». C'est ainsi que les parapsychologues appellent le lieu, la chose ou la personne que doit deviner

1. Mario Varvoglis est un chercheur d'origine américaine. Docteur en psychologie expérimentale, il a fait des recherches en parapsychologie au Maimonides Hospital Dream Laboratory (New York) et aux Psychophysical Research Laboratories (PRL) de Princeton. Il est parmi les principaux auteurs de l'« autoganzfeld » de PRL, considéré mondialement comme parmi les expérimentations les plus fiables en parapsychologie. Il est auteur de *La Rationalité de l'irrationnel* (Inter-Éditions, Paris, 1992) et de *Le Sixième Sens : science et paranormal* (Éditions du Chêne, 2003) ainsi que de nombreuses publications dans des journaux scientifiques spécialisés. Président de l'Institut métapsychique international, il a également été président, en 2002, de la Parapsychological Association, l'organisme officiel de la parapsychologie scientifique.

2. Ranky est un illusionniste, qui, depuis trente ans, accompagné de son comité d'expertise, identifie les véritables phénomènes paranormaux tout en étant le cauchemar des truqueurs qu'il n'hésite pas à dénoncer. Il raconte – entre autres – notre rencontre dans son dernier livre : *Le Paranormal, de mes yeux vus,* Trajectoire, Paris, 2006.

ou influencer un sujet psi. Je devais décrire à l'avance où serait Mario alors que Joseph, lui, du fond de la Virginie, le « suivrait » en temps réel alors qu'il serait sur la cible. Par un beau jour d'été, je dus deviner l'endroit où Mario serait envoyé trois heures plus tard, une fois que Ranky aurait tiré l'endroit au sort. Je me suis munie d'une photo de lui. Et j'ai fermé les yeux pour essayer de le « visualiser »... en fin d'après-midi. Durant plusieurs minutes, j'ai dessiné et écrit tout ce que je ressentais. J'ai parlé d'arbres situés de chaque côté d'une large avenue (qui s'avéreront plantés de chaque côté de l'avenue Franklin-Roosevelt, à Paris), de plusieurs « beaux immeubles en pierre de taille » (le Grand Palais et le Petit Palais). J'ai immédiatement ressenti la présence d'un « dôme » ou d'une « coupole », ainsi que celle d'une très grande entrée avec une vaste hauteur de plafond. Pour illustrer ma sensation, j'ai dessiné un petit bonhomme écrasé par une énorme voûte (le dôme du Grand Palais culmine à 44 mètres au-dessus du sol et pèse 9 000 tonnes de verre, de fer et d'acier). Je vis aussi que « le bâtiment n'était pas en très bon état et méritait d'être restauré ». À cette époque (2002), le Grand Palais, situé face au pont Alexandre-III – la cible – s'apprêtait à subir un colossal projet de restauration qui lui rendrait sa splendeur aujourd'hui retrouvée. Quant au passé historique de l'endroit, là non plus je ne me suis pas trompée. J'ai écrit en effet : « Le lieu a vu passer de très belles réceptions avec des robes somptueuses, il a été construit pour accueillir une élite prestigieuse... Je vois de beaux panneaux ou de belles peintures sur les murs... »

Le Grand Palais fut inauguré le 1er mai 1900. Jusqu'en 1936, il n'accueillit que des manifestations artistiques et des expositions de peinture. À titre d'exemple, il abrita au cours de l'année 1901 le Salon des artistes indépendants, celui de la Société nationale des beaux-arts, des peintres orientalistes, des graveurs et des lithographes de l'Union des femmes et des peintres sculpteurs... Plus près de nous, il servit en 1925 de lieu d'exposition des Arts décoratifs, des Salons d'automne de 1903 à 1993, ou du Salon de Paris en 2006. Évoquant l'élite prestigieuse qui avait fréquenté ces lieux, j'avais ajouté qu'elle « était très hiérarchisée et s'imposait avec des stratégies d'intimidation ». Ai-je perçu, dans ma voyance, que le destin du Grand Palais changerait après le Front populaire ? Il semble qu'après cette date les expositions de peinture, jugées trop élitistes pour ce grand monument républicain, furent progressivement remplacées par des foires commerciales – Salon des arts ménagers, Foire de Paris, Salon de l'auto.

Joseph, quant à lui, réussit brillamment cette expérience. Pourtant il ne « vit » ni ne dessina la même chose que moi. Le pont Alexandre-III, le Grand et le Petit Palais font partie du *même ensemble architectural*. Lorsque Mario se promenait de long en large sur le pont, il se rapprochait tantôt de l'esplanade des Invalides, tantôt du Grand et du Petit Palais. Joseph dessina parfaitement le pont ainsi que le tunnel de la voie sur berge. Il arriva à percevoir certains détails concernant les statues qui se dressaient sur le pont, notamment *une main avec un flambeau*. Mais le plus extraordinaire fut un dessin qu'il réalisa, et qui avait la précision d'un croquis d'architecte. Ce dessin représentait le bâtiment Air France situé sur l'esplanade des Invalides. Joseph, dans sa description de l'esplanade, ajouta : « N'y aurait-il pas là un mémorial ou un tombeau ? »

Si l'on compare aujourd'hui nos résultats, on a l'impression que Joseph a ciblé toute la rive gauche du pont, et moi la rive droite. En outre, n'avons-nous pas privilégié l'un et l'autre des éléments entrant dans le spectre de notre entraînement réciproque et de nos préoccupations ? Joseph McMoneagle est d'abord un homme, puis un militaire et un Américain. Doué d'un bon esprit de synthèse, il s'oriente tout de suite vers la structure du pont et la voie sur berge, il capte le flambeau de la statue – je rappelle qu'un autre flambeau, celui de la statue de la Liberté, est l'emblème de son pays – et devine enfin la présence du mémorial militaire. Sa clairvoyance s'exprime dans ces dessins minutieux demandés autrefois par l'armée, aujourd'hui par les polices du monde entier avec lesquelles il collabore. Pour ma part, je suis attirée par la peinture – j'ai passé un bac dessin et histoire de l'art. Je pressens les problèmes de pouvoir et les conflits d'intérêts – je travaille pour des entreprises. Enfin je vois tout de suite qu'il y a un gros chantier de restauration à faire – je suis régulièrement interrogée par des experts immobiliers ou des géologues.

L'expérience que nous avons réalisée, Joseph et moi, est loin d'être unique dans les annales de la parapsychologie. Je dirais même qu'elle est un « classique » de l'expérience de vision à distance réussie. Seulement, elle a eu lieu devant la caméra d'une journaliste au-dessus de tout soupçon, dont le documentaire a été diffusé dans plus de dix pays, à des heures de grande écoute, avec un succès mérité. En France, il fut programmé sur Canal + en janvier et juin 2004, dans l'émission « Lundi Investigation », puis sur Arte en septembre 2006. J'ai pu constater alors qu'il avait rempli son objectif : informer le public de l'existence de la parapsychologie. S'il ne prétend pas « prouver », au sens scientifique du terme, la réalité de la voyance et de la guérison, il a rendu possible une prise de conscience sur l'intérêt qu'il y aurait à mener de telles recherches, ainsi que sur l'existence de ces recherches dans d'autres pays.

J'ai reçu à cette occasion des mails intéressants. La balle était définitivement dans le camp des pouvoirs publics. Et si rien encore n'était décidé, certains chercheurs avaient suffisamment été touchés par l'émission pour commencer à se poser des questions sur l'existence du paranormal. Les hommes et les femmes de pouvoir étaient plus que jamais mis en demeure de se prononcer : était-il ou non légitime de lancer des programmes de recherche dans ce domaine ? Certes, je me suis exposée, mais si des millions de personnes, de par le monde, ont pu découvrir comment « marchent » la clairvoyance et la précognition, alors je ne regrette rien.

On m'interroge souvent sur les théories scientifiques que je pourrais avoir éventuellement élaborées. Je tiens à être claire sur ce point. Je n'ai aucune réponse à cette question. Je ne possède aucune formation scientifique. Comme me le disait cet homme politique déjà cité : « Je ne sais même pas précisément comment marche mon téléphone portable. »

D'une façon générale, je préfère m'abstenir d'élaborer des théories. Ce n'est tout simplement pas mon rôle. Je me contente de répéter ce que je sais de manière certaine. Et ce que je sais de manière certaine, c'est que, dans un nombre pertinent d'occurrences, ce que j'ai évoqué en le disant ou en le dessinant a correspondu aux cibles qui m'étaient cachées – qu'il s'agisse d'enveloppes tirées au sort, de lieux sur lesquels j'étais conduite, d'objets qui m'étaient présentés. Ce que j'affirme avec certitude, c'est que j'ai développé – comme Joseph McMoneagle et d'autres sujets psi, mais aussi comme des milliers de chamans depuis la préhistoire et dans le monde entier – une faculté qu'il est impossible de nier, sauf à pratiquer la mauvaise foi. Les enveloppes étaient fermées. Je me suis prononcée sur leur contenu. Ma réponse est apparue aux yeux des témoins comme étant exacte. Elle ne l'aurait pas été si celles-ci, par exemple, avaient été inversées. Bien sûr, je ne dis pas : « Il s'agit d'un reptile préhistorique », ou : « Il s'agit d'un poivron », mais si l'on échange mes descriptions, elles n'ont plus aucun sens. En dehors de ce simple fait, je ne dispose d'aucune doctrine. Je constate tous les jours que la voyance existe – c'est tout. C'est vrai dans mon cabinet, quand j'annonce à quelqu'un que la maison qu'il s'apprête à acheter a abrité cinq suicides en l'espace de cinq ans. C'est vrai lorsque je décris le « *Sea Monster* ». Ni plus, ni moins. Mais quant à définir la nature du phénomène auquel je participe – ou duquel je participe –, j'en suis incapable. Une information me parvient, que je suis en mesure de décrire. L'expérience montre qu'elle est corroborée dans des proportions qui n'ont rien à voir avec le hasard et ne doivent rien aux mimiques de mes interlocuteurs qui, dans les trois expériences citées, *ne connaissaient pas* la cible : Norman S. Don parce qu'il n'avait pas préparé les enveloppes, l'assistante du professeur Morris parce qu'elle a découvert la cible alors que j'avais terminé, et enfin Ranky… parce qu'il l'a tirée au sort une heure après que je me suis prononcée !

Certains chercheurs estiment qu'il y a au fond de nous-mêmes un « tout connaissant » auquel nous n'avons pas accès, sinon rarement. La voyance nous permettrait de nous y connecter. Comme je l'ai dit, je crois être reliée à une part de moi-même qui n'est pas soumise aux contraintes sensorielles et temporelles habituelles. C'est cette part qui opère dans la voyance. Tous les peuples premiers, nous l'avons vu, utilisent ces capacités. Ils les considèrent en outre comme des outils déterminants dans les décisions qu'ils ont à prendre. Les bouddhistes et les hindouistes font de même. Les trois monothéismes oublient un peu vite que de nombreuses pages de leur Livre ont été écrites d'après des visions. Non, je ne dispose pas d'une théorie scientifique permettant de résoudre l'énigme, fût-ce partiellement.

Certains grands chercheurs, comme Rupert Sheldrake, travaillent sur des hypothèses qu'ils élaborent peu à peu. Des physiciens, des biologistes, des médecins éminents œuvrent sur ces questions pour réussir à étendre les frontières du naturel. Marcel Odier, dans son dernier livre[1], dresse un état des lieux des nouvelles questions posées par la physique quantique, et des bouleversements qu'elles produisent dans notre représentation du monde.

En somme, certaines théories rendent « non impossible » l'existence du paranormal, même si elles ne l'expliquent pas. D'autre part, la parapsychologie est reconnue comme une discipline scientifique par l'Asso-

1. Marcel Odier, *Phénomènes insolites, les étonnants pouvoirs de l'esprit, ibid.*, p. 115.

ciation américaine pour le progrès des sciences. Il n'en demeure pas moins que Marie-Monique Robin a dû s'expatrier pour filmer le travail des chercheurs. Pourquoi ? Pourquoi cette exception française ? Il est simple de répondre à cette question. Les milieux scientifiques français sont influencés par l'idéologie scientiste « dure ». Cette faction de la science ne se préoccupe pas d'étudier objectivement des faits lorsque ceux-ci mettent en péril leur pouvoir. Mais qu'est-ce qu'un scientiste ? Isabelle Stengers[1], philosophe belge ayant collaboré avec le prix Nobel de chimie Ilia Prigogine[2], et Bernadette Bensaude-Vincent, professeur d'histoire et de philosophie des sciences[3], ont résumé la question dans leur ouvrage : *100 mots pour commencer à penser les sciences* [4]. « Ce terme, écrivent-elles, ne renvoie ni à une chapelle ni à une doctrine, mais à un ensemble assez lâche de croyances qui, globalement, témoignent d'une immense confiance dans les pouvoirs de la science[5]. » Après le scientisme du XIXe siècle, où les savants des grandes puissances industrielles ne se lassent pas de déclarer la science bienfaitrice, civilisatrice et pacificatrice [...] viendra le temps du « scientisme tendre, un attachement sentimental à une science bonne, humaine et morale, au service de la vie et non de la mort. [...] Pour le scientisme dur, en revanche, la science peut et doit, parce qu'elle est la seule à même de le faire, résoudre tous les problèmes de l'humanité,

---

1. Isabelle Stengers enseigne la philosophie à l'Université libre de Bruxelles. Elle a reçu le grand prix de philosophie de l'Académie française en 1993.
2. *La Nouvelle Alliance. Métamorphose de la science,* Gallimard, Paris, 1979 (réédition « Folio Essai » n° 26). Et aussi : *Entre le temps et l'éternité,* Fayard, Paris, 1988 (réédition Flammarion, « Champs » n° 262).
3. Bernadette Bensaude-Vincent est professeur d'histoire et de philosophie des sciences à l'université Paris-X.
4. Isabelle Stengers, Bernadette Bendaude-Vincent, *100 mots pour commencer à penser les sciences,* Les Empêcheurs de penser en rond, Paris, 2003.
5. *Ibid.,* p. 367.

qu'ils soient matériels [...], sociaux, économiques ou politiques. Ce credo triomphe lorsque la science se voit conférer le pouvoir de court-circuiter les conflits politiques et sociaux[1]. »

Dans *La Science contre l'opinion, histoire d'un divorce*[2], Bernadette Bensaude-Vincent a étudié en détail les stratégies que les tenants du scientisme « dur » mettent en place pour influencer l'opinion et parfois la désinformer. S'il est impossible ici de résumer l'ensemble du propos de l'auteur, je tenterai d'en restituer avec humour – et, je l'espère, en y restant fidèle – les grands principes.

Pour le scientiste, le monde est simple. C'est une pyramide divisée en deux et atteinte d'une affection chronique. L'ensemble de sa base est malade, et menace progressivement de contaminer son sommet, parfaitement sain. Cette base, « l'opinion », c'est nous. Infantiles, irresponsables, fragiles, ingrats, ignares, crédules, nous avons – c'est moi qui risque cette comparaison et non l'auteur – tous les défauts des femmes et des peuples colonisés, puisqu'il faut à la fois nous *corriger* et nous *protéger* de nous-mêmes. Véritables « machines à croire n'importe quoi », dont l'expérience personnelle n'a pas la moindre valeur, nous mettons en danger l'ensemble de la pyramide dès qu'on cesse de nous surveiller. Au sommet de la pyramide, séparés de nous par un fossé infranchissable, vivent des sages qui se battent pour nous sauver. Des hommes qui sont adultes, responsables, solides, généreux, avisés. Des hommes qui savent, eux. Mais ce scénario de domination comporte des risques de rébellion. C'est pourquoi il faut inventer un élément dramatique capable de détourner notre attention de leur omnipotence. Comment nous faire accepter sans broncher leur tutelle, qu'ils conjuguent si souvent avec

1. *Ibid.*, p. 368.
2. Bernadette Bensaude-Vincent, *La Science contre l'opinion, histoire d'un divorce,* Les Empêcheurs de penser en rond, Paris, 2003.

celle de l'État ? Qui saurait être convaincant dans ce rôle d'acteur principal du grand méchant loup qu'on va chercher au fond du bois pour que les enfants soient sages ? Bernadette Bensaude-Vincent analyse le grand retour de l'irrationnel[1] comme le parfait grand méchant loup. Car, depuis plus d'un siècle, l'irrationnel ne semble « revenir » que dans les innombrables catéchismes rationalistes. Mais à quoi leur sert ce fantôme ? Qui sont-ils ? Quelles stratégies déploient-ils pour conserver leur autorité morale ? À quel ordre veulent-ils nous faire obéir ?

Il nous faut, pour bien les comprendre, nous intéresser à leur histoire. Là encore, Bernadette Bensaude-Vincent nous éclaire. Vers la fin du XIX^e^ siècle, Anatole France et Marcellin Berthelot créent l'Association des libres-penseurs, organisation républicaine et anticléricale. C'est à cette époque que se forment le cercle Marcellin-Berthelot (1907), le cercle Diderot (1914) et enfin l'Union rationaliste (1930). L'époque – c'est moi qui m'interroge – n'est-elle pas plus vulnérable à l'idéologie scientiste que la nôtre ? Le réchauffement planétaire et les conséquences de Tchernobyl sont encore loin… L'exaltation peut donc s'exprimer sans retenue à travers des déclarations dont les termes sont plus proches de ceux qu'on rencontre dans la bouche des prêtres que dans celle des chercheurs. L'Union rationaliste déclare vouloir faire aimer la science et faire partager la joie de connaître qui « fondera la *religion* suprême, la *religion* de l'esprit[2] ». Reste à trouver les ennemis de la raison, et à tenter de mobiliser l'opinion contre eux. D'abord commencera la chasse aux sourciers. Jusque-là tolérés, ils venaient de susciter une flambée de travaux et de publications, et jouissaient d'une grande popularité. Les rationalistes les choisiront comme cibles et tenteront de les livrer en

1. *Ibid.*, p. 201.
2. *Ibid.*, p. 202.

pâture au public. L'Union rationaliste décide alors d'une ligne de combat dont elle ne s'est jamais détournée depuis, et qui repose sur plusieurs procédés censés *discréditer l'ennemi pour ne jamais avoir à l'affronter sur le terrain de la science.*

Plusieurs opérations successives doivent être réalisées pour transformer des objets de science en repoussoirs menaçant l'ordre public. D'abord *l'amalgame.* Grâce à ce qu'Isabelle Stengers appelle un « rituel bien rodé », on a fait passer l'ensemble du supranormal dans le catalogue des objets de croyance résultant d'une autosuggestion et/ou d'une duperie. Le principe est simple. Il consiste à exploiter quelques supercheries avérées – en l'occurrence l'aventure du professeur Richet, berné par un faux fantôme. Ainsi se trouve ruiné l'ensemble d'une discipline, selon un procédé inductif[1].

Arrive ensuite la deuxième opération, celle qui doit faire de l'adversaire un ennemi du peuple, un homme sans droit. Comme les grands criminels, il doit inspirer l'horreur et la vindicte. Devenu un simple fléau à traquer, comment imaginer parler de science avec ce *danger public* ? Le vocabulaire choisi sera donc destiné davantage aux émotions qu'à la pensée. Il faut *nommer pour disqualifier*[2]. Ainsi le rival devient-il un *charlatan, un margoulin de l'irrationnel, un exploiteur de la misère humaine.*

Tout cela resterait insuffisant sans l'épisode nécessaire de la dramatisation. On évoque alors l'*apocalypse* liée au grand retour de l'irrationnel. Bernadette Bensaude-Vincent cite l'exemple de François Le Lionnais, président d'honneur de l'Association des écrivains scientifiques de France, qui écrivait en 1958 : « Un pays qui se donne à l'astrologie et à la radiesthésie est un pays qui démissionne sur le plan de l'indépendance nationale. » Comparant la liberté de pratiquer l'astrologie à celle de

1. Isabelle Stengers, Bernadette Bensaude-Vincent, *op. cit.,* p. 306.
2. *Ibid.,* p. 56.

vendre de la cocaïne, il prédit qu'« un pays qui autorise de telles pratiques finira colonisé[1]. »

La dernière opération est plus délicate. Une fois la grand-messe de l'apocalypse de la raison célébrée, et l'adversaire injurié, une fois les fraudes dénoncées[2], il reste à s'assurer de ne jamais être confronté à un vrai débat scientifique. La recette de cette propagande, toujours la même, produit tous les dix ans le même type de publications supposées alerter l'opinion déviante. Seules sont recensées des expériences spontanées de la vie courante susceptibles d'être confondues avec des expériences extrasensorielles auxquelles s'ajoutent des tours de prestidigitation classiques, et quelques recettes amusantes pour produire soi-même du « faux paranormal ». Sur la forme, le ton ironique et réducteur cherche à *séduire* le public au lieu de l'informer. En 1944, Marcel Boll, rationaliste militant, publie *L'Occultisme devant la science* [3], manuel de dénonciation, genre qui allait connaître un succès croissant dans la deuxième moitié du XXe siècle. Grégory Gutierez nous présente le

1. Bernadette Bensaude-Vincent, *op. cit.*, p. 204-205. Or, rien ne change : invité par Stéphane Bern dans « L'arène de France », sur France 2 en octobre 2006, le Dr Philippe Jean Parquet, psychiatre, n'hésita pas, lui non plus à comparer la voyance à l'usage de la cocaïne alors que Grégory Gutierez lui demandait s'il avait eu la curiosité intellectuelle d'aller voir une voyante. Voici sa réponse : « Quand je soigne des gens qui consomment de l'alcool, du cannabis, de la cocaïne, qui ont des difficultés et qui viennent me voir, la question qu'on me pose est la suivante : "Est-ce que vous avez déjà consommé de la cocaïne ?" C'est la même démarche. Je ne réponds pas à votre question car votre question n'est pas une question ! »
2. La fraude scientifique, n'en déplaise aux membres de l'Union rationaliste, est loin de concerner la seule parapsychologie. Elle « mine » même les recherches les plus sérieuses (et prend parfois des aspects comiques…). Lire à ce sujet : William Broad, Nicholas Wade, *La Souris truquée, enquête sur la fraude scientifique,* Paris, le Seuil, 1987.
3. Bernadette Bensaude-Vincent, *op. cit.*, p. 204 ; Marcel Boll, *L'Occultisme devant la science*, Presses Universitaires de France, Paris, 1951.

personnage dans son premier livre[1]. Marcel Boll, après s'être livré à la prophétie habituelle, et avoir mis en garde son lecteur contre la menace qui pèse sur la France, confond les genres en mélangeant graphologie, psychanalyse, fakirs, hypnose, astrologie, ectoplasmes et guérisseurs. Un seul mot parcourt le pamphlet, censé tout comprendre, tout expliquer et tout anéantir : *délire*. « Délires psycho-chimiques », « délires astronomiques », « délires biologiques » – voilà comment Boll expédie la question. Il se garde bien de mentionner, éventuellement de critiquer, les protocoles scientifiques des expériences de voyance réussies par Eugène Osty avec Pascal Fortuny[2] ; ou encore celles menées sous la direction de René Warcollier. Ces expérimentateurs avaient pourtant défrayé la chronique de l'époque. Quant à l'opinion, la voilà accusée d'« hystérie mythomaniaque ». Le décor habituel est campé. L'homme savant doit sauver la société malade de son hystérie bien féminine[3].

Marcel Boll, d'un geste large, jette dans la même (grande) poubelle les « balivernes de Sigmund Freud », les fakirs et la numérologie. Plus récemment, *Devenez sorciers, devenez savants*, un livre publié par Henri Broch et Georges Charpak, renoue avec cette tradition de dénonciation pamphlétaire. Les intentions de cet ouvrage n'ont pas abusé les spécialistes. Bertrand Méheust a consacré un ouvrage entier à en analyser les intentions. Il dénonce point par point le peu de poids

1. Grégory Gutierez, Nicolas Maillard, *Les Aventuriers de l'esprit, une histoire de la parapsychologie*, Presses du Châtelet, Paris, 2005.
2. *Ibid.*, p. 310.
3. À propos de l'hystérie féminine, le Dr Philippe-Jean Parquet ne manqua pas, toujours dans « L'arène de France », de m'insulter pour tenter de me discréditer. Alors qu'un avocat plaisantait en me demandant pourquoi je m'étais levée en début d'émission pour l'interroger (sous-entendu classique : puisque vous êtes voyante vous auriez dû connaître la réponse…), le docteur prit la parole et lança : « Ce n'est pas pour ça qu'elle s'est levée, c'est à cause de ses hormones ! »

des *a priori* des auteurs. Quant à Nicole Edelman[1], son expertise est sans appel. Dans son *Histoire de la voyance et du paranormal du* XVIII*e siècle à nos jours* [2], elle écrit en parlant des deux auteurs :

« [...] En proposant quelques expériences, ils espèrent [...] montrer comment un certain nombre de sorciers modernes abusent le pauvre monde ! [...] Pour ce faire, ces deux physiciens nous proposent quelques tours de prestidigitation, se jouent de l'astrologie, nous dévoilent comment marcher pieds nus sur les braises [...]. Pourtant, ces exemples trop différents qui constituent le livre [...] ne permettent pas d'atteindre le but recherché par les auteurs. Ainsi, contourner la question de la télépathie par l'apprentissage d'un tour d'illusionniste, c'est laisser de côté toute la parapsychologie et ses questionnements. [...] Il est dommage de donner à un livre qui se veut démystificateur un nom trompeur (mais combien attractif !). Tout cela ne permet ni de sortir d'une confusion des genres, ce qui est regrettable pour l'épistémologie, ni de développer notre capacité critique[3].

Enfin, dernière stratégie d'évitement destinée à frapper psychologiquement l'opinion, les « défis », parfois accompagnés d'argent, proposés par les sceptiques « à qui prouvera l'existence d'un quelconque phénomène paranormal ». Censé être une arme suprême, le dispositif ne résiste pas à l'analyse. Incapables d'accepter les conclusions en faveur de l'existence du « psi » qui devraient s'imposer à la lecture des statistiques réalisées à partir de l'étude des métanalyses issues de milliers d'expériences, indifférents aux travaux des parapsychologues publiés dans les revues scientifiques les plus sérieuses, les sceptiques proposent de remplacer des

---

1. Nicole Edelman est maître de conférence en histoire contemporaine à l'université Paris-X-Nanterre.

2. Nicole Edelman, *Histoire de la voyance et du paranormal, du* XVIII*e siècle à nos jours*, Paris, Seuil, 2006.

3. *Ibid.*, p. 246-247.

années de recherche par une mise en scène contraire aux critères de reproductibilité, qu'ils exigent pourtant de leurs adversaires lorsque ceux-ci les confrontent à une réussite spectaculaire obtenue avec un sujet doué. En somme, *hasard* ou *fraude* si je réussis, mais *preuve* si j'échoue. Quelle est cette double logique ?

Dans le passé, des défis ont été nombreux, parfois organisés par les parapsychologues de l'époque, lorsqu'ils s'appelaient encore des « métapsychistes ». Hélas pour les rationalistes, certains se sont conclus à leur désavantage. En 1847, Jean-Eugène Robert-Houdin, le célèbre magicien, a signé au marquis de Mirville une déclaration dans laquelle il atteste que « ni le hasard ni l'adresse » ne peuvent être la cause des prodiges de clairvoyance réalisés en sa présence par Alexis Didier. Dans les années trente, Harry Price[1] avait proposé une somme d'argent importante à tout prestidigitateur capable de reproduire les phénomènes constatés lors des séances avec Rudi Schneider. Non seulement personne ne releva le défi, mais le président du Club des magiciens d'Angleterre, illusionniste professionnel, affirma qu'il était incapable de reproduire ce qu'il avait vu après avoir assisté à une séance.

Voici un extrait de ce que Bertrand Méheust écrit dans *Devenez savants : découvrez les sorciers* :

« À plusieurs reprises, les métapsychistes ont proposé publiquement des prix aux prestidigitateurs, en les mettant au défi de reproduire certains phénomènes médiumniques dans les conditions de leurs expériences de laboratoire. Or ces prix n'ont jamais été attribués ; les prestidigitateurs se sont en général esquivés et, quand ils se sont risqués à relever le défi, ils ont échoué [...]. Ainsi le magicien anglais Maskeline fit publiquement le pari de reproduire les phénomènes produits par l'archidiacre Colley. Mis au pied du mur, il échoua et fut

1. Harry Price est né en 1881 à Londres. C'était un passionné d'occultisme et un chasseur de fantômes...

condamné par la justice à payer l'enjeu du pari. D'autre part, certains magnétiseurs ont sollicité publiquement les représentants de l'institution, [...] pour qu'une investigation officielle soit conduite sur tel ou tel médium, mais ils n'ont pas reçu de réponse. Une fois encore, il y aurait lieu de se demander si cette guerre des défis, qui dure depuis deux siècles, n'est pas un non-sens scientifique, si elle n'est pas le symptôme d'un blocage épistémologique profond[1]. »

Il me faut révéler ici un fait étonnant : le professeur Charpak ne daigna jamais répondre ni au livre de Bertrand Méheust ni au courrier que ce chercheur et moi-même lui avions fait remettre en main propre en lui proposant de nous rencontrer pour tenter d'élaborer un protocole d'expérimentation[2].

Enfin sans m'appesantir sur ce point bien connu de tous les chercheurs en parapsychologie, il semble que l'intention d'un expérimentateur joue un rôle détermi-

---

1. Bertrand Méheust, *Devenez savants : découvrez les sorciers, lettre à Georges Charpak,* Dervy, Paris, 2004.

2. Après notre entrevue sur le plateau de « Normal/Paranormal » avec Georges Charpack, le 29 mars 2002, pour le « best of » de l'émission, nous avons confié à l'équipe une lettre, écrite rapidement dans ma loge, qui lui fut remise en main propre avec nos numéros de téléphone. Voici le texte intégral de celle-ci : *Cher Professeur, Suite à notre rencontre de ce jour sur le plateau de « Normal/Paranormal », je me permets de renouveler mon invitation même dans un endroit fort simple puisque vous craigniez d'être entraîné dans des manœuvres de séduction – dont vous pourrez pourtant rapidement constater qu'elles ne sont pas les miennes, je serai avec Bertrand Méheust très heureuse de pouvoir prendre contact avec vous pour mettre au point une réflexion pouvant aboutir à la mise en place d'un protocole « sérieux » pour vous et « respectueux » pour moi car vous comprendrez rapidement qu'en matière de « voyance » la fraude est au fond assez simple à éviter. Dans cette attente, veuillez croire, cher Professeur, en l'assurance de ma plus haute considération.* Bertrand Méheust avait ajouté ceci : *Je suis désolé que la brièveté de l'émission ne nous ait pas permis d'échanger davantage. Nous espérons que cela pourra se faire par la suite. Il faut se plonger dans cette question pour la comprendre, je vous prie de croire, cher Professeur, en l'assurance de ma considération distinguée.*

nant dans le résultat d'une expérience. Ce phénomène, appelé « effet expérimentateur », a été mis en évidence par R. Rosenthal, psychologue à Harvard à la fin des années soixante-dix. J'y reviendrai en évoquant mes démonstrations dans les médias.

Mais pour en finir avec le mythe des scientifiques qui pourfendraient l'irrationnel au nom de la pure vérité, reste à mieux comprendre ces hommes qui consacrent leur vie à lutter contre le paranormal, cette nébuleuse qui réussit à leur gâcher la vie tout en étant censée ne pas exister. Sont-ils vraiment toujours les défenseurs du peuple et de l'intérêt général, comme ils le prétendent ? Bernadette Bensaude-Vincent a étudié l'appel signé par quatre cents personnalités scientifiques, parmi lesquelles un nombre important de scientifiques français. Cet appel fut publié le 1er juin 1992 à l'ouverture d'une grande réunion internationale sur les problèmes d'environnement, le Sommet de la Terre de Rio de Janeiro. Le voici : « Nous nous inquiétons d'assister, à l'aube du XXIe siècle, à l'émergence d'une idéologie irrationnelle qui s'oppose au progrès scientifique et industriel et nuit au développement économique et social. Nous affirmons que l'état de nature [...] n'existe pas et n'a probablement jamais existé [...] dans la mesure où l'humanité a toujours progressé en mettant la nature à son service et non l'inverse. Nous adhérons totalement aux objectifs d'une écologie scientifique axée sur la prise en compte, le contrôle et la préservation des ressources naturelles. Toutefois, nous demandons formellement par le présent appel que cette prise en compte, ce contrôle et cette préservation soient fondés sur des critères scientifiques et non pas sur des préjugés irrationnels[1]. »

Presque quinze ans après la publication de ce manifeste, l'état préoccupant de la planète est reconnu par

1. Bernadette Bensaude-Vincent, *La Science contre l'opinion, histoire d'un divorce*, p. 205-206.

tous les médias. *Le Figaro* – que l'on ne saurait accuser d'altermondialisme – consacre sa couverture à Nicolas Hulot et à son combat. Les sceptiques ne devraient plus s'autoriser à parler à l'opinion – mobilisée par la question des risques du nucléaire ou des OGM – sur le ton méprisant employé depuis le début du siècle, ni la persuader de son ignorance...

On retrouve cette même nécessité de pourfendre l'irrationnel et de réaffirmer le seul pouvoir des experts sous la plume d'Henri Broch dans son dernier livre, coécrit avec Georges Charpak[1]. « En effet, les allégations paranormales, outre les graves dommages directs qu'elles peuvent causer, provoquent aussi des dommages collatéraux. Le mode d'argumentation des pseudosciences déteint aussi sur d'autres croyances, notamment celles qui concernent la pollution. Même dans les cas où elle est indéniable, la pollution est parfois dénoncée avec des arguments qui visent à toucher les tripes plutôt qu'à stimuler les neurones. »

Étrange concept de la rationalité... Ce qui inquiète Henri Broch, ce n'est pas la pollution, c'est la façon dont *l'opinion en parle*. Ma coiffeuse, affolée de voir qu'elle pouvait sortir en tee-shirt le jour de Noël, est donc atteinte d'irrationalisme, puisque le réchauffement planétaire l'inquiète. Si j'étends le raisonnement de M. Broch, ce n'est pas par rapport à la température extérieure qu'elle doit décider ou non de savoir s'il est légitime de s'inquiéter, mais en écoutant l'avis d'un expert...

Lors de la sortie de *Devenez sorciers, devenez savants*, le professeur Charpak a profité des très nombreuses interviews qui lui étaient accordées pour exprimer sa position pronucléaire, et comparer les réticences de l'opinion sur le sujet à sa croyance absurde en l'astrologie et en la voyance. Pour les scientistes, les choses sont simples : vous *croyez*, ils *savent*... La rengaine,

1. Henri Broch et Georges Charpak, *Gourous, sorciers et savants*, Paris, Odile Jacob, 2006.

nous l'avons vu, dure depuis trop longtemps. Ce qui est insupportable, pour les rationalistes, c'est que notre jugement provient justement de notre esprit critique, et non de notre ignorance. C'est pour le court-circuiter qu'ils nous proposent leur prêt-à-penser, pour retrouver notre confiance, pour leur permettre de continuer à diriger nos vies, comme le démontre Bernadette Bensaude-Vincent en concluant son chapitre : « L'opinion malade[1]. »

Mais les années soixante sont loin, les Trente Glorieuses aussi. Ce ne sont ni les voyants ni les sorciers qui sont responsables aujourd'hui des conséquences de Tchernobyl, du réchauffement climatique, des guerres, de la disparition progressive des espèces animales, du chômage, de l'aggravation de la fracture sociale, de l'infiltration progressive de l'économie parallèle dans la finance. Le moment est peut-être venu, pour les vrais responsables de cette situation, dont certains sont ces fameux experts, d'expliquer comment l'application de leur « rationalité » à tous les domaines de la société a réussi à menacer de survie l'espèce humaine en cent cinquante ans, alors que l'« irrationalité » des autres cultures n'a jamais mis notre écosystème en danger en plusieurs millions d'années. Peut-être auront-ils quelques comptes à rendre aux jeunes d'aujourd'hui qui ne se contenteront plus d'entendre que « c'est la faute du grand retour de l'irrationnel » s'ils passent Noël en tee-shirt…

Oui, même s'il s'agit de ma part d'un optimisme déplacé, je rêve d'un positivisme sans idéologie, d'une science qui s'intéresserait aux faits, même lorsqu'ils dérangent ses certitudes. Une « vraie » science qui préférerait la vérité au maintien d'une position d'autorité. Une science qui ne discréditerait pas l'opinion, mais travaillerait avec elle, d'après les questions que celle-ci se pose, et non d'après les problèmes qui intéressent la

1. Bernadette Bensaude-Vincent, *La Science contre l'opinion, histoire d'un divorce, op. cit.*, p. 211-212.

science seulement. Une science vraiment démocratique qui demanderait aux chamans et aux voyants ce qu'ils savent faire, au lieu de les obliger à poursuivre des expériences conçues pour les faire échouer ; une science qui collaborerait avec les autres et cesserait de les infantiliser pour les dominer. Une science qui respecterait ce qu'elle étudie, qui ne s'autoriserait pas à nuire, qui ne mépriserait pas les savoirs issus d'autres cultures, mais se demanderait ce qu'elle peut en faire. Non, je ne suis pas l'ennemie du progrès scientifique ou technique, je suis l'ennemie des débordements de la science quand celle-ci met la vie en danger. Je rêve d'un monde commun où les savoirs circulent et se complètent au lieu de se hiérarchiser. Parce que notre intérêt à tous passe par ce progrès qui est la seule promesse d'universalité. Les scientistes, colons du progrès, méprisent les autres cultures. Ils considèrent les peuples qui « croient » comme inférieurs, et les animaux comme du matériel de laboratoire. Mais les citoyens s'en mêlent. Ils luttent contre la vivisection et découvrent d'autres modèles de guérison. Les scientistes sont très fâchés et répètent en boucle que nos méthodes et nos sociétés sont les meilleurs modèles, applicables au monde entier, quand bien même le monde entier se meurt sous leurs yeux à cause de nos erreurs.

Pour rester vivants, ils ont besoin d'exclure, de mépriser, de disqualifier. Ainsi cherchent-ils à se réapproprier une légitimité de plus en plus contestable. Mais l'opinion voyage et découvre que les autres cultures ont des choses à nous apprendre, même en médecine. L'opinion va voir des médecins traditionnels chinois, des acupuncteurs, des magnétiseurs et des voyantes. Les scientistes ont beau leur dire qu'ils guérissent pour de mauvaises raisons, et que leur voyante était dans un jour de chance, ils savent exercer leur sens critique. Contrairement à l'Église catholique, avec laquelle ils partagent la même idée d'une vérité unique, les scientistes ne sauront pas s'adapter, ne sauront pas intégrer d'autres représentations que les leurs et ne pourront survivre bien longtemps. Leur durée de vie n'excédera pas la conclusion du procès que les jeunes générations commencent à leur faire, et auquel ils sont si mal préparés. Agiter leur « esprit scientifique » comme un fétiche, pour reprendre l'expression de Bernadette Bensaude-Vincent, ne suffira pas à les sauver de la condamnation qui les attend. Viendra alors un jour où il sera possible aux parapsychologues d'étudier la voyance, et d'élaborer de nouvelles théories sur la nature de la conscience, comme sur celle du temps. Si je « vois » dans des enveloppes closes, si Joseph dessine à distance les lieux où se trouve un expérimentateur, comment circule l'information ?

L'influence politique des scientistes bloque aujourd'hui en France la possibilité d'obtenir les importants crédits que ces recherches nécessiteraient. Quant aux jeunes chercheurs, leur simple intérêt pour le paranormal compromet leur carrière, et ils ne peuvent parfois se rendre à l'IMI que dans le secret. Si l'influence de cette mouvance est encore forte, je laisserai la conclusion de ce chapitre à Isabelle Stengers et à Bernadette Bensaude-Vincent, en espérant que les politiques auront le courage de prendre conscience de la situation et d'en tirer les conséquences qui s'imposent : « La grandeur des sciences tient à la manière dont elles compliquent les termes d'un problème ou la description d'un état de choses, et à l'importance qu'elles confèrent éventuellement à ce qui était jusque-là jugé négligeable. Leurs bêtises commencent dès qu'elles se font le relais d'une manière de juger ou d'évaluer qu'elles trouvent toute faite dans leur société, et qui leur permet de se simplifier la tâche, de renvoyer aux apparences ou à l'irrationnel ce qui ne les intéresse pas. L'idée que "les autres" sont superstitieux est de celles qui rendent les scientifiques bêtes. Et parfois dangereux[1]. »

1. Isabelle Stengers, Bernadette Bensaude-Vincent, *100 mots pour commencer à penser les sciences, op. cit.*, p. 385.

## 26

# Légitimer la voyance

Dès ma première année d'exercice professionnel, je n'avais qu'une idée en tête : légitimer la voyance.

D'abord pour des raisons personnelles. J'avais été habituée, dès l'enfance, à être injustement rendue responsable des problèmes des autres. N'était-ce pas pour pouvoir m'élever que ma mère avait renoncé à sa carrière ? N'était-ce pas ma désobéissance qui était à l'origine des problèmes de couple rencontrés par mes parents ? Être l'objet de faux procès m'était donc difficile, mais coutumier. Dès mes premiers mois d'exercice, j'ai compris que le regard des autres me gênait. Tantôt perçue comme un être à part doté de pouvoirs extraordinaires, tantôt confondue avec une sorte de psy, plus rarement avec un escroc bien organisé, je passais toujours pour autre chose que ce que j'étais. Après avoir été invitée aux « Dossiers de l'écran », en 1987, je crus naïvement qu'il me suffirait de m'expliquer pour être comprise. Hélas ! j'ignorais encore qu'il n'était pas si simple de prétendre voir à travers les enveloppes et prédire le futur. Je me suis aperçue que je vivais dans une société rationaliste où nombre d'« experts » avaient mis au point des théories à même d'expliquer mes résultats sans prendre en compte l'existence d'un sixième sens. Il y avait encore à l'époque de très nombreux débats d'idées à la télévision, et j'eus la chance, pour mon premier livre[1], d'être invitée sur certains plateaux dont celui d'« Ex-libris ». J'en ai gardé le souvenir de dialogues de sourds qui frisaient le comique et se terminaient toujours par la conclusion suivante : les « provoyance » me considéraient comme une psy surdouée et bienveillante, apportant un réel secours aux autres, et les « antivoyance » comme un escroc.

C'est dans le contexte de ce malentendu que l'équipe de Philip Plaisance entra en relation avec moi. Il m'offrait de participer à une émission qui devait faire couler beaucoup d'encre : « Mystères ». Programmée sur TF1 à une heure de grande écoute, cette émission consacrée au paranormal fut un véritable phénomène de société. La France, tout à coup, ne parlait plus que fantômes, miracles et ectoplasmes !

Mais l'équipe de Philip Plaisance, elle, voulait une démonstration...

— Puisque vous dites que vous voyez, comment pourriez-vous le prouver aux téléspectateurs, Maud ?

La question était abrupte. Si j'avais déjà été en contact avec des chercheurs, je n'avais jamais imaginé que la télévision puisse servir à prouver quoi que ce soit. D'abord, j'ai songé à refuser, à l'instar de presque tous les professionnels réputés qui avaient déjà décliné l'invitation. Je n'étais pas sûre de moi. Certes, je ne doutais pas de mes facultés, puisque je les avais testées. Mais j'inclinais par tempérament à ne pas communiquer d'une manière aussi brutale. J'avais passé mon temps à dire et à écrire que la voyance était quelque chose de subtil et de noble ; et voilà que je me retrouvais à devoir trancher la question en dix minutes et deux expériences. D'un autre côté, on m'offrait l'occasion d'apparaître devant six ou sept millions de Français...

Je n'exerçais alors que depuis cinq ans. Mais je m'étais rodée sur les plateaux de Christophe Dechavanne où l'ambiance était animée. Pourtant les caméras me don-

1. Maud Kristen, *Pour en finir avec Madame Irma, op. cit.*

naient toujours le trac. Avais-je une réelle légitimité à faire valoir ? Serais-je capable de relever le défi ? N'étais-je pas en train de prendre un risque énorme ? Qu'adviendrait-il de mon activité en cas d'échec ? Plus je réfléchissais, plus la méthode « brutale » m'apparaissait comme la seule possible. J'étais un peu naïve, mais j'avais si souvent lu de l'étonnement dans les yeux de ceux qui me consultaient que je connaissais l'efficacité d'une bonne démonstration. Je pressentais que la vie m'offrait une occasion d'améliorer l'image de la voyance, et qu'il convenait peut-être de la saisir, même avec appréhension, et même à contrecœur. J'en étais encore à peser le pour et le contre quand une voix intérieure me commanda de dire oui. Je compris alors que ce qui était en jeu dépassait de très loin le cadre de ma personne. L'affaire relevait de l'intérêt général. Certaines vérités attendaient d'être portées à la connaissance du public, et je comptais peut-être parmi les voyantes les mieux à même de se voir confier cette mission.

Comme nombre de téléspectateurs s'en souviennent probablement, c'est Alexandre Baloud qui animait la soirée. J'avais accepté de me soumettre aux expériences prévues à la seule condition qu'elles ne soient pas enregistrées en public. Je sais en effet combien l'hostilité ou la moquerie peuvent être paralysantes. J'avais choisi de « faire parler » des objets qui me seraient présentés sans aucune indication préalable. On me demandait de raconter leur histoire ou celle de leur propriétaire.

Personne ne vit jamais la première séquence qui fut tournée, et dont la bande doit probablement dormir encore dans les archives de quelque maison de production… L'objet numéro un était un bouchon métallique – un bouchon d'essence dévissé du réservoir d'une voiture. Je l'ai palpé, puis j'ai fermé les yeux. Des images et des pensées sont apparues sous mes paupières. Le bouchon était celui d'un véhicule appartenant à un artiste dont je brossai un portrait en tous points fidèle. Hélas ! la star en question montrait aussi des aspects inquiétants, peu avouables… Si je les avais révélés, ses héritiers auraient couru chez leur avocat. Alexandre Baloud était perplexe et moi aussi. Mon bouchon à la main, plantée comme Bécassine dans le décor du studio immense, j'étais en train de comprendre que toute vérité n'est pas bonne à dire…

Ce premier succès eut tout de même l'avantage de mettre toutes les personnes présentes en confiance et de bonne humeur. Heureusement, la régie avait prévu trois objets. Alexandre me tendit l'objet numéro deux. C'était une pierre grise. Je fus invitée à exprimer les images qu'elle éveillait en moi. J'ai tout de suite « accroché » avec cette pierre. Il en va des objets comme des personnes. Certains, pourtant attirants, ne déclenchent rien, tandis que d'autres, en apparence insignifiants, m'inspirent profondément. Dès que j'eus la pierre entre les mains, des flashs me traversèrent, impérieux… Je parlai d'une foule de jeunes gens, d'une révolte, d'un pays froid qui était peut-être la Pologne[1]…

Alexandre Baloud était un journaliste réputé. Et il avait eu l'audace de se lancer dans la présentation d'une émission sur le paranormal sans avoir jamais vu de voyante à l'œuvre. Il fut sincèrement surpris et ému du résultat.

Il me présenta ensuite une montre. Je lui en décrivis l'histoire, et celle de son propriétaire.

Or cette montre lui appartenait, à lui, Alexandre Baloud. Il savait exactement d'où elle venait, quelles périodes de sa vie elle avait traversées, ce qu'elle figurait à ses yeux sur le plan affectif ; et ma description confirmait tout cela[2]. Cette fois, il était bouleversé. Il devait d'ailleurs revenir avec émotion sur cette expérience dans le magazine *Télé 7 Jours* en disant que l'épisode de « Mystères » auquel j'avais participé comptait parmi ceux qui avaient laissé en lui la plus forte empreinte, tant les résultats accomplis sur le plateau s'étaient révélés spectaculaires. « Mystères », hélas, dut s'arrêter à la suite d'une fraude dénoncée par Ranky quelque temps

1. L'intégralité de cette description est présentée en annexe, p. 241.
2. L'intégralité de cette description est présentée en annexe, p. 242.

plus tard. En toute bonne foi, l'équipe s'était laissée berner par un motard qui prétendait posséder le pouvoir de conduire les yeux bandés… Je rencontrai Ranky lors du tournage du *Sixième Sens*. Il m'expliqua qu'il existait de nombreux tours de magie qui permettaient de simuler la clairvoyance ; certains faux voyants utilisaient notamment une sorte de fluide qui, jeté sur une enveloppe, la rend transparente, de sorte que le contenu en devient perceptible durant plusieurs secondes…

Comme je l'ai dit, les parapsychologues anglo-saxons sont initiés aux techniques de fraude. Est-ce pour cette raison que le professeur Norman S. Don avait utilisé des enveloppes à bulles lors de nos expériences ? Si tel est le cas, non seulement je ne lui en tiens pas rigueur, mais je lui en sais gré ; en effet, rien n'est pire que d'être accusé de tricherie parce qu'une précaution n'a pas été prise lors d'une expérience réussie.

Après « Mystères », toutes mes réticences furent balayées. Ce n'était pas sans nourrir des craintes que j'avais accepté de participer à cette émission. Puis j'avais constaté que les journalistes ne montraient aucune hostilité à mon égard. À aucun moment ils n'avaient essayé de me faire échouer. Jamais je n'avais eu le sentiment d'être entourée d'ennemis. Bien sûr, je n'avais pas affaire non plus à des alliés. C'étaient des professionnels qui s'efforçaient d'informer le public aussi objectivement que possible. Cependant ils ne fomentaient pas de piège. Ils étaient respectueux de la personne qu'ils avaient invitée à venir s'exprimer dans leur émission. Et je leur suis reconnaissante de leur attitude.

À la lecture des courriers reçus, je compris que la démonstration était la meilleure stratégie possible pour faire avancer le débat. C'est la raison pour laquelle j'accueillis favorablement la proposition de Michel Arowns qui préparait un documentaire pour la cinquième chaîne[1], et souhaitait filmer une démonstration. Le tour-

1. Michel Arowns, *La Voyance : fantasme ou réalité ?* 1999.

nage eut lieu dans des conditions moins impressionnantes que pour « Mystères » puisqu'il se déroula à mon domicile. Pourtant, notre première rencontre se solda par un échec. Michel était venu seul. Il me filma après m'avoir tendu une enveloppe kraft préparée à l'avance. Et ce que je vis était à la fois comique et inquiétant. C'était la vision surréaliste du corps d'un homme dont la tête était un zoom. Il y avait quelque chose d'étrange à devoir parler à un « homme-caméra » dont l'œil unique ne cessait de se déplacer de mon visage aux enveloppes. Peut-être est-ce ce qui coupa mes moyens. En tout cas, l'expérience échoua avec deux enveloppes, et je préférai ne pas insister davantage. Je ne voyais pas, c'était évident.

Michel Arowns décida alors de demander conseil à Éric Bony, lui aussi journaliste, et passionné par les phénomènes situés aux limites de la science et de l'étrange. Tous deux essayèrent de mettre au point un protocole qui se déroulerait dans des conditions d'enregistrement plus humaines. Éric me présenta dans une enveloppe close le site archéologique de Santorin. Pendant ce temps, Michel filmait. Je venais de me rendre compte, à cette époque, qu'un jeu de cartes astrologiques[1] m'aidait à recadrer mes perceptions. Dès que j'eus l'enveloppe entre les mains, des images m'envahirent. Je décrivis un sous-sol, du sable, une explosion, des vestiges…

En 2001, M6 m'invita à participer à l'émission « Normal/Paranormal », diffusée elle aussi à une heure de grande écoute. L'élaboration du concept dura plusieurs mois durant lesquels Stéphane Rotenberg, le présentateur, et Eudes Semeria, futur rédacteur en chef, passèrent au crible le petit monde du paranormal. C'est eux qui eurent l'idée de me conduire sur un lieu dont je ne connaîtrais rien mais dont je devrais identifier l'histoire. L'idée me parut intéressante. On me banda les yeux – c'était la première fois que je me prêtais à ce genre de traitement. Je fus transportée à travers Paris

1. Marie Delclos, Le Grand Jeu astrologique, Grimaud.

à bord d'une voiture dont le chauffeur découvrait le parcours en même temps qu'il l'effectuait. Au bout d'un temps assez long, la voiture s'arrêta. On me fit descendre. Ayant toujours les yeux bandés, je faillis perdre l'équilibre. On me guida vers l'intérieur d'un immeuble. Mes premières sensations se manifestèrent dans l'ascenseur. Une image, en particulier, se présenta, qui montrait une femme en train de se poudrer devant un miroir. Je me rappelle avoir pensé que cette femme ressemblait au modèle de Georges Seurat représentant une écuyère debout sur son cheval. J'en conclus que le lieu où nous nous trouvions était en rapport avec le monde du spectacle. L'instant d'après, nous entrions dans un appartement. Des gens vivaient là, dont je sentis aussitôt la présence. On m'ôta le bandeau. Assise sur le canapé du salon, armée de mon jeu de cartes, je commençai à décrire ce que la voyance me permettait de capter : un théâtre, des lustres magnifiques, des artistes… puis une piste circulaire coiffée d'une coupole…

Le silence autour de moi n'était rompu que par le babil d'un enfant dans les bras de sa mère, laquelle ne me quittait pas des yeux. Eudes Semeria me tendit alors un morceau de plâtre peint, de couleur ocre. Mes visions se précisèrent. J'annonçai explicitement que l'immeuble où nous nous trouvions était construit sur le site d'un ancien cirque.

Et je compris quelques instants plus tard, en observant le visage étonné des participants, que je ne m'étais pas trompée.

Le bâtiment où l'on m'avait conduite, un logement social vieux d'une trentaine d'années, se dressait sur les ruines du cirque Medrano[1]. Un historien du cirque confirma mes propos. Au cours de la discussion qui eut lieu sur le plateau après la diffusion du reportage, un psychiatre – membre de l'Union rationaliste – m'accusa

1. Les conditions de l'expérience ainsi que le texte de ma démonstration, en mai 2001, sont détaillés en annexe, p. 243.

ouvertement de tricherie. Stéphane Rotenberg lui expliqua les précautions – draconiennes – qui avaient été prises lors du tournage. Rien n'y fit. Je ne me souviens plus si c'est ce monsieur ou le professeur Charpak qui, lors d'une rediffusion pour le « best of » de l'émission, insinua que l'on m'avait peut-être caché un émetteur-récepteur dans les dents. Mais à supposer que ce fût le cas, j'aurais dû être en relation avec quelqu'un de plus « paranormal » que moi : un historien spécialiste de Paris et de ses environs, rue par rue, monument par monument – puisque tel était le champ géographique couvert par l'expérience – et capable de me répondre en *temps réel*. Bref, un surhomme qui n'existe pas ! Il est amusant de voir comment les sceptiques arrivent à imaginer des scénarios de science-fiction invraisemblables au lieu de pouvoir envisager l'hypothèse de la voyance. Que font-ils alors de leur rationalité lorsqu'ils se livrent à ce genre d'exercice ?

Il est vrai cependant que je n'ai pas toujours dit oui à la « voyance spectacle ». Il m'est arrivé de refuser certaines expériences parce que je les jugeais déplacées. Par exemple, une animatrice me proposa un jour une formule consistant à me faire parler d'une mèche de cheveux appartenant à une star du showbiz cachée derrière un rideau. J'ai refusé catégoriquement. Car la parole, en voyance, n'est pas neutre. J'aurais fort bien pu, au cours d'une telle séance, tenir en toute innocence des propos portant sur des sujets éminemment personnels, que la star en question n'avait aucune envie de m'entendre révéler au public. Deviner qu'une pierre provient du mur de Berlin est une chose, dévoiler publiquement des vérités sur un être humain en est une autre. Et puis la démonstration, telle qu'elle était proposée, recelait une dimension illusionniste. Le jeu, pour moi, était faussé dès le départ puisque la star cachée derrière son rideau pouvait très bien choisir de confirmer mes dires pour des raisons de pur spectacle, quand bien même la voyance était fausse ! Il n'y avait plus d'objectivité. Aucun des participants n'était respecté. Ni la star invitée, ni moi-même.

Quoi qu'il en soit, même dans le cas d'émissions « sérieuses », je m'attendais toujours à encourir le reproche de m'offrir en spectacle. Mais avais-je vraiment le choix, puisque les universités françaises refusaient et refusent encore d'étudier ces phénomènes avec objectivité ? Si des chaires de parapsychologie avaient existé en France, je ne me serais pas sentie obligée de démontrer que la clairvoyance n'était pas de la psychologie, et que la portée des problèmes posés par les capacités extrasensorielles dépassait largement le cadre de mon cabinet de consultation. Ce que je « vois » lorsque je travaille à mon bureau est aussi précis que lors de mes démonstrations. C'est bien plus utile, puisque cela s'applique à la vie d'hommes et de femmes qui font ainsi des choix plus éclairés. C'est aussi pour eux que j'ai accepté ces défis, parce qu'ils n'arrivent pas toujours à parler de leur rencontre avec la voyance, lorsque leur entourage est hostile. Ainsi, un de mes clients, enseignant, s'est fâché avec un de ses amis qui l'accusait purement et simplement d'être un fabulateur. À la vue du reportage de Marie-Monique Robin sur Arte, trois ans après leur brouille, l'ami prit conscience de l'injustice dont il s'était rendu coupable et lui écrivit une lettre dans laquelle il modérait son point de vue. Mon intention n'était pas de « prouver », au sens scientifique du terme, que la voyance existe. Cette tâche-là est une œuvre au long cours. Je voulais seulement permettre à l'opinion de se faire un avis, d'exercer justement son sens critique. Certes, j'aurais préféré procéder à mes démonstrations dans un cadre plus préservé, moins dangereux pour moi, et plus conforme à l'idée que je me fais de mon métier. Mais la télévision est le seul média dans lequel il me soit permis de m'exprimer et de diffuser des informations utiles sur la pratique de la voyance. Quand bien même ce média n'est pas mon outil de prédilection, je suis obligée de faire avec les conditions qui me sont imposées.

Car, à y réfléchir, la société dans laquelle nous vivons présente de surprenants défauts. Est-ce vraiment le rôle de la télévision que d'informer le public sur l'existence de réalités indiscutables ? N'est-ce pas plutôt celui des milieux scientifiques ? Pourquoi le CNRS ne frappe-t-il pas à ma porte ? Si plusieurs équipes de journalistes ont jugé pertinent de me mettre à l'épreuve, quel obstacle empêche les savants d'agir de même ? Si une société de production accepte d'investir de l'argent dans le sujet du paranormal, pourquoi pas la recherche scientifique ? Il y a un scandale dans le désintérêt manifesté par les savants envers des phénomènes qui intéressent au plus haut point le public. Dans un pays démocratique, la recherche ne devrait-elle pas s'effectuer au profit de la population ? Je suis la première à m'étonner que la voyance soit condamnée à produire ses phénomènes dans des émissions en *prime time*, alors qu'elle mériterait de pouvoir le faire dans des laboratoires de recherche. Élargir nos connaissances sur la conscience aurait pour conséquence de bouleverser radicalement non seulement la physique, mais aussi les sciences humaines. Quelle notion de l'inconscient aurions-nous si le trio télépathie-clairvoyance-précognition entrait dans la danse des possibles de l'esprit ? Que deviendraient les fables anthropologiques créées à seule fin d'éviter la question du paranormal dans les autres sociétés ? Et comment la philosophie occidentale se débrouillerait-elle avec la question de la liberté ainsi posée ?

C'est vrai, la télévision présente bien des défauts. Mais, malgré les aspects extrêmement sensibles de ses sujets, j'ai tout de même rencontré de nombreux journalistes intègres qui ont été capables de s'exposer aux foudres des représentants de la doxa pour défendre ce qu'ils avaient vu, et qui leur paraissait légitime d'être diffusé. Qu'il me soit permis dans ces pages de les remercier. Lors des émissions que je viens de citer, on m'a toujours observée avec respect, sans essayer de me mettre en échec – et c'est la même attitude que j'attendrais de la part des scientifiques. Ni plus, ni moins…

Alors que les capacités psychiques sont universelles – il suffit parfois de trois week-ends d'initiation proposés à des inconnus ouverts et motivés pour obtenir des résultats troublants[1] –, alors que de nombreux thérapeutes témoignent de l'existence de ces phénomènes durant les cures ainsi que de la nécessité de les réhabiliter comme un objet d'étude à part entière[2], fera-t-on encore longtemps semblant de ne rien vouloir… *voir ?*

---

1. En 2005, Stéphane Rotenberg et Eudes Semeria me proposèrent une nouvelle expérience : essayer d'apprendre la voyance à des inconnus. C'est ainsi que Christine, Nasri et Jessica – choisis dans la rue par la production sur le seul critère de leur ouverture d'esprit – acceptèrent, avec beaucoup de sincérité, de se prêter au jeu. Malgré la brièveté de leur « formation », ils réussirent quelques exercices tout à fait bluffants, notamment une télépathie entre Christine et Jessica. « Ils ont tenté l'expérience », M6, juin 2005.

2. Djohar Si Ahmed, *Comment penser le paranormal, psychanalyse des champs limites de la psyché,* L'Harmattan, Paris, 2006.

# Conclusion

Malgré tous ces obstacles, j'ai l'impression de faire le plus beau métier du monde. Je reçois chaque année des dizaines de lettres d'hommes et de femmes dont mon travail semble avoir transformé la vie. En vingt ans, le volume que représentent ces courriers est vraiment impressionnant. Bien plus que la reconnaissance et la légitimité dont je bénéficie maintenant dans plusieurs pays, ils sont ma grande joie professionnelle. En tant que bouddhiste, je considère comme une grâce de pouvoir exercer un métier utile, qui me passionne. Je ne pratique pas la voyance, je la vis. Je passe l'essentiel de mes loisirs à lire sur les « capacités psi », leur histoire et leur expression dans toutes les cultures et sur tous les continents. Lorsque je n'utilise pas mon temps à ces recherches, je dialogue avec l'« Intelligence » qui m'aide sur des sujets aussi variés que retrouver mes clés ou savoir quoi penser d'une relation. Qui me dispute si je ne suis pas honnête avec moi-même. Qui me parle de sa présence auprès de moi depuis que je suis née et de ce qu'elle attend de moi. Je possède des dizaines de cahiers dans lesquels sont consignés ses prévisions et ses résultats époustouflants. Je ne la mets pas à l'épreuve mais apprends à travers mes notes à mieux la comprendre. Mais cette vie étrange, qui est la mienne, n'est pas sans me couper un peu du monde et de ses réalités. Cela aboutit parfois à des situations décalées et cocasses… Je me rappelle avoir été contactée en 2004 par une jeune journaliste qui me proposait de participer au premier épisode de « La Ferme-Célébrités », émission de télé-réalité bien connue des Français. Assez rodée depuis quelques années à tous types d'efforts physiques et au manque de confort lorsque la situation l'exigeait, je ne m'étais pas prononcée tout de suite, en me disant « Pourquoi pas ? ». J'imaginais pouvoir en profiter pour médiatiser mon association de protection animale préférée. Mais l'« Intelligence », interrogée sur le dossier, s'y opposa et me déconseilla fermement l'aventure... Lorsque la jeune femme me contacta à nouveau, je voulus lui dire tout de go le pourquoi de mon refus. Puis, très sérieusement et sans aucune précaution oratoire, je me mis à lui proposer de lire le texte obtenu avec les livres en réponse à la question : « Puis-je participer à la Ferme ? » Dans mon esprit naïf, je trouvais « transparent » de lui indiquer les vraies raisons de mon refus. Je sentis dans sa voix un flottement qui me fit prendre la mesure de l'incongruité de ma proposition. Elle sembla gênée et me répondit : « Euh... ce n'est pas la peine car je n'ai pas été formée pour répondre à ce genre d'argument... »

Eh oui, du fond de mes bois, j'avais oublié que j'étais une sorcière avec un énorme balai qui dépassait soudain un peu trop de la jupe pour ne pas attirer l'attention !

Ces gaffes sont rares... Elles sont là pour me rappeler que la confiance que j'ai dans le bien-fondé de mon travail et dans mes propres pratiques divinatoires demande tout de même une préparation pédagogique avant de pouvoir être assimilée par le plus grand nombre...

# Annexes

## *« Mystères », décembre 1992, première intervention*

Alexandre Baloud : « Je vais vous montrer quelques objets et on va voir si vous arrivez à lire en eux, à les faire parler… »

Maud Kristen : « Les conditions ne sont pas évidentes mais on va essayer. »

AB : « C'est courageux à vous d'essayer. En premier, voici ceci. »

MK : « La première sensation que j'ai est encore *(je venais de parler de la vie mouvementée de l'homme auquel appartenait la fameuse voiture de luxe, cette voyance non diffusée)* un sentiment de danger mais qui pour moi est quelque chose de beaucoup plus viscéral, il y a de l'oppression, de la souffrance là-dedans. Il y a une oppression qui est énorme, une oppression et une tension énormes. Il y a des pleurs dans cet objet, il y a des gens qui ont pleuré là. Il y a quelque chose de beaucoup moins délié, de plus précis, enfin me semble-t-il, de plus pesant… C'est lourd, c'est quelque chose de lourd, il y a une masse de souffrance, de dureté. C'est l'idée de quelque chose de désertique et de long, si vous voulez. »

AB : « Géographiquement, vous sauriez situer ? »

MK : « Il fait froid, il pleut, c'est moche, c'est triste, un pays triste. C'est drôle, j'ai l'idée de gens jeunes autour, je vois des jeunes, des bandes de jeunes. Ce n'est pas un truc des barricades de mai 1968, un truc comme ça ? »

AB : « C'est plus tragique que les barricades de mai 1968. »

MK : « J'ai le sentiment de gens jeunes, de révolte, de cris… vraiment, là j'ai une grande violence […] »

AB : « C'est formidable. »

MK : « Ça vous convient ? »

AB : « Oh, tout à fait, j'aimerais bien un pays… Vous avez dit un pays triste, c'est gris, il pleut. »

MK : « C'est la Pologne, non ? On arrête là ? »

AB : « C'est un morceau du mur de Berlin. Bravo, c'est extraordinaire. »

*« Mystères », décembre 1992, seconde intervention*

MK : « Ce qui est toujours dangereux, en psychométrie avec des objets comme ça, c'est la possibilité de révéler éventuellement des choses qui sont un peu personnelles. Je me méfie un peu de ça mais je pense que la personne qui a donné sa montre est d'accord, je veux quand même en être sûre. »

AB : « Oui, bien sûr. »

MK : « D'accord. C'est un objet qui est très chargé affectivement, ça a été donné par quelqu'un qui l'a aimé ou a vécu une période affective importante de la vie de cette personne. C'est marqué affectivement par des sentiments, des sentiments profonds et tendres… »

AB : « Ça remonte à longtemps ? »

MK : « Oui, ça peut. C'est un objet qui tourne vraiment pour moi autour de l'amour. Je suppose que la personne qui a porté ça a dû étudier ou lire des heures avec. J'ai le sentiment de quelque chose qui a été immobile très longtemps. J'ai des images de livres. J'ai des images de bibliothèque. Je pense que c'est quelque chose qui a une grande valeur pour la personne qui la possède, sur le plan affectif en tout cas, c'est à peu près certain. »

AB : « Tout à fait. »

MK : « Pour moi, c'est drôle, je vois une personne jeune et une personne vieille. »

AB : « C'est extraordinaire. »

MK : « Il y a une personne âgée, une personne jeune. La personne jeune est quelqu'un qui a une grande sensibilité, quelqu'un qui a une grande exigence, qui a du caractère, qui n'a pas toujours très bon caractère, c'est lié à une sensibilité qui est forte, une âme assez passionnée si vous voulez qui porte ça, quelqu'un qui est très attaché à ses racines, j'aurais tendance à penser que cet objet lui vient d'un parent aimé, mais vraiment aimé… »

AB : « On arrête là. Vous avez misé dans le mille, Maud Kristen. Cette montre est à moi. »

MK : « Je suis désolée pour le mauvais caractère… »

AB : « Elle m'a été offerte, comme c'est la coutume dans les familles chrétiennes à ma communion solennelle, par mon père que j'aimais beaucoup, elle m'a accompagné pendant toutes mes études secondaires […]. Puis a passé plus de vingt ans dans une boîte. Elle était immobile, puis c'est mon épouse qui l'a fait restaurer et me l'a offerte. Double valeur affective… »

*Conditions de l'expérience et texte de ma démonstration, en mai 2001*

(Commentaire voix *off*, je suis dans une voiture, le chauffeur ne sait pas où il va, il est guidé par un téléphone portable) : « Maud, votre mission était de deviner le lieu en question et de tenter de l'identifier alors que rien ne permettait de le reconnaître. On vous a bandé les yeux, on vous a emmenée un matin, sans aucune explication sur la destination ; à part le journaliste et moi-même, personne ne savait où il allait. »

Maud Kristen tentera de décrire le passé de ce lieu. Bien qu'elle ne l'ait jamais fait, elle accepte de relever le défi.

Maud a donc les yeux bandés et le foulard ne lui sera retiré qu'une fois sur place. Elle ignore tout comme l'équipe de tournage de la destination prévue. Seul le journaliste connaît celle-ci.

« Voici le lieu que nous avons choisi. Nous sommes dans le IXe arrondissement de Paris. Cet immeuble a été construit dans les années 1970 et rien ne reste de l'édifice qui s'y trouvait avant. L'expérience va se dérouler dans l'appartement de Mme Gazet qui attend l'arrivée de Maud Kristen. Les stores ont été baissés pour empêcher la voyante de reconnaître le quartier. Ici se dressait l'un des cirques les plus célèbres de Paris, le cirque Medrano inauguré à la fin du XIXe siècle et dirigé par l'un des clowns les plus célèbres de l'époque, Medrano lui-même. Le cirque a connu son apogée entre les deux guerres, puis a été fermé, revendu et finalement détruit. »

10 h 45, après trente minutes de voiture, Maud Kristen arrive sur les lieux, toujours avec les yeux bandés, elle est conduite au 4e étage.

MK : « Ce qui est très important, c'est très exactement le lâcher prise, surtout ne pas essayer de savoir avant, c'est pour ça que les yeux bandés, c'est très bien… devant 80 % de vide… nous avons la possibilité de s'imprégner. »

Elle enlève le bandeau.

Ce qui suit maintenant est un condensé des vingt minutes pendant lesquelles Maud Kristen a parlé et dit ce qu'elle ressentait. Ses propos n'ont pas été dénaturés par le montage et l'ordre chronologique a été respecté.

MK : « Je vais essayer de savoir ce qui s'est passé dans ce lieu. »

Ses cartes lui sont indispensables, une sorte de support, d'alphabet, qui permet d'après elle de mettre un peu d'ordre dans ses visions…

MK : « Le problème, c'est que je ne sais pas si je suis en train de parler du lieu ou d'une personnalité qui serait liée à ce lieu parce que ce n'est pas le lieu qui vibre comme ça. C'est quelqu'un. Pour moi, c'est quelqu'un qui est décédé. Il y a quelque chose de théâtral dans ce que je ressens, une vibration de spectacle, de théâtre, festif et à la fois très rétro. Et avec toutes les images que j'ai, c'est rétro. Ici, c'est un appartement contemporain un peu années quatre-vingt, je dirais. Les images que j'ai, c'est du velours rouge, c'est les gens qui applaudissent, c'est du rire et, à la fois, il y a quelque chose d'un peu tragique là-dedans, probablement dans la fin de l'histoire, c'est probablement une histoire de théâtre qui ne s'est pas bien finie, d'où la vibration passionnelle que j'ai à la fin et qui n'est pas bonne. Le lieu en lui-même, il m'inspire des paillettes, des émotions assez lyriques en fait, j'ai le flash d'une femme qui se maquille, j'ai des espèces de grands chandeliers, des images de grands chandeliers, de très beaux escaliers, ce que je vois c'est ça, et ça n'a aucun rapport avec ce qui m'entoure, en fait. J'ai comme une sensation de quelqu'un de meurtri probablement, quelqu'un de bien, avec du talent et de la sensibilité, mais qui a terminé meurtri, très meurtri… »

Voix *off* : « Nous sommes dans cet appartement depuis maintenant quinze minutes, nous proposons alors à Maud Kristen de regarder un objet, un morceau du mur du cirque Medrano, conservé par Mme Gazet. Bien entendu, rien sur cette pierre ne trahit son origine. »

MK : « C'est complètement dans les paillettes, dans la revue, c'est des sensations physiques de danse, c'est un endroit très animé. Le lieu en lui-même a dû rester fermé, il a été l'objet de discordes. C'est marrant parce que j'ai vraiment une sensation de scène, comme un hémicycle. Même de l'extérieur, ça devait être très, très beau… Il devait probablement y avoir un dôme ou une coupole. Il y a une histoire de cirque, ce que je vois, la coupole que j'ai vue, c'est comme un cirque, et toutes les lumières que j'ai vues, le rond, ce n'est pas un hémicycle, c'est une piste, en fait. C'est un cirque. »

Mme Gazet : « C'est tout à fait vrai, en fin de compte, ici c'était le cirque Medrano, voilà. »

MK : « D'où les paillettes... »

Mme Gazet : « Oui, le mouvement, la musique. »

On peut considérer que les détails donnés par Maud Kristen correspondent au lieu, les paillettes, le dôme, la piste... Le cirque a été transformé en théâtre sur la fin, puis fermé et détruit malgré les protestations des Parisiens. Pour en savoir plus, nous avons fait appel à Dominique Mauclair, historien du cirque. Il a connu Jérôme Medrano en personne et fréquenté son cirque.

DM : « Jérôme Medrano [...], c'était un homme de spectacle mais ce n'était pas un très, très bon gestionnaire, et c'est vrai que cela a été un très grand déchirement, pour lui, pour sa femme, car il était né quasiment dans ce cirque, il avait vécu ce cirque. »

# Bibliographie

BENSAUDE-VINCENT Bernadette, *La Science contre l'opinion, histoire d'un divorce,* Les Empêcheurs de penser en rond, Paris, 2003.

BENSAUDE-VINCENT Bernadette, STENGERS Isabelle, *100 mots pour commencer à penser les sciences*, Les Empêcheurs de penser en rond, Paris, 2003.

BENSAUDE-VINCENT Bernadette, BLONDEL Christine (sous la direction de), *Des savants face à l'occulte, 1870-1940*, La Découverte, Paris, 2002.

BERGE Christine, BOCCARA Michel, ZAFIROPOULOS Marcos (sous la direction de), *Le Mythe : pratiques, récits, théories,* vol. 1, *Aux sources de l'expression*, Economica, Paris, 2004.

BERGÉ Christine, *La Voix des esprits*, Métailié, Paris, 1990.

BOCCARA Michel, CATALA Pascale, ZAFIROPOULOS Markos (sous la direction de), *Le Mythe : pratiques, récits, théories*, vol. 2, *L'Image au cœur*, Economica, Paris, 2004.

BROAD William, WADES Nicholas, *La Souris truquée, enquête sur la fraude scientifique*, Seuil, Paris, 1987.

CATALA Pascale, *Apparitions et maisons hantées,* Presses du Châtelet, Paris, 2004.

CHAUVIN Rémy, *Quand l'irrationnel rejoint la science,* Hachette, Paris, 1981.

CHAUVIN Rémy, *La Fonction psy*, Robert Laffont, Paris, 1991.

COSTA DE BEAUREGARD Olivier, « Cosmos et conscience », in *Science et Conscience*, Stock/France Culture, Paris, 1980.

COSTA DE BEAUREGARD Olivier, « Rationalité du paranormal », in *Confrontation,* cahier n° 10 « Télépathie », Aubier-Montaigne, Paris, 1983.

EDELMAN Nicole, *Histoire de la voyance et du paranormal du XVIII*[e] *siècle à nos jours,* Seuil, Paris, 2006.

FAIVRE Antoine, *L'Ésotérisme,* PUF, coll. « Que sais-je ? », 1992, 3e éd. revue et corrigée, Paris, 2003.

GUTIEREZ Grégory, MAILLARD Nicolas, *Les Aventuriers de l'esprit, une histoire de la parapsychologie*, Presses du Châtelet, Paris, 2005.

HURTEAU-MIGNON Chantal, *L'Émergence du magique dans la pensée de secours*, L'Harmattan, Paris, 1999.

KRISTEN Maud, *Fille des Étoiles*, J'ai Lu, Paris, 1999.

KRISTEN Maud, *Pour en finir avec Madame Irma*, Calmann-Lévy, Paris, 1990.

KRISTEN Maud, *L'Astro des tout-petits,* Albin Michel, Paris, 1998.

KRISTEN Maud, « Voyance et Médias » in *Le Mythe : pratiques, récits, théories,* vol. 3, *Voyance et divination*, Economica, Paris, 2004.

KRISTEN Maud, LINDBERGH Alika, *Tarot de L'Éden,* Agmuller, Urania, 2005.

LABORDE-NOTAL Elizabeth, *La Voyance et l'Inconscient,* Seuil, Paris, 1990.

LAPLANTINE François (sous la direction de), *Un voyant dans la ville,* Payot, Paris, 1991.

LIGNON Yves, *Introduction à la parapsychologie scientifique*, Calmann-Lévy, Paris, 1994.

LIGNON Yves, *Les Phénomènes paranormaux,* Milan, Paris, 1996.

LIGNON Yves, *L'Autre Cerveau : la part du vrai dans le paranormal,* Albin Michel, Paris, 1992.

LIGNON Yves, BENHEDI Louis, *La Vie derrière la vie*, Michel Lafon, Paris, 1998.

LIGNON Yves, NOLINE Richard D., *Les Énigmes de l'Étrange*, First, Paris, 2005.

MANCINI Silvia (sous la direction de), *La Fabrication du psychisme. Savoir-faire techniques et ortho-pratiques rituelles au carrefour des sciences humaines et des sciences de la vie,* La Découverte, Paris, 2006.

MARTINO Bernard, *Les Chants de l'invisible*, J'ai Lu, Paris, 1992.

MARTINO Ernesto (de), *Le Monde magique (tome 1), Italie du sud et Magie (tome 2), La Terre du remords (tome 3),* postface de Silvia MANCINI, Les Empêcheurs de penser en rond, Paris, 1999.

MÉHEUST Bertrand, *Somnambulisme et médiumnité*, tomes 1 et 2, Les Empêcheurs de penser en rond, Paris, 1999.

MÉHEUST Bertrand, *Un voyant prodigieux, Alexis Didier, 1826-1886,* Les Empêcheurs de penser en rond, Paris, 2003.

MÉHEUST Bertrand, *Devenez savants : découvrez les sorciers ; lettre à Georges Charpak*, Dervy, Paris, 2004.

MÉHEUST Bertrand, *100 mots pour comprendre la voyance,* Les Empêcheurs de penser en rond, Paris, 2005.

MÉHEUST Bertrand, *Histoire paranormale du Titanic*, J'ai Lu, Paris, 2006.

MÉHEUST Bertrand, RABEYRON Paul Louis, ZAFIROPOULOS Marcos (sous la direction de), *Le Mythe : pratiques, récits, théories,* vol. 3, *Voyance et divination*, Economica, Paris, 2004.

ODIER Marcel, *L'Esprit de la nouvelle science,* L'Âge d'Homme, Paris, 1990.

ODIER Marcel, *La Psycho-physique : vers un humanisme scientifique,* entretiens avec Gabriel VERALDI, La Bibliothèque des Arts, 2005.

ODIER Marcel, *Phénomènes insolites, les étonnants pouvoirs de l'esprit*, Favre, Paris, 2006.

PIGANI Erik, *PSI, Enquête sur les phénomènes paranormaux,* Presses du Châtelet, Paris, 1999.

RABEYRON Paul Louis, « Croire ou ne pas croire en la voyance : enjeux de savoir, enjeux de pouvoir », in

*Le Mythe : pratiques, récits, théories*, vol. 3, Economica, Paris, 2004.
RADIN Dean, *La Conscience invisible, le paranormal à l'épreuve de la science,* Presses du Châtelet, Paris, 2000.
RANKY, *Le Paranormal de mes yeux vu...*, Trajectoire, Paris, 2006.
RAULET Éric, *Lumières obscures*, Dervy, Paris, 2003.
RAULET Éric et JUSTE DUITS Emmanuel (sous la direction de), *Paranormal entre mythes et réalités*, Dervy, Paris, 2002.
SHELDRAKE Rupert, *Sept expériences qui peuvent changer le monde*, Le Rocher, Monaco, 1994.
SHELDRAKE Rupert, *Ces Chiens qui attendent leurs maîtres et autres pouvoirs inexpliqués des animaux,* Le Rocher, Monaco, 2000.
SHELDRAKE Rupert, *L'Âme de la nature,* Albin Michel, coll. « Espaces libres », Paris, 2001.
SHELDRAKE Rupert, *Une nouvelle science de la vie*, Le Rocher, Monaco, 2003.
SHELDRAKE Rupert *Le Septième Sens,* Le Rocher, Monaco, 2004.
SI AHMED Djohar, *Parapsychologie et psychanalyse,* Dunod, Paris, 1990.
SI AHMED Djohar, *Comment penser le paranormal, psychanalyse des champs limites de la psyché,* L'Harmattan, Paris, 2006.
STENGERS Isabelle, *La Guerre des sciences, Cosmopolitiques I,* La Découverte, Les Empêcheurs de penser en rond, Paris, 1997.
STENGERS Isabelle, *L'Hypnose, entre magie et science,* Les Empêcheurs de penser en rond, Paris, 2002.
STENGERS Isabelle, *La Vierge et le Neutrino, les scientifiques dans la tourmente,* Les Empêcheurs de penser en rond, Seuil, Paris, 2006.
STENGERS Isabelle, PRIGOGINE Ilya, *La Nouvelle Alliance. Métamorphose de la Science,* Gallimard, Paris, 1979 ; rééd. Gallimard, coll. « Folio Essais » n° 26, 1986.

STENGERS Isabelle, PRIGOGINE Ilya, *Entre le temps et l'éternité*, Fayard, Paris, 1988 ; rééd. Flammarion, coll. « Champs » n° 262, 1993.

VARVOGLIS Mario, *La Rationalité de l'Irrationnel*, InterÉditions, Paris, 1992.

VARVOGLIS Mario, ROBIN Marie Monique, *Le Sixième Sens, science et paranormal*, Éditions du Chêne, Paris, 2003.

WALLON Philippe, *Expliquer le paranormal*, Albin Michel, Paris, 1996.

WALLON Philippe, *Le Paranormal*, PUF, coll. « Que sais-je ? », Paris, 1999.

XUAN THUAN Trinh, « Les Voies de la lumière », in *Physique et métaphysique du clair-obscur*, Fayard, Paris, 2007.

ZAFIROPOULOS Marcos, BOCCARA Michel (sous la direction de), *Le Mythe : pratiques, récits, théories*, vol. 4, *Anthropologie et psychanalyse*, Economica, Paris, 2004.

## CRÉDITS PHOTOS

Page 1 : Hervé Lewis et d.r.

Page 2 : Haut : d.r. Milieu : Delépine. Bas : Louis Monier.

Page 3 : Photos extraites de l'émission « Mystères » © Plaisance Productions. Photos extraites de l'émission « Normal/Paranormal » © Angel Productions.

Pages 4 haut et 5 : Photos extraites du film *Le Sixième Sens* de Marie-Monique Robin. © Idéale Audience.

Page 4 bas : Photos extraites de l'émission « Y croire à tout prix » © Everlastingprod.

Page 6 : Photos extraites du film *Clairvoyance et Spiritualité,* de Michel Gardey, Françoise Bottereau et Dawa Thondup. © Inspiration Productions/André Dunant.

Page 7 : Photos extraites du film *Clairvoyance et Spiritualité,* de Michel Gardey, Françoise Bottereau et Dawa Thondup. © Inspiration Productions/Françoise Bottereau.

Page 8 : d.r.

## Remerciements

Merci à tous les chercheurs dont la rencontre et les travaux m'ont aidée à construire peu à peu ma pratique et à y trouver chaque jour davantage de sens et de plaisir.

Merci à Francis pour les semaines passées à « m'entraîner » psychiquement. Cette patiente préparation m'a permis de pouvoir faire face aux défis que je me suis imposés.

# Table

8648

Composition Nord Compo
Achevé d'imprimer en France (Malesherbes)
par Maury-Imprimeur le 14 mai 2012.
Dépôt légal mai 2012. EAN 9782290008379
N° d'impression : 173194

Éditions J'ai lu
87, quai Panhard-et-Levassor, 75013 Paris
*Diffusion France et étranger : Flammarion*